KB105333

Golf, A Game that Never Plays Me.

나 자신을
속이지 않는 게임,
골프

윤종만 지음

YANG 양문 MOON

나 자신을 속이지 않는 게임,
골프

초판 찍은 날 | 2022년 5월 23일
초판 펴낸 날 | 2022년 6월 2일

지은이 | 윤종만
펴낸이 | 김현중
디자인 | 박정미
책임 편집 | 황인희
관리 | 위영희

펴낸 곳 | ㈜양문
주소 | 01405 서울 도봉구 노해로 341, 902호(창동 신원베르텔)
전화 | 02-742-2563
팩스 | 02-742-2566
이메일 | ymbook@nate.com
출판 등록 | 1996년 8월 7일(제1-1975호)

ISBN 978-89-94025-88-9 03320

나 자신을 속이지 않는 게임,
골프

추천사

우리나라 골프 인구가 500만 명을 넘어섰다고 합니다. 어느 서베이에 따르면 지난해 한 번이라도 골프장에 나가서 라운드한 인구는 성인의 약 15%인 636만 명에 달한다고 했습니다. 지난 2년간의 코로나 팬데믹은 골프 인구를 더욱 증가시켰습니다. 특히 젊은 골퍼들이 골프 코스에 쏟아져 들어왔습니다. 소위 MZ세대라고 하는 2030세대에다 40대를 포함하면 이들은 전체 골퍼의 약 70%에 이릅니다. 바야흐로 골프 대중화 시대가 도래했습니다.

한국프로골프협회 회장으로서 우리나라 골프 발전을 위해 노심초사하고 있는 본인은 이와 같은 골프 대중화 현상이 골프 산업도 크게 발전시키는 계기가 되었으면 합니다. 이렇게 골프가 폭발적으로 사람들의 관심을 받는 이때, 우리 KPGA 투어의 윤종만 이사가 골프 에세이집을 출간하게 되었습니다. 이 책에는 대기업에 근무하면서 오랫동안 골프와 함께 한 저자의 재미있는 골프 에피소드와 골프를 보는 특유의 인사이트로 가득차 있습니다. 페이지를 넘길 때마다 골프 애호가뿐만 아니라 새로 골프에 입문하는 젊은이들이 꼭 알면 좋은 이야기들이 재미있게 펼쳐집니다.

골프는 한번 입문하면 좀처럼 그만두기 어려운 재미있는 스포츠입니다. 스포츠의 본질이 경쟁이라는 사실을 골프만큼 일깨우는 스포츠도 드뭅니다. 골퍼치고 동반자들에게 지고도 웃으며 골프 코스를 벗어날 수 있는 맘씨 좋은 골퍼는 없습니다. 모든 골퍼가 실력 향상을 위해 기량을 연마하는 이유이기도 합니다. 이 책은 골프 기량을 키우기 위한 교습서가 아닙니다. 하지만 저자는 경쟁에서 이기려고 하는 골퍼의 열정을 한 차원 높은 품격으로 풀어내는 길을 보여 줍니다. 그 품격이 진정 자유로운 골퍼의 길인 것을 말하고 있습니다.

골프는 기본적으로 스포츠이지만, 스포츠에만 머물지 않고 게임의 요소가 버무려져 있습니다. 프로 선수들처럼 치열하게 골프 플레이를 하는 것과는 달리 일반 골퍼들은 단순히 게임으로 즐기는 경우도 많습니다. 게임은 일단 재미가 있어야 하니까 골프를 놀이처럼 하는 골퍼들도 많습니다. 스포츠인 골프가 엄격한 룰을 가지고 있는 것은 당연합니다. 게다가 골프에는 룰 만큼 중요한 꼭 지켜야 할 매너가 있습니다. 이 책을 읽다 보니 매너를 제대로 장착하고 플레이하는 묘미를 느낄 수 있는 저자의 경험에서 우러나는 재미있는 얘기도 많습니다. 읽다 보면 저자가 추구하는 품격있는 골퍼의 요건을 자연스럽게 깨닫게 됩니다.

품격 골퍼, 한번 장착하면 평생을 가는 매너라는 무기로 무장한 골퍼가 되어 멋진 골프 인생을 즐겨 봅시다. 이 책의 마지막 페이지를 닫으면서 골프가 오랫동안 많은 사람으로부터 사랑받는 이유, 또 우리가 골프를 사랑할 수밖에 없는 이유에 대해 새삼 많은 깨우침을 얻게 됩니다.

사단법인 한국프로골프협회 회장

구자철

추천사

골프는 참 묘妙한 스포츠가 아닌가 싶습니다. 한때 종합상사에 근무했던 덕분에 아프리카에서 중남미의 고산지대에 이르기까지 수많은 골프 코스에서 수많은 라운드를 해봤습니다만, 라운드 앞두고 언제나 설레는 게 골프입니다. 막상 라운드 나가서 플레이하다 보면 별별 일이 생기고, 희비가 엇갈립니다. 어느 날 손끝에 감이 온다고 자만하는 순간 무너지고, 밤샘 비즈니스 회식 뒤 마음을 비운 날 라이프 베스트 스코어가 나오는 게 골프입니다. 골프 그 자체가 주는 희로애락의 묘미뿐만 아니라 긴 시간 동반자와 나눈 덕담도 좋은 추억거리이고, 골프장의 멋진 경관과 캐디의 맛깔나는 서비스도 골프 치는 재미를 더해줍니다. 몸과 마음이 한데 어울려 펼쳐내는 한 라운드 골프의 파노라마는 우리의 인생살이의 축소판이라는 생각이 들 정도입니다.

오래전 입문할 때는 미처 몰랐던 골프의 묘미를 플레이를 거듭할수록 새로 깨닫기도 합니다. 처음부터 골프의 묘미를 제대로 알기는 어렵습니다만, 언젠가는 지금 느끼는 것을 그때 알았더라면 할 때도 있을 것입니다. 그런 골퍼들을 위하여 책 한 권을 소개합니다. 오랫동안 대기업에서 근무하면서 골프에 심취했던 저자의 라운드 경험과 독특한 시각이 버무려진 에세이집이 여러분에게 골프의 새로운 지평을 열어줄 것으로 기대합니다.

사실 저는 오래전 저자와 같은 부서에서 근무하며 함께 골프에 입문하여 동반 플레이 때 홀인원을 한 추억도 있고, 12월 한겨울 차디찬 겨울비 속에서 극한의 상황을 즐기며 라운드를 완주했던 특별한 추억도 공유하고 있습니다. 이 책에서도 그때 그 입문 에피소드를 재미있게 소개해 두었더군요.

저자는 골프 입문 과정을 가마솥에 밥 짓는 것에 비유하고 있습니다. 골프에 입문했다면, 제대로 된 레슨 받으며 집중적인 연습 기간이 꼭 필요하다고 저자는 얘기합니다. 초반에 센 장작불 지펴 주지 않으면 가마솥 밥은 지어지지 않듯이 입문 때 제대로 수련하지 않으면 평생 100타를 깨지 못하는 사람도 있습니다. 프로 지망생이라면 '1만 시간의 법칙'이 필요하겠지만, 주말 골퍼야 그럴 수는 없는 노릇입니다. 하지만 주말 골퍼에게도 나름 센 불 지피는 시기가 필요하고, '깨달음'을 통해 자기만의 스윙을 만들어 나가야 한다고 하는군요.

이 책은 저자의 말처럼 골프 교습서도 아니고, 골프 룰을 설명하는 해설서도 아닙니다. 공이 있는 그대로 플레이하라는 골프 룰을 얘기하면서, 룰대로 플레이하는 것을 인생 이야기로 풀어냅니다. 우리가 인생 살다 보면 곳곳에서 예상치 못한 여건과 마주치게 되지만, 마치 공이 예상치 못한 라이에 놓여 있어도 있는 그대로 플레이하는 것처럼 인생에서 마주치는 어려움도 있는 그대로 극복해 나가야겠지요. 이처럼 골프를 통해 얻을 수 있는 인사이트는 무궁무진합니다.

젊은 회사원 골퍼들에게는 이 책의 비즈니스 골프 이야기가 흥미로울 것입니다. 오랫동안 다양한 업종에서 근무했고 기업 경영을 책임졌던 저도 비즈니스 관계로 수많은 골프를 했습니다만, 이 책에서 소개하는 비즈니스 골프의 정석을 보니 골프를 즐기는 방법은 참 다채롭구나 하고 새삼 느낍니다. 골프는 오직 실력이 말해주는 약육강식의 세계일까요. 저자는 우리 아마추어가 프로처럼 플레이할 수 있는 노하우도 얘기합니다. 세상사 마음먹기 달렸듯이 비록 실력은 프로에 미치지 못할지라도 프로처럼 멋지게 한 라운드 골프를 즐기는 저자의 골프 유토피아로 독자 여러분을 초대합니다.

전 삼성생명보험㈜ 사장
김창수

프롤로그

골프 에세이를 쓰기 시작한 것은 전적으로 소셜미디어 덕분이었다. 골프 하는 재미에 빠져 살면서 그때그때 갖가지 메모를 해 오던 터라, 페이스북에 글을 쓰기 시작하면서 자연스럽게 골프 이야기가 주를 이루게 되었다. 골프 토너먼트에 갤러리로 간 얘기부터 소소한 골프 룰과 관련된 이슈까지 스토리가 제법 많이 쌓였다.

그러다 코비드-19 팬데믹으로 일상 생활이 마비되다시피 하자 오히려 시간적 여유가 생겨 이 모든 스토리를 정리해 봐야겠다는 용기가 났다. 게다가 코로나 사태로 우리나라 골프장은 오히려 유례없는 호황을 맞게 되었고, 특히 젊은이들이 골프장에 새로이 쏟아져 들어왔다. 아이러니하게도 골프 코스에 들어온 신출내기 골퍼들이 오히려 골프의 본질을 외면한 채, 오직 스코어만 좋으면 모든 게 용서된다는 듯 철없이 하는 행동이 곳곳에서 눈에 띄었다. 지나친 열망의 분출이 아닐 수 없었다.

그뿐만 아니라 오랫동안 골프를 쳐서 웬만하면 뭘 좀 알 것 같은 사람들도 스코어 지상주의에 빠져, 첫 홀 올파니 어쩌니 하는 남합이 일상사가 되어 버렸다. 참담한 상황이 아닐 수 없었다. 자연스럽게 이들에게 해줄 얘기가 있겠다고 생각하게 되었다. 골프란 스코어가 전부가 아니며 스코어보다 더 중요한 것이 있다는 사실, 골프에 대한 열정이 강할수록 제대로 플레이하는 자제력과 품격을 갖추어야 한다는 사실을 일러 주고 싶었다.

골프는 본질적으로 스포츠이지만, 사람들이 골프에 매료되는 것은 그것이 단순한 스포츠에 머무는 것이 아니라 놀이처럼 재미있기 때문이다. 사실 어떤 스포츠도 재미있다. 그렇기 때문에 수많은 동호인이 제각각 자기가 좋아하는 스포츠에 빠지는 것이다. 그중에서 골프만큼 재미있는 스포츠도 드물다. 오죽하면 어느 유명 인사가 골프의 유일한 단점은 끊을 수 없다는 것이라고 얘기했을까.

골프는 기본적으로 걷고, 치고, 넣는 스포츠이다. 요즘엔 카트 탑승을 마치 당연한 것처럼 생각하는 사람도 많지만, 골프는 어디까지나 걸으면서 하는 운동이다. 정식 토너먼트에서는 걷는 것이 당연한 디폴트, 바로 경기 성립의 조건이다. 그러니 일반 골퍼들도 경기를 지연시키지 않는 범위 내에서 건강을 위해 걷는 것이 좋다.

골프는 기본적으로 공을 치는 스포츠다. 골프 클럽golf club이란 특별한 기구를 써서 탁구공 크기 비슷한 조그마한 공을 치는 스포츠다. 그리고 골프는 그 공을 홀 컵hole cup에 넣는 스포츠이다. 따라서 골프 하는 사람들은 스윙과 퍼팅 기량 향상을 위해 온갖 노력을 하게 된다.

조금이라도 골프 잘 쳐 보려고 열정적으로 노력하는 것은 골퍼의 본능이다. 다행히 골프에 입문하는 누구나 노력하면 골프를 잘 칠 수 있다. 골프 해 본 사람은 이구동성으로 다른 스포츠를 잘하는 사람이 골프도 잘하리라는 법은 없다고 한다. 노력과 열정이 필요한 까닭이다. 골프의 전설 벤 호건Ben Hogan은 레슨 책의 성서라 할만한 「다섯 가지 레슨, 현대 골프의 기본 원칙(Five Lessons, The Modern Fundamentals of Golf)」에서 이렇게 말했다. 평범한 일반 골퍼라도 제대로 된 스윙을 익혀 그 스윙을 반복적으로 할 수 있게 만든다면 80타를 깰 수 있다고 말이다.

핸디캡 한 자리 수 골퍼를 소위 싱글 골퍼single-digit handicap golfer라 하는데, 일반 주말 골퍼치고 싱글 골퍼 꿈꾸지 않는 사람 없을 것이다. 나도 싱글 골퍼가 되기 위해 한때 집중적으로 연습한 기간이 있었다. 주말마다 만사 제쳐놓고 골프장을 찾아 실전 경험을 쌓았다. 수많은 동반자와 어울려 라운드하면서 골프 기량뿐만 아니라 골프 매너와 에티켓, 그리고 룰의 중요성을 익혔다. 골프가 스포츠이기 때문에 열정도 필요했고, 심판 없는 유일한 스포츠이기에 스스로 룰을 지키고 매너 에티켓을 중시하는 품격이 요구되는 것도 깨달았다.

사실 그 옛날 골프를 배우기 전에 골프 소책자를 하나 얻어서 읽은 적이 있었다. 지금 생각하니 골프 룰 북Rules of Golf을 간략하게 요약한 것이었다. 첫머리에 에티켓부터 나왔던 것으로 기억한다. 그 다음이 골프 용어와 룰을 요약한 일종의 요점 정리 책이었다. 그 내용은 뿌연 안개처럼 희미한 기억 속에 존재하지만, 처음 라운드 나섰을 때 그 소책자가 무척 도움이 되었던 것은 생생하게 기억한다.

요즘 새로 골프에 입문하는 초심자들은 어떨까. 한 번이라도 골프 룰 북을 제대로 읽고 라운드에 나서는 일반 골퍼가 과연 얼마나 될까. 골프 룰 북을 구글 플레이에서 앱 형태로 무료로 다운받을 수도 있는 편리한 세상이 되었지만, 일부러 찾아서 읽는 일반 골퍼는 거의 없을 것 같다. 인터넷 서핑만 하면 골퍼로서의 기본 에티켓, 매너, 요약된 룰, 특히 유의해야 룰 적용 케이스 등등 온갖 데이터가 넘쳐나는 세상이지만, 이런 것 하나 제대로 찾아 읽지 않고 스크린 골프에서 터득한 게임 룰로만 무장한 채 용감하게 골프장으로 향하는 것은 아닌지 걱정된다.

그런 의미에서 골프 룰 북 첫머리에 나오는 '플레이어의 행동 기준'에 따라 △골퍼 스스로 진실하게 플레이하고, △같이 플레이하는 동반자를 배려하고, △골프 코스를 보호해야 한다는 것을 제대로 알고 골프장에 나오는 골퍼가 많아졌으면 좋겠다. 이 행동 기준은 다시 말하면, 골퍼는 모든 규칙을 충실하게 따르고 정직하게 페널티를 반영해야 하며, 골퍼는 플레이 속도를 빠르게 하면서 최선을 다해 안전한 행동을 해야 한다는 것이며, 디봇을 메우고 벙커를 정리하고 그린 위 볼 자국을 수리하는 코스 보호 행동을 최소한 수행해야 한다는 얘기이다. 예전 골프 룰 북에는 '골프 게임의 정신The Spirit of the Game'으로 아예 못 박아 두었었다. 골프는 심판이 없는 게임이라고.

골프가 심판 없는 스포츠로 운영될 수밖에 없다는 것은 누구라도 금방 알 수 있다. 그 많은 골프 코스에서 그 많은 라운드가 동시다발적으로 벌어지는 골프의 속성상 심판을 배치하여 모든 시시비비를 가릴 수 없는 것은 당연하다. 물론 프로들의 공식 경기나 아마추어가 일정 조건 아래 경기할 때, 경기위원회the Committee가 레퍼리referee를 지정하여 토너먼트 도중에 발생하는 룰과 관련한 모든 것을 룰과 규칙에 따라 적용할 권한을 위임해 둔다. 그래서 이 레퍼리가 심판이 아니냐고 말하는 사람이 있을 수 있겠다. 하지만 이는 우리가 일반적으로 얘기하는 심판이 아니다. PGA 투어에서 흔히 룰즈 오피셜Rules Official 또는 우리가 경기위원이라 부르는 사람들은 경기 중 일어난 특이한 상황에 관해 룰대로 확실하게 판단해 줌으로써 원활한 진행을 돕는 역할에 그친다.

결국은 프로들의 공식 토너먼트나 우리 같은 주말 골퍼가 라운드하는 것이나 경기 진행의 기본 틀은 어디까지나 본인들이 룰대로 경기하고 판단하는 것이다. 따라서 골프 대회 현장에서 일어나는 플레이와 관련된 모든 행동은 플레이어 본인의 책임이다.

골프가 국민 스포츠화하고 있는 지금, 골프가 우리 정신 문화에도 큰 영향을 끼칠 것으로 생각한다. 좋은 면에서든 나쁜 면에서든 그렇다. 그렇다면 되도록 좋은 쪽으로 유도하고 습관화하는 게 좋다. 큰 테두리에서 정신 문화라 하지 않고 적어도 도덕성이나 정직성으로 좁히면 골프를 통해 이런 좋은 문화를 진작할 수 있는 방법이 금방 보인다.

라운드 나서서, 스코어 줄이겠다고 아니면 몸 풀리지 않았다고 습관적으로 하는 첫 홀 올파 문화부터 과감하게 없애 버리면 어떨까. 사람 사는 세상 뭐 그리 빡빡하게 사느냐고 한다면 할 말이 없다. 그렇게 해서 스코어 카드에 한 타 줄여 적은들 아무 의미가 없는 짓인 걸 뻔히 다 안다. 다 알고 있는 의미 없는 짓을 바꾸는 것부터 시작해서 매너 에티켓을 제대로 장착한 골퍼로 과감하게 변신해 보자. 이렇게 고급 골프 문화 정착에 앞장서는 골퍼라면 어니 가서노 골프 좀 진다는 얘기 자신 있게 할 수 있을 것이다.

우리나라 골프 문화 얘기에서 빠뜨릴 수 없는 것이 하나 있다. 바로 스코어 집착증이다. 누구나 소위 70타대打帶 스코어를 치고 싶은 욕망이 있다. 없다면 그건 아마 골프의 재미를 모르는 사람일 거다. 골프 입문해서 100타를 깨고, 또 한참 지나서 90타를 깨면 이제 웬만큼 골프 칠만한 단계로 들어섰다고 볼 수 있다.

그런데 일반 골퍼들이 80타를 깨는 것은 전 단계와는 차원이 다르다. 룰대로 제대로 카운트해서 70대 스코어를 치는 것은 일반적인 주말 골퍼들이 쉽게 만들 수 있는 스코어는 아니지만, 다행히도 노력하면 누구나 도달할 수 있는 스코어다. 그러니 한번 제대로 연습하고 볼 일이다.

라운드하다 보면 스코어 만드는 스타일이 다르다는 것을 느낄 수 있다. 똑같은 보기를 해도 70대 타수를 치는 싱글 골퍼는 아슬아슬 파를 놓쳐 보기가 되는데, 90타를 치는 보기 플레이어는 겨우겨우 운 좋게 보기를 만드는 경우가 다반사다. 스코어 카드에는 똑같이 보기가 적혀 있지만 같은 보기가 아니라는 의미다. 그런데 우리나라 골퍼들은 스코어 카드에 적히는 숫자에만 너무 신경 쓴다.

이제는 종이 스코어 카드에 제대로 직접 스코어를 적는 골퍼도 보기 힘들어졌다. 캐디가 대신 입력해 준 스코어, 라운드 끝난 후 프린트 아웃해서 들고 온 스코어 카드에 낮은 타수 적혀 있다고 오늘 몇 타 쳤느니 자랑해봐야 의미 없는 짓이다. 그 타수 제대로 치기 위해 부단히 연습할 일이다.

골프 좋다는 게 바로 그것이다. 사실 나는 골프 덕택으로 젊을 때보다 더 건강하게 되었다. 마른 체질에 체력도 좋은 편이 아니었으나, 오직 골프 한번 잘 쳐 보겠다고 시간 날 때마다 스윙 연습하고 주말 라운드 나가

다 보니 적당한 체력까지 얻게 되었다. 골프에 정말 감사할 일이다. 내가 골프에 심취한 이유이기도 하다.

골프, 왜 골프인가? 골프 왜 치는 걸까? 수많은 사람이 골프라는 바다에 빠져 어떤 사람은 허우적거리고 어떤 사람은 멋진 수영으로 그 바다를 건너고 있다. 나도 그 바다에서 수영이라고 한답시고 열심히 팔다리를 움직여 왔다. 그 과정에서 주말 골퍼로서는 하기 힘든 경험도 하고 기억에 남는 멋진 라운드도 많이 하였다. 그렇게 수많은 경험을 통해 얻은 재미있는 이야기를 이 책에 썼고, 실전 경험으로 배우고 느낀 여러 가지 스토리를 이 책에 썼다.

따라서 이 책은 교습서가 아니다. 무슨 골프 교양서도 아니다. 다만 젊은 시절부터 한평생 대기업에서 기업 경영의 일익을 담당하면서, 주말 골퍼로서 자투리 시간을 내 할 수 있는 모든 노력을 했다는 것만은 말할 수 있다. 직장인으로서, 또 경영자로서 오랫동안 골프를 하면서 실전에서 경험하고 터득한 골프 스토리가, 이제 막 골프를 시작하는 젊은 직장인들에게도, 골프 경력이 제법 되는 중년의 직장인 골퍼들에게도 새로운 영감을 줄 것이라고 기대한다. 이왕에 골프를 시작했다면, 어영부영 대충하지 말고 제대로 한번 즐겨 보기를 바라는 마음으로 이 책을 썼다.

인생은 길고 골프의 바다는 넓다. 언젠가 그 넓은 바다를 다 건널 때까지 멋진 항해는 계속된다. 스코어 라베life best score만 찾지 말고 여유 있게 골프 코스 멋진 경관도 즐기며 플레이하자. 동반자와 한 라운드 골프를 즐길 수 있는 여유를 갖자. 우리 같은 아마추어만 그런 것이 아니다. 20세기 최고의 골퍼를 꼽자면 단연 잭 니클라우스인데, 그 잭 니클라우스도 똑같이 그랬다.

나는 21세기 최고의 골퍼는 당연히 타이거 우즈라고 생각하고 있다. 아직 21세기 초반이니 섣부른 예측이라고 말할 수 있지만, 이 얘기는 이 책의 본문 한 챕터로 넘긴다. 그 잭 니클라우스가 어느 기자 회견에서 생애 마지막에 단 한 번의 골프 라운드가 허용된다면 어디에서 하겠느냐는 질문을 받았다 한다. 그는 잠시 뜸을 들이다가 대답했다. 프로 골퍼로서 마지막 공식 은퇴 라운드를 한 세인트 앤드류스 올드 코스도 아니요, 생애 마지막 메이저대회 우승인 〈더 마스터스〉가 열리는 오거스타 내셔널 골프 코스도 아니었다. 잭 니클라우스가 생애 마지막 라운드를 원했던 곳은 바로 페블비치 골프 코스였다. 몬트레이 베이Monterey Bay 바닷가 풍광이 그야말로 끝내주는 골프 코스이다. 미국의 일반 골퍼들이 일생에 꼭 한번 플레이해 보고 싶은 코스로 가장 많이 꼽는 곳이기도 하다. 그러나 실제 그곳에서 플레이해 볼 수 있는 사람이 얼마나 되겠는가. 다만 생애 버킷 리스트에 이런 플랜 하나 올려놓고 할 수만 있다면 해보는 것도 좋지 않겠나.

어른들에게 가장 재미있는 놀이가 바로 골프라고 생각하는 사람이 나만은 아닐 것이다. 골프 클럽Golf Club이란 어른들의 놀이터에서, 골프 클럽golf club이라는 어른들의 장난감을 가지고 신나게 한 판 놀아보는 것도 나름대로 의미가 있다. 그러나 골프는 놀이인 동시에 스포츠이다. 스포츠라 해서 오직 스코어만 좋으면 모든 게 오케이라는 스코어 지상주의는 이제 버리자. 왜 골프인가? 그 해답은 골프가 일러 주는 열정과 품격의 사이 그 어디쯤 있을 것이다.

2022년 1월 어느 따뜻한 날
양재천변 우거에서
윤종만

차 례

제1장

골프,
끝나지 않은
인생 스토리

1 깃발 하나 걸다

9월 어느 날, 오후 들어 바깥엔 제법 선선한 기운이 감돌지만 사무실 안은 여전히 덥다. 소파에 앉아 깃발 하나를 바라다본다. 액자에 넣은 노란색 깃발, 골프 코스에서 홀을 표시하는 깃발이다. 벽에 걸어 놓고 쳐다보면서 혼자 미소 짓는다. 노란색 깃발 하나가 청마靑馬의 싯귀詩句 "영원한 노스텔지어의 손수건"처럼 골프와 함께 했던 지난 삼십여 년에 대한 향수에 젖게 한다.

지난 6월 제101회 〈PGA 챔피언십대회〉 마지막 날, 베스페이지 블랙 코스에 가서 선두권으로 나선 강성훈 선수를 응원하며 18홀 내내 따라 다녔다. 브룩스 켑카가 8언더 파로 우승했던 그 대회에서 강성훈 선수는 마지막 날 인상적인 플레이로 결국 7위를 차지했다. 18번 홀 그린 근처는 그야말로 갤러리로 인산인해, 브룩스 켑카가 우승하는 장면도 멀리 페어웨이 로프 뒤에서 보는 수밖에 없었다.

인파를 뚫고 서둘러 기념품 판매 텐트로 가서 실제 사이즈 18홀 표시 깃발 하나를 기념품으로 챙겨왔다. 골프 대회 갤러리로 갔다가 끝난 후 기념품으로 골프 모자나 티셔츠 하나 사 와서 쓰고 입고 다니는 재미도 쏠쏠했는데, 이번엔 난생 처음 실제 사이즈 18홀 표시 깃발을 사온 것이다. 내가 가장 좋아하는 골프 코스인 베스페이지Bethpage 블랙 코스Black Course를 추억하기엔 안성맞춤 기념품이 아닐 수 없었다.

헝겊에 두꺼운 종이로 배접해 놓은지라 사이즈가 제법 컸다. 접을 수도 없어서 들고 오는 번거로움이 만만찮았다. 이걸 그냥 어디 걸어 두려니 모양이 나지 않고, 그렇다고 그냥 처박아 두기에는 그동안 들인 수고로움이 아까웠다.

한동안 미적거리고 있다가, 며칠 전 큰 맘 먹고 깃발 사이즈에 색깔까지 맞춤한 액자 하나 주문했더니 드디어 오늘 왔다. 깃발을 구석구석 잘 펴서 액자에 떠억 넣어 벽에 걸어 본다. 학창시절 애송愛誦했던 청마 유치환의 시가 떠오른다.

깃 발

청마　유치환

이것은 소리없는 아우성
저 푸른 해원海原을 향하여 흔드는
영원한 노스탤지어의 손수건
순정은 물결같이 바람에 나부끼고
오로지 맑고 곧은 이념理念의 푯대 끝에
애수哀愁는 백로처럼 날개를 펴다

아! 누구인가?

이렇게 슬프고도 애닲은 마음을

맨 처음 공중에 단 줄을 안 그는.

노란색 헝겊 바탕에 '2019 PGA BETHPAGE BLACK'이란 글자와 캐디백을 매고 있는 골퍼의 옆모습을 앙증맞게 디자인한 블랙 코스 엠블럼으로 왼쪽 절반을 채우고, 18이란 숫자를 큼지막하게 써서 오른쪽 절반을 채운 깃발, 꿈에서라도 다시 가보고 싶은 베스페이지 블랙 코스의 18번 홀 깃발이었다.

청마는 "애수는 백로처럼 날개를 펴다"라고 깃발에 슬픔을 담아 노래했지만, 나는 이제 "골프는 백로처럼 날개를 펴다"라는 기쁨의 깃발, 가슴 부푼 희망의 깃발을 높이 매달고 삼십여 년에 걸친 나의 골프 스토리를 풀어내 보려고 한다.

2 나의 무공 수련 분투기

거창한 타이틀을 보고 혹시 무림 고수처럼 천신만고의 무공武功 수련이라도 했나 하겠지만, 이 글을 읽는 독자들은 이미 골프 얘기라는 것을 눈치챘을 것이다. 제목 또한 유홍준의 「나의 문화 유산 답사기」 표절이 맞다. "아는 만큼 보인다"라는 유홍준의 말처럼, 골프에서는 "깨달은 만큼 칠 수 있다"라고 생각하기 때문이다.

골프라는 운동은 독학 수련이 쉽지 않은지라, 입문하기 위해서는 소위 '레슨'을 받는 것이 필수적이다. 지금으로부터 딱 31년 전 3월, 회사에서 주는 연월차 수당年月次手當이란 목돈을 기다렸다가 골프 레슨을 등록했다. 당시는 서울에 골프 연습장도 몇 개 없던 시절, 워커힐 골프 연습장이 집 근처에 있어서 정말 디행이었다. 매일 아침 일찍 출근하여 밤늦게 퇴근하던 때라 연습장이 멀리 있었다면 물리적으로 시간 내기가 불가능했으리라. 같은 아파트에서 살던 사무실 동료와 둘이 등록하고, 매일 새벽 여섯 시 연습장 문 여는 시간에 맞춰 7번 아이언 똑딱이 볼을 치기 시작했다.

첫 스승은 지금은 성씨姓氏만 기억나고 이름도 잊어먹은 워커힐 연습장 전속 C프로였다. C프로는 나이 지긋한 전형적인 올드 스타일 코치였다. 처음에 그립grip과 자세posture를 가르쳐 준 뒤 연습장에 구비해 둔 7번 아이언으로 똑딱이 볼을 치게 했다. 똑딱이 볼부터 시작해서 점차 숏 아이언 풀 샷으로 단계가 올라갔는데, 그날그날 무엇을 어떻게 할 것인지 잠깐씩 봐주는 방식이었다.

무슨 일이든지 첫 단추를 잘 끼어야 하는데, 내 골프 인생에서 결정적 장면 하나는 오른손잡이 골프를 배운 것이었다. 빅 미스였다. 하긴 당시 워커힐 연습장에는 왼손잡이 연습 클럽도 없었고, 시중에서 왼손 클럽 한 세트를 구하기도 어려울 때. 왼손잡이인 나는 처음엔 몰랐다. 오른손 스윙으로는 클럽을 휘두르는 맛도, 임팩트 하는 맛도, 칩샷 하는 미묘한 맛도 제대로 느낄 수 없다는 것을. 처음부터 딱 2프로 부족한 골프를 시작한 것이다.

그렇게 똑딱이 볼을 치다가 풀 스윙으로 제법 공을 칠 수 있게 되니, 진검眞劍 승부 한번 해봤으면 하고 몸이 근질근질했다. 그래서 찾은 곳이 뚝섬 경마장의 나인 홀 골프장, 드디어 강호江湖의 세계에 첫발을 내디뎠다.

그러다가 1994년 가을, 내 골프 인생에 일대 전환점이 왔다. 이름하여 '삼성 신경영'. 1993년 이건희 회장의 소위 '프랑크푸르트 선언'으로 시작된 삼성 신경영의 물결이 1년 후 내 골프를 근본적으로 바꾸는 계기가 될 줄 어찌 알았으랴.

워커힐 레슨 6개월 받은 뒤로는 별다른 코치 없이 독학 연습과 실전 골프를 병행하면서 3~4년을 보냈더니, 골프 스코어는 90타를 왔다 갔다 하게 되었다. 스윙은 올드 스타일이지만 제법 공을 치게 된 것이다. 그때는 오랫동안 근무했던 회장 비서실에서 현업 부장으로 복귀했을 때였다.

신경영 선언으로 모든 것을 바꾸자는 거대한 물결이 회사에 쓰나미처럼 밀려왔다. 삼성그룹에서는 소위 '7·4제'를 도입하여 아침 일곱 시에 근무를 시작하고 오후 네 시에 무조건 퇴근시켰다. 퇴근 이후 자기 계발自己啓發 열풍이 회사 주도로 휘몰아쳤다. 이건희 회장이 '야구, 골프, 럭비'를 삼성의 3대 스포츠로 제시하고, 골프에서는 글로벌 매너, 에티켓을 배우자고 주창했다. 고참 부장을 대상으로 하는 골프 아카데미가 개설되었다. 내가 참가 신청한 것은 불문가지不問可知.

골프 아카데미 첫날, 참가자 대부분이 설문지에 처음 골프를 접한다고 체크했지만, 나는 이미 3년 넘게 골프를 쳤다고 이실직고할 수밖에. 그랬더니 교습을 맡은 G프로가 나에게 7번 아이언으로 스윙해보라고 했다. 그는 "잘 치시네요" 하더니만 두 가지 방안에서 하나를 선택하라고 했다. 하나는 쉬운 길, 지금도 나름대로 스윙을 잘하고 있으니 더 잘할 수 있도록 도와주는 방안. 다른 하나는 어려운 길, G프로 방식대로 스윙을 완전히 바꾸는 방안이었다. 평생 칠 골프인데 이 기회에 스윙 바꾸자 마음먹었다.

30대 초반의 G프로는 투어 프로 지망생이었지만, 미국에서 그 꿈을 이루지 못하고 교습가로 변신한 재미교포 출신. 나중에 실전 레슨을 몇 번 나갔는데, 실력이 투어 프로와 진배없었다. G프로의 교습은 스윙의 아홉 가지 구분 동작부터 시작되었다. 어드레스부터 팔로우 스루까지 구분 동작을 익히는 것까지는 좋았다. 그러나, 풀 스윙 단계에 들어가니 그만 옛날 스윙과 엉켜 버렸다.

3개월 교습을 마치고 나니 처음부터 시작한 다른 사람들은 그럴듯한 폼으로 스윙을 할 수 있게 되었는데, 오히려 나만 스윙이 엉망이 되었다. 풀 스윙만 하면 옛날 버릇이 나와서 새 스윙이 잘 되지 않았다. 할 수 없이 나 혼자 G프로에게 사비私費 레슨을 계속 받았다. 9개월쯤 더 했더니 제법 새로운 스윙을 할 수 있게 되었다. 3년 세월을 바로 잡기 위해 추가 1년이 투입되었다. 골프 레슨, 이래서 첫 시작을 잘해야 한다. 레슨 동영상도, 유튜브 레슨 영상도 없었던 시절의 이야기다.

그로부터 10년간은 그야말로 무공 수련 분투기奮鬪記로, 그때 쓴 골프 수첩 몇 권이 아직까지 남아 있다. 2004년 1월 초 뉴욕, 루트 303에 있는 드라이빙 레인지로 H프로를 찾아갔다. 내 골프 인생 무공 수련의 피날레는 303 드라이빙 레인지, H프로와 함께였다.

2003년 초 뉴욕 주재 생활이 시작되었을 때, 미국의 골프 치는 여건은 우리나라와 비교할 수도 없는 그야말로 골프 천국이었다. 골프 코스도 우리나라와 달리 페어웨이를 따라 나무가 우거져 있었다. 플레이하다 보니 나무와 연관된 샷 메이킹이 절실했다. 나무를 피해서 페이드나 드로우를 칠 필요성도 생겼고, 나뭇가지 밑으로 낮은 샷을 치거나 나무를 넘기는 탄도 높은 샷도 필요했다. 블루 티에서 플레이했기 때문에 드라이버뿐만 아니라 우드 샷 거리도 좀 더 늘리고 싶었다.

H프로는 어느 상사商社 주재원으로 뉴욕에 왔다가 눌러앉은 분인데,

골프가 좋아 레슨 프로를 하고 있었다. 그때 벌써 예순이 넘었지만, 끊임없이 골프 샷 연구를 하는 분이었다. H프로의 아이언 샷은 일품이었다. 그는 연습할 때 느낌을 중요시했다. 드라이버는 물론이고 아이언 샷도 임팩트 후 날아가는 공을 보지 않고 비행 결과를 알아맞히라고 했다. 임팩트되는 순간 내 클럽 헤드가 어떻게 맞는지 느낄 수 있어야 제대로 된 샷 메이킹을 할 수 있다는 것이다.

필요는 발명의 어머니라 했던가. 비로소 7번 이하 아이언 샷의 페이드, 드로우 샷을 조절할 수 있다는 자신감이 생겼다. 우드 샷도 방향성과 거리가 뛰어나게 좋아졌다. 내 아이언 샷을 보고 '컴퓨터 샷'이라거나, 우드 샷으로 그린에 올려세우는 것을 보고 '우달(우드의 달인)'이라는 동반자의 말 한마디에 속으로 우쭐하기도 했다. 사실 이런 스윙이 하루아침에 된 것은 아니었다. 기본기를 다진 에버랜드 드라이빙 레인지에서의 수련 덕분이었다.

2000년 1월, 삼성인력개발원으로 발령났다. 1년간 미국, 영국 금융 기관 연수를 다녀온 직후였다. 이곳에서 근무한 3년은 내 골프 인생에서 또 다른 터닝 포인트였다. 경영 교육을 총괄했던 나는 웬만하면 일과가 모두 끝나는 것을 보고 퇴근했다. 합숙 교육이 많아 교육 일과는 내부분 밤 아홉 시에 끝났다. 그러다 보니 저녁 한두 시간 여유가 생겼는데, 바로 옆의 에버랜드 드라이빙 레인지는 그 시간을 알차게 보내기엔 안성맞춤이었다.

처음에는 혼자 공을 치다가, 곧바로 전속 H프로의 레슨을 청했다. H

프로는 KPGA 투어 프로였는데, 내 스윙을 보더니 한 마디로 정물화靜物畵 스윙이라 평했다. 그림같이 예쁘기만 한 스윙이라는 말이다. 역동적인 샷을 만들기 위해 연습 방법부터 완전히 바꾸어 주었다. 연습 샷도 한 샷 한 샷 프리 샷 루틴pre-shot routine을 그대로 따르게 했다. 샷마다 연습 스윙을 하고, 그립을 다시 쥐고, 자세를 잡고 웨글을 한 뒤 실제 샷을 하게 했다. 임팩트와 팔로우 스루에 야성野性을 접목해야 한다는 주문도 했다. 왼손잡이인 내가 오른손으로는 치는 느낌을 제대로 느끼지 못했다는 게 맞을 것 같다. 레이트 히팅을 제대로 만들기 위해 9번 아이언으로 이중 스윙 연습도 시켰다. 백 스윙 톱까지 갔다가 코킹을 유지한 채 손을 허리 높이로 끌어 내린다. 다시 백 스윙 톱까지 간 뒤 이번에는 코킹 유지한 채 풀 스윙을 하는 방법이었다.

어느 정도 다이내믹한 아이언 샷이 가능해졌을 때 H프로가 요구한 연습 방법은 독특했다. 눈을 감고 8번 아이언 풀 샷을 하라는 것이었다. 이게 과연 될까 걱정했는데, 몇 번 하다 보니 공이 맞아 나갔다. 그랬다. 눈을 감았더니 공은 안 보였지만 대신 스윙 동작 하나하나가 선명하게 느껴졌다. 왜 공이 잘 맞는지 깨달음이 왔고, 깨달은 스윙 방법은 유지가 되었다.

에버랜드 드라이빙 레인지에서 3년간 닦은 무공武功 수련은 그 효과가 꽤 강렬했다. 2003년 뉴욕 주재하면서 플레이하는데, 숏 아이언을 치면 제법 백 스핀이 걸렸다. 한번은 블랙 베어Black Bear란 골프장에서 파4 이글을 한 적이 있었는데, 8번 아이언 세컨드 샷이 백 스핀을 먹고 홀에 그대로 들어갔다. 2인용 카트로 미리 그린 근처에 가 있던 동반자의 말이, 핀 약간 앞에 떨어진 공이 한번 튀더니 백 스핀으로 홀 인되었다고 했다. 303 드라이빙 레인지 H프로의 지도로 장착한 샷 메이킹도 지금 생각하면 꿈같은 얘기이다.

2007년 초에 미국 주재 생활을 마치고 귀국했다. 4월 초 L사장님이 귀국 환영 라운드로 이스트밸리 CC에 초청했다. 미국에서 블루 티에서 치다가 귀국해서 화이트 티에서 플레이하니 골프가 갑자기 쉬워졌다. 그린에 적응 못 해서 버디 퍼팅 몇 개를 놓치고도 전반을 올파All Par로 마쳤더니 L사장님이 재미를 위해 벌칙을 부과했다. 후반에는 나에게만 '채 흔들기 불가' 벌칙을 주었는데, 프리 샷 루틴을 전혀 할 수 없게 하는 것은 벌칙치고는 엄청난 벌칙이었다. 특히 퍼팅. 궁금하면 한번 해 보시라. 후반 첫 홀부터 4퍼트, 더블 보기를 했다. 그런 에피소드도 있었지만, 2007년 한 해 동안 골프가 무척 재미있었다. 스코어내는 것이 쉬웠기 때문이다.

그러다 그해 후반, 회사에서 암묵적 골프 금지령이 내려졌다. 그 사유를 여기서 굳이 말하는 것은 적절하지 않을 것 같다. 3년 가까이 골프채를 손에 잡지 않았다. 다시 골프채를 잡았을 때는 재미있게 쳤던 옛날 골프가 이미 사라진 뒤였다. 그때 이후 옛날의 수련 열정도 다시는 돌아오지 않았다.

이제는 골프 연습도 거의 하지 않는다. 열정이 손가락에 다 모여서 이렇게 글 쓰는 것도 무척 좋다. 지난해 7월 코로나 사태로 문 닫은 피트니스 클럽에서 휴장한 대가代價로 연습장 쿠폰 열다섯 장을 주었는데, 지난

주 한번 가고 열네 장이나 남아 있었다. 휴지 조각이 되기 전에 써야겠구나. 코로나 사태 덕분에 연습 좀 하게 생겼다. 여기 전속 N프로에게 원 포인트 레슨을 청해야겠다. 박인비 프로의 시숙娚叔인 N프로에게 최근 몇 년간 가끔 스윙 체크를 부탁한다. 스윙은 나도 모르게 변하는 것, 그림 같은⑰ 스윙을 만들어 주었던 그 옛날의 G프로의 근황이 문득 궁금해진다.

골프에 입문했다면, 제대로 된 레슨을 받으며 집중적인 연습 기간이 꼭 필요하다. 골프는 가마솥에 밥 짓는 것과 같기 때문이다. 초반에 센 장작불 지펴 주지 않으면 밥이 지어지지 않는다. 아궁이에 촛불 몇 개 켜 놓고 아무리 기다려도 물도 끓지 않을 것이다. 프로 지망생이라면 '1만 시간의 법칙'이 필요하겠지만, 주말 골퍼야 그럴 수는 없는 노릇. 하지만 주말 골퍼에게도 나름 센 불 지피는 시기가 필요하다. 그리고 '깨달음'을 통해 나만의 스윙을 만들어 나가야 한다. 아 옛날이여!

3 마스터스, 희미한 옛사랑의 그림자

오거스타 내셔널 골프 코스Augasta National Golf Course는 아름답게 메이크 업한 미녀美女다. 그것도 멋진 옷으로 한껏 치장한 성장盛裝 미녀이다. 코비 드-19 팬데믹COVID-19 Pandemic 때문에 1934년 창설 이래 처음으로 늦가을 인 2020년 11월에 〈더 마스터스the Masters〉가 열리고 있다. 오거스타 내셔 널 골프 코스, 4월 진달래 흐드러지게 핀 코스와는 또 다른 가을 풍광이 다. 페어웨이에 티끌 하나 떨어져 있어도 안 될 것 같은 코스에서, 우리가 우승을 기대했던 타이거 우즈는 3라운드를 마친 현재 20위권이고, 강력 한 우승 후보로 꼽힌 브라이슨 디섐보도 중위권으로 처졌다.

오거스타 내셔널 골프 코스는 가을 대회를 위해 많은 준비를 한 것 같 다. 매년 그랬던 것처럼 5월 초순부터 10월 중순까지 아예 문을 닫고 코 스를 셋업했다. 정상적으로 내년 4월 대회뿐만 아니라 올해 11월에 한 번 더 〈마스터스〉 대회를 열어야 하니 예년보다 더 신경 써서 잔디를 길렀을 것이다. 버뮤다그래스Bermudagrass인 페어웨이가 조지아의 극심한 무더위 뒤에 가을이 오면 누렇게 변한다고 한다. 누런 페어웨이의 오거스타 내셔널, 상상하기도 쉽지 않지만 사실이다. 그림 같은 코스를 만들기 위해서 누런 버뮤다그래스 위에 라이그래스Ryegrass 씨를 덧뿌려 푸른 잔디로 뒤덮은 것이다.

우리가 보고 있는 그림 같은 페어웨이가 사실은 몇 개월간의 노력 끝에 태어난 작품이었다. 보기에 티끌 하나 없을 것 같은 페어웨이도 그렇거니와, 빠른 그린 유지를 위해 18개 그린 밑에 설치한 서브 에어 시스템 Sub Air System까지 어느 한 곳 사람의 손길이 가지 않은 곳이 없는 골프 코스다. 〈마스터스〉와 오거스타 내셔널 골프 코스, 사실 1990년 초 골프를 접한 뒤부터 알게 된 그 예쁜 미녀는 언제나 내 머리에 그려보는 로망이 되었다.

그러다 21년 전인 1999년 4월 어느 날, 〈마스터스〉가 끝난 뒤 열흘쯤 후에 오거스타를 찾아 나섰다. 그야말로 계획에 없던 일정을 굳이 만들어 오거스타로 발길을 돌린 것은 당연히 〈마스터스〉가 열리는 오거스타 골프 코스를 직접 보고 싶어서였다. 네비게이션이 없던 때라 자동차 여행 때는 종이 지도책을 들고 다니던 시절이었다. 더 편리한 방법은 여행 일정을 미리 정한 뒤 일정에 따라 '트리플 에이AAA'라는 보험회사에 가서 상세 경로 지도를 만들어 가는 것이었다.

콜로라도 볼더Boulder라는 대학 도시에서 출발하여, 뉴 멕시코의 산타 페를 거치고 텍사스를 지나 워싱턴 DC로 갈 계획이었다. 대략 15일 정도 자동차로 이곳저곳 이름난 곳을 둘러볼 여행 계획을 세웠다. 텍사스를 지나 중남부로 들어서자 무엇무엇 폴리스-polis로 끝나거나 무엇무엇

빌-ville로 끝나는 도시는 어딜 가나 그 도시가 그 도시 같았다. 더 이상 볼만한 것들이 없는데, 워싱턴 DC에서 친구와 만나기로 한 날짜는 한참 남아 있었다. 그래서 멤피스 어느 트리플 에이AAA 사무실을 찾아 오거스타로 가는 상세 경로 지도를 하나 만들어 달라고 했었다.

조지아 주州에 있는 조그마한 도시 오거스타, 인구 20만이 채 되지 않는 도시에 소위 마스터스 주간이라 불리는 4월 둘째 주에는 미국은 물론이고 세계 각지에서 20만 명 넘게 몰려든다. 하지만 내가 도착했을 때 오거스타 시내에는 다니는 차도 많지 않을 정도로 조용하였다. 〈마스터스〉가 끝난 오거스타 내셔널 골프 코스 근처는 조용하다 못해 적막강산이었다. AAA가 준 지도대로 갔더니 널찍한 공터에 건물 하나 서 있는 곳에 닿았다. 마스터스 머천다이즈 센터Masters Merchandise Center였다. 관중 없이 치르고 있는 〈더 마스터스 토너먼트〉라 이번 주에도 그 옛날 21년 전처럼 그 광장엔 사람이 거의 없으리라.

다시 이번 주 〈더 마스터스〉로 눈길을 돌려 보자. 1라운드 4언더로 선전한 타이거 우즈가 우승하길 응원했지만, 다시 살아난 샷 감각에 비해 퍼팅이 따라주지 않는 안타까운 상황이다. 첫날 비가 와서 그린이 느려진 영향도 있으리리. 브리이슨 디셈보도 안타깝기는 나산가시. 4백yd 느라이브로 오거스타 내셔널을 초토화시키겠다는 큰소리와는 달리, 장타 드라이브 샷은 숲으로 가 처박히고 심지어 진흙밭에 처박혀 공도 찾지 못한다. 인터뷰를 보니 대회 첫날 저녁부터 좀 어지러웠다고 한다. 컨디션이 좋지 않아 금요일에는 코로나 진단까지 받았는데, 음성이란다. 그럼 그렇지. 오거스타 내셔널이 그리 쉽게 장타자에게 허물어질까?

2000년대 초반, 타이거 우즈가 오거스타 내셔널을 장타로 유린할 때도 똑같은 논란이 있었다. 타이거 우즈는 1997년 18언더 파, 270타로 최연소 最年少 우승했는데, 2위와의 타수 차가 무려 12타였다. 그러자 오거스타 내셔널은 코스 전장全長을 늘렸다. 그 후 샷을 분석해보니 타이거 우즈의 전성기 시절에 세컨드 샷하던 곳이 잭 니클라우스 전성기 시절 세컨드 샷 위치와 비슷하더란다. 드라이브 거리 늘리는 골프만 골프가 아니다. 브라이슨 디섐보도 거리만 가지고 달려들었다간 오거스타 내셔널을 이기지 못할 것이다.

사실 〈더 마스터스〉를 창설한 골프의 성인聖人 보비 존스가 이 코스를 설계할 때 잡은 콘셉트가 세인트 앤드루스 올드 코스처럼 온갖 골프 샷 기량을 테스트하는 것이었다 한다. 그래서 러프로 난이도를 조절하는 대신 나무를 심었고, 그 나무도 빽빽한 나무숲이 아니라 듬성듬성 빠져나올 수 있는 공간을 확보하여 트러블 샷 기량을 평가하게 한 것이다. 골프가 마음먹은 대로 다 되면 그게 골프인가. 재미없는 골프보다는 오거스타 내셔널처럼 온갖 변수가 생기는 재미있는 골프가 좋다.

우리 임성재 선수가 3라운드를 마친 현재 당당하게 선두 더스틴 존슨에 네 타 뒤진 단독 2위로 올라섰다. 조금 후 시작될 파이널 라운드에서 소위 챔피언 조組 출발이다. 마스터스 마지막 날 챔피언 조 출발한 우리나라 선수는 아직 없었다. 골프에서는 무슨 일이 벌어질지 누구도 모른다. 예전 최경주K.J. Choi 프로가 〈마스터스〉 단독 3위를 한 적이 있지만, 이번에 임성재가 우승 한번 해서 한국 남자 골프의 기개氣槪를 떨쳐 주면 더 바랄 게 없겠다. 걸기대乞期待!

이제 '희미한 옛사랑의 그림자' 오거스타 내셔널을 다시 한번 떠올려 본다. 21년 전 '오거스타 내셔널 골프클럽'을 찾아 수백km를 달려갔지만, 그날 본 것은 우거진 숲 사이로 언뜻언뜻 보이는 코스 일부였다. 이방인이 들어가 볼 곳은 어디에도 없었다. 차車로 코스 주위를 한 바퀴 돌다가 보니 클럽 정문이 있었다. 아, 여기가 정문이구나 하고 들어간 곳은 아쉽게도 오거스타 컨트리클럽Augusta Country Club이었고, 1899년 설립된 유서 깊은 이 멤버십 클럽도 외부인의 출입을 허용하지 않았다. 길가에 차를 세워두고 사진 한 장 찍으려 하니 어느새 현지 경찰 순찰차가 와서는 뭐 하냐 따져 물었다. 내 차 번호판은 거기에선 너무도 생소한 보라색 콜로라도 플레이트plate였다. 그때 찍었던 사진 색깔마저도 희미해질 정도로 세월이 흘렀다. 희미한 옛사랑의 그림자, 오거스타 내셔널에 다시 한번 가 보아야겠다.

4 웨스체스터 컨트리클럽에서의 추억

오늘 오후 끝난 〈GS칼텍스 매경 오픈〉에서 이태희 선수가 지난해에 이어 2연승을 하였다. 이 대회는 메이저 대회답게 러프를 제대로 기른 코스 셋업으로 화제가 되었는데, 우승 스코어가 11언더 파. 최근 KPGA 대회에서 나온 가장 낮은 우승 스코어다. 미국에서는 페덱스컵 플레이오프 1차전인 〈노던 트러스트〉가 TPC 보스톤에서 진행 중이다. 당연히 PGA 투어 셋업 기준에 맞게 러프를 장난 아니게 길러 놓았지만, 다행스럽게도 잔디가 바짝 말라 중계 화면상으로 보기에 크게 위협적이지는 않게 보인다. 기대했던 타이거 우즈도 하위권이고, 임성재는 컷 탈락이라 밤새워 응원하려던 당초 계획도 어긋났다.

골프 코스 셋업에서 러프는 난이도難易度 조절에 절대적이다. 러프의 매운맛이랄까. 이번 주 라운드 나갔다가 '골프 일기'에 적을 만한 일이 일어났다. 평소처럼 준비한 공 두 줄, 여섯 개를 모두 잃어버린 것이었다. PGA 투어 선수였다면 소위 'one ball rule(동일 종류 공으로 플레이하기)'에 의해 벌타 잔뜩 먹을 만한 상황. 한 홀마다 2벌타, 최대 8벌타가 부과될 터였다. 다행히 캐디가 가지고 있던 타이틀리스트 pro v.1 하나 얻어서 플레이했다. 도박판에서나 골프장에서나 밑천 두둑해야 배짱도 생기는 법인데, 공 하나로 플레이하려니 제풀에 스윙이 위축되어 푹푹 찌는 무더위 속에서 지옥이 따로 없었다.

이날 라운드한 곳은 어렵기로 소문난 블랙스톤 GC, 코스 레이아웃 자체로 난도難度가 높고 평소에도 러프를 제대로 길러 어려움을 더하는 골프장이다. 하지만, 그린 빠르고 페어웨이 관리도 잘되어 있어 골프 치는 재미가 쏠쏠하던 곳 아닌가. 이날은 방치된 러프에 공이 가면 거의 찾을 수 없었다. 양잔디의 특성대로 잔디가 서로 엉켜 있어 치고 들어간 공이 보이지 않았다. 장마 그친 지 한참 지났는데도 페어웨이 정리가 전혀 안 되어 있었고, 제대로 자란 러프도 그냥 방치 상태라 소위 명문이라 불리는 것이 부끄러울 지경이었다.

블랙스톤 GC의 엉긴 양잔디 러프에서 헤매다 문득 옛날 생각이 났다. 2005년 6월, 〈더 바클레이즈 클래식〉이 열렸던 뉴욕의 웨스체스터 컨트리클럽Westchester Country Club에서 있었던 추억담追憶談이다. 사실 〈바클레이즈 클래식〉은 지금 대회기 진행되고 있는 페덱스컵 플레이오프 1차전 〈노던 트러스트〉와 같은 대회이다.

각설却說하고, 2005년 6월, 〈바클레이즈 클래식〉이 열리기 1주일 전, 웨스체스터 CC 서 코스West Course에서 플레이해 볼 기회가 생겼다. 웨스체스터는 역사가 백 년이 넘는 유서 깊은 골프 클럽이다. 서 코스 18홀, 남

코스 18홀 두 개의 코스가 있는 골프장인데, 서 코스가 토너먼트 코스였다. 당시 외환은행 이사회 R의장의 초청 행사였다. 알다시피 외환은행은 금융 위기 후 론스타에 인수되었고, 이사회 의장과 행장도 론스타에서 파견된 인사들이었다.

R의장은 웨스체스터 CC의 꽤 유력한 멤버였던 것 같다. 〈바클레이즈 클래식〉 대회를 1주일 앞두고 코스 조성을 위해 휴장 중이었던 서 코스에서 초청 행사를 하는 것은 웬만해선 할 수 없는 일이었다. PGA 투어에서는 대회를 앞두고 코스 셋업을 위해 2, 3주, 심지어 한 달 이상 휴장할 때도 있다. 그날 행사도 토너먼트 코스로 셋업을 해두고 휴장 중인 코스에서 8개 조 32명만이 플레이하게 된 것이었다.

페어웨이는 좁았고 러프는 길었다. 특히 그린 사이드 러프를 제대로 길러 놓았다. 딱 보아도 평소 플레이하던 코스와는 완전히 달랐다. 다만 파72 코스를 파71로 줄여 놓았는데, 그날 행사에서 당초대로 파72로 플레이하는 게 다행이었다. 행사를 준비했던 외환은행 K선배가 조 편성을 해줬는데, 우리 조에는 참석 멤버 중 소위 골프 좀 친다는 사람들을 모아주었다. 한번 제대로 붙어 보라면서. 당시 뉴욕에 있었던 세 사람과 한국 본점에서 온 해외 담당 부행장 한 분, 한국에서 그야말로 '싱글' 친다는 분이었다.

우리 조 네 명 중에는 KPMG 한국 데스크 대표로 있던 P대표가 있었다. 미국에서 자랐던 P대표는 고등학교까지 골프 선수를 했다는데, 당시 뉴욕에서 한국 기업 주재원들 사이에서 골프 잘 치기로 소문난 분이었다. 내가 멤버였던 휘들러스 엘보 컨트리클럽Fiedler's Elbow Country Club에서 같이 플레이해 본 적도 있었다.

그날 1번 홀 스타트하면서 P대표에게 이런 코스에서는 어떻게 치면 좋을지 슬쩍 물어보았다. P대표는, 이런 곳에서는 무조건 페어웨이를 지켜야 스코어 잃지 않는 길이라 했다. 그다음은 혹 뒤 핀일 경우 너무 붙이려고 어프로치 샷을 길게 하면 안 된다는 것이었다. 공이 그린 뒤쪽 러프에 들어가면 보기하는 것도 쉽지 않을 거라 했다. 왜 그런지는 1번 홀 티샷한 뒤 페어웨이로 걸어 나가면서 금방 알 수 있었다.

한국에서 온 L부행장은 페어웨이를 놓치고는, 깊은 러프에서 세컨드 샷을 빠져나오지 못했다. 당연히 미국식으로 스코어를 적어 나가자니 민망할 지경이었다. 미국식이라 해서 이상하지만, 첫 홀부터 모든 샷 숫자를 있는 그대로 직접 적어 나가는 것 말이다.

웨스체스터 서 코스는 전장全長이 길지 않는 코스이지만, 페어웨이가 평평한 전형적인 미국 코스와는 달리 소위 '데쿠보쿠'가 심한 코스였다. 구릉을 따라 조성됐기 때문에 언덕 아래로 내려치거나 올려치기도 하고, 도그레그로 굽어진 홀도 많았다. 블루 티에서 플레이했지만, 길이가 길지 않아 나오는 궁합宮合이 맞는 코스였다.

P대표의 조언대로 철저하게 페어웨이를 지키고, 확률이 낮다 싶으면 레귤러 온(소위 투 온)을 시도하는 대신 그린 앞 페어웨이에 갖다 놓고, 칩샷으로 핀에 붙이려고 했다. 웨스체스터 CC의 그린은 소위 우표 딱지 그린postage stamp green이라고, 조금 과장해서 말하면 그린이 손바닥만 했다. 1920~1930년대 조성된 뉴욕 지역 골프장의 특징이 바로 언듀레이션

이 심한 조그마한 우표 딱지 그린이었다.

　그날 나는 철저하게 P대표가 하는 플레이를 유심히 보며 따라 하는 벤치마킹 전략을 고수했다. P대표는 나보다 드라이버 거리가 일관되게 20~30yd 앞섰다. 대부분 홀에서 그린을 노리다가 트러블에 빠지곤 했다. 대신 나는 그린을 직접 노리지 않고 안전 위주로 플레이했다. 세컨드 샷도 페어웨이를 지켜 칩 샷으로 붙이고 원 퍼트를 노렸다. 18번 홀 티잉 에리어에 올랐을 때 스코어 카드를 보니, P대표가 10오버 파를 치고 있었고 나도 바득바득 따라붙어 같이 10오버 파를 치고 있었다.

　마지막 파5 18번 홀은 오르막 510yd로 길지 않은 홀이었다. 이 홀은 〈바클레이즈 클래식〉할 때는 인 코스, 아웃 코스를 바꾸어 9번 홀로 플레이되었다. 티 샷하기 전 P대표가 말했다. 여기 서 코스가 오늘 좀 어렵게 조성되어 있다 하더라도 한 자리 수 오버 파single-digit over par를 넘긴다면 자존심 상한다고. 그러면서 마지막 홀 꼭 버디 잡아 9오버 파로 막겠단다. 나는 그때까지 스코어에 대만족이었다. 마지막 홀 파만 잡아도 10오버 파에 P대표와 동타同打. 속으로 흐뭇한 미소를 지으며, P대표가 저렇게 마음먹다 오히려 실수하지 않을까 살짝 걱정할 정도였다. P대표의 드라이버 샷은 페어웨이 한가운데로 잘 갔고, 나도 20yd 뒤에 잘 보냈다. 올려 보이는 그린 앞은 온통 벙커였다. 그날의 핀 포지션은 뒤 핀. 나는 당연히 쓰리 온을 하려고 세컨드 샷을 무리하게 하지 않았다. P대표는 투온을 하려고 우드 샷을 했는데, 아뿔싸 그린 앞 벙커에 빠졌다.

　써드 샷 지점에 가보니 핀과는 불과 70yd 정도 남았을까? 약간 오르막을 보면 75yd가 채 되지 않을 터. 자신 있는 거리였다. 어쩐지 핀에 붙을 것 같은 예감이 들었고 샷감도 좋았지만, 핀을 약간 지나쳐서 떨어진 공이 한번 튀는 것 같았다. P대표도 그린 사이드 벙커 샷을 했다. 그린에 잘 올렸지만 뒤 핀에는 한참 못 미쳤다. 그린으로 걸어 올라가며 보니 내 공이 보이지 않았다. 핀을 지나 한번 튄 공이 벙커에 빠져버렸다. 페어웨이에서 보이지 않던 그린 사이드 벙커가 핀 바로 뒤쪽에도 있었다니! 벙커 턱도 높고 핀과의 거리도 얼마 되지 않는 벙커 샷, 최악이었다. 마지막 홀 그린에서 이런 극적인 반전反轉이 준비되어 있을 줄은 꿈에도 몰랐다.

P대표는 10yd도 넘는 퍼트를 몇 번이나 왔다 갔다 하더니 기어이 성공시켰다. 본인의 말마따나 기어코 버디를 잡았다. 대단한 집념이었다. 9오버 파. 나는 벙커를 잘 탈출했지만, 5~6yd 파 퍼트를 놓쳐서 보기, 11오버 파였다. 나로서는 무척 아쉬운 마지막 홀이었지만, 그날 32명 중에서 80대 타수를 친 사람은 P대표와 나, 두 사람뿐이었다.

그 다음 주 일요일, 만사 제쳐두고 〈바클레이즈 클래식〉 파이널 라운드final round 갤러리를 갔다. 그 코스에서 프로들은 어떻게 칠까 궁금했기 때문이다. 내가 투 퍼트 파를 했던 파4 3번 홀(평소 12번 홀)에서 비제이 싱이 쓰리 퍼트로 보기를 할 때는 속으로 쾌재를 불렀고, 파4 10번 홀(평소 1번 홀)에서 세르지오 가르시아가 원 온 시킨 뒤 쓰리 퍼트 파를 한 후 그린을 벗어나며 퍼터를 집어 던질 때는 그 녀석 성질머리 고약하네 하고 속으로 욕하기도 하였다.

이 대회에서도 극적인 반전은 파5 18번 홀(평소 9번 홀)에서 일어났다. 짐 퓨릭에 한 타 뒤지며 끌려오던 파드리그 해링턴이 17번 홀에서 동타를 만든 후, 마지막 홀 그린에서 어마어마한 이글 퍼트를 성공시켜 한 타 차 역전 우승한 것이었다. 거의 그린 끝에서 끝으로 한 퍼팅이었다. 적어도 20yd는 넘을 것 같은 이글 퍼트를 성공하다니! 그린 사이드 수많은 갤러리의 함성이 터져 나왔다. 이것이 골프다.

〈바클레이즈 클래식〉, 이제는 이름도 바뀌고 개최 장소도 바뀌어 〈노던 트러스트〉라는 타이틀을 달고 페덱스컵 1차전으로 열리고 있다. 올해 대회 파이널 라운드가 TPC 보스턴에서 시작되었다. 타이거 우즈는 7번 홀을 마친 현재 오늘만 5언더 파로 뒤늦게 발동이 걸렸다. 그렇지만 타이거 우즈도 이번 대회 성적이 좋은 편이 아니고, 임성재도 컷 탈락으로 페덱스컵 포인트를 보태지 못했다. 둘 다 비록 이 대회 성적은 좋지 않지만, 다음 대회인 2차전 〈BMW 챔피언십〉에는 진출한다. 다음 주를 기다려 보자. 골프의 세계에서는 다음에 무슨 일이 벌어질지 그야말로 "Nobody knows!" 아닌가.

* 파드리그 해링턴의 18번 홀 극적인 이글 퍼트 장면
(유튜브 URL) https://youtu.be/ZgUi5Px8wKU

5 시네콕 힐스에서 찍힌 한 장의 사진

〈유에스 오픈the US OPEN〉[1]이 2018년 6월 둘째 주 시네콕 힐스 골프 클럽Shinnecock Hills Golf Club에서 열렸다. 뉴욕의 롱 아일랜드 동쪽 끝에 있는 시네콕 힐스는 소위 링크스 코스로 미국 골프장 중 언제나 TOP10 안에 드는 명문 골프장인데, 야수野獸처럼 무서운 코스로 소문난 곳이다. 페스큐fescue 풀은 무릎에 닿을 정도로 깊고 그린은 번개처럼 빨라서, 2004년 〈유에스 오픈〉이 여기서 열렸을 때 참가했던 선수들이 고개를 절레절레 흔들었다 한다.

롱 아일랜드는 뉴욕 맨해튼 동쪽에 강江 하나 사이에 둔 섬인데, 마치 큰 붓으로 한일 자—字를 죽 그어 놓은 모양으로 섬의 길이가 190km나 된다. 그 섬이 동쪽 거의 끝에 시네콕 힐스가 있다 보니 옛날 교통이 불편했을 때 맨해튼에 거주하던 골퍼들이 어떻게 거기까지 갔을까 자못 궁금해진다.

---

1 118th US Open Championship 2018. 6월 Shinnecock Hills GC(우승 브룩스 켑카 281타 1오버 파)

파이널 라운드final round를 보기 위해 아침 일찍 길을 나섰다. 맨해튼을 스쳐 지나서 롱 아일랜드 동쪽 끝까지 달려왔더니 도착했을 때는 이미 열두 시가 지나버렸다. 맨 첫 조組로 출발한 안병훈은 벌써 라운드를 마쳤고, 두 번째 조 필 미켈슨이 18번 홀 그린에 있었다. 인산인해를 이루고 있는 갤러리에 막혀 18번 홀 그린으로 갈 수가 없었다.

경기를 마친 필 미켈슨이 스코어 텐트로 걸어가는 모습을 먼발치에서 본다. 오늘 스코어는 1언더 파, 이 코스에서는 엄청난 스코어다. 어제 3라운드에서 11오버 파이니 지옥과 천당을 왔다 갔다 한 꼴이다. 〈유에스 오픈〉 우승이 없어 생애 그랜드 슬램Life Grand Slam을 하지 못하고 있는 필 미켈슨 아닌가. 어제 3라운드 11오버 파 스코어가 원망스러울 것이다. 게다가 그는 2004년 시네콕 힐스에서 열렸던 〈유에스 오픈〉에서 준우승runner-up을 하였고, 여기에서 멀지 않는 2006년 윙드풋, 2009년 베스페이지 블랙 등 뉴욕에서 열린 〈유에스 오픈〉에서 모조리 2위를 하였으니, 뉴욕 징크스라도 있는 게 아닌가 싶다.

부상에서 재기再起한 타이거 우즈는 이번 대회에서 컷 탈락하였다. 오랜만에 마지막 날 타이거 우즈를 기다렸던 나 같은 골수 팬으로서는 실망감을 감출 길 없었다.

골프 대회 관중觀衆을 특별히 갤러리gallery라 부르는데, 요즘은 그냥 관중spectators이라고 부르는 경우가 더 많다. 골프나 테니스 관중이 갤러리로 불렸던 것은 마치 극장에서 오페라를 관람하거나 미술관에서 작품 감상하는 사람들이 조용히 관람하듯 로프 뒤나 관중석에서 정숙하게 본 것에서 유래했다는 설說이 있다. 어쨌든 뭔가 좀 있어 보이는 '갤러리' 하려고 두 시간 넘게 차를 달려왔지만, 이번 〈유에스 오픈〉 마지막 날에는 타이거 우즈도, 최경주도 볼 수 없었다. 타이거 우즈는 2타차로 예선 탈락했고, 최경주는 아예 출전 자격을 얻지 못했다.

우리 선수 중에는 김시우가 작년 〈더 플레이스 챔피언십〉 우승자 자격으로 일찌감치 출전을 확정했고, 6월 들어 임성재와 박성준이 수천 대 일의 지역 예선 경쟁을 뚫고 출전했다. 안병훈은 그야말로 막차를 탔다. 6월 첫 주, 마지막 순간에 세계 랭킹 60위 이내에 들어 출전 자격을 얻은 것이다. 우리 선수들은 김시우, 임성재, 박상준, 안병훈 등 네 명이 출전했지만, 안병훈만 유일하게 본선 진출했다. 그나마 아쉽게도 맨 꼴찌인 67위로 마쳤다. 이제 특별히 응원할 선수가 없다. 이럴 때는 갤러리로서 관전 포인트를 확 바꿔야 재미있는 법이다.

이날은 작정하고 짐 퓨릭을 따라다녀 보기로 했다. 짐 퓨릭은 오래 전에 〈유에스 오픈〉 우승을 한 적이 있었지만, 10년이 지났기 때문에 이번 대회 참가 자격이 없었다. 그런데 대회 개최자인 미국골프협회USGA의 특별 면제special exemption 케이스로 참가 자격을 얻은 선수였다. 어니 엘스와 짐 퓨릭이 이 케이스로 참가했지만, 어니 엘스는 컷 탈락하고 짐 퓨릭은 3라운드까지 6오버 파를 기록하여 선두 그룹과 불과 세 타 차이니 충분히 우승 경쟁권에 있었다. 게다가 3라운드 내내 더블 보기 이상을 한 번도 기록하지 않은 선수였다.

본선 진출 선수 67명 중 3라운드까지 더블 보기 이상을 하지 않은 선수는 짐 퓨릭 포함 불과 서너 명에 불과했다. 사정이 이렇다 보니 짐 퓨릭이 마지막 날 잘하면 우승할 수도 있겠다는 기대로 급急 응원 모드로 돌입하였다. 그래서 아웃 코스 내내 따라다녔으나, 유쾌한 반란은 끝내 일어나지 않았다. 역시 나이를 속일 수 없는가 보다.

결국 집중력의 문제, 이런 어려운 코스에서는 아차 하는 순간 스코어를 망친다. 사흘 동안 단 하나도 하지 않았던 더블 보기를 두 개나 했고, 보기는 밥 먹듯 하고 버디는 딱 하나밖에 못 해서 오늘만 10오버 파. 평소 내 스코어 카드를 보는 듯하였다. 당사자는 속으로 울었을지 모르지만 나는 속으로 쓴웃음이 나왔다.

네 명의 3오버 파 선수가 공동 선두로 출발한 파이널 라운드. 초반전에는 우승자를 점치기 어려운 혼전이었다. 하지만 홀을 거듭할수록 브룩스 켑카가 타수를 줄여 나가더니 16번 홀을 마치고는 이븐 파Even Par까지 만들었다. 마지막 18번 홀 보기로 결국 1오버 파, 2위를 한 타 차로 따돌리며 우승을 차지하였다. 브룩스 켑카, 역시 메이저 대회의 사나이다웠다.

이날 선수들을 따라다니며 코스 곳곳을 둘러보니 이 코스는 정말 어려운 코스였다. 소위 '유에스 오픈 코스 셋업'US Open Corse Setup이라는 화장을 하고 나니 곳곳에 함정이 도사리고 있는 무시무시한 코스가 되었다. 그린은 소위 '우표 딱지 그린'postage stamp green으로 크기도 작고 '포대그린'elevated green에다 그린 경사마저 가파르다. 공을 그린에 잘 올렸다 싶은데도 조금만 경사 있는 곳에 놓이면 어느새 구르기 시작, 하염없이 굴러 내린 공이 그린을 벗어나기 일쑤였다. 페어웨이도 구릉지인 이 지역 경사를 그대로 살려 놓아 어느 한 곳 편편한 곳이 없었고, 페어웨이를 벗어나면 무릎이 잠기는 페스큐fescue 풀로 덮여 있었다. 링크스 코스답게 큰 나무만 몇 그루 서 있다 보니 전혀 바람막이가 되지 못했다.

대회 기간 내내 날씨가 좋았는데도 불구하고 세계 최정상급 골퍼들이 보기, 더블 보기는 예사이고, 트리플 보기도 심심찮게 기록했다. 심지어 필 미켈슨은 3라운드 파4 13번 홀 한 홀에서만 열 타 즉 6오버 파를 쳤다. 많은 선수가 스코어 카드에 10오버 파, 13오버 파를 예사로 적어 냈다. 마치 평범한 주말 골퍼가 작성한 것 같은 스코어 카드를 제출하는 세계 일류 프로들의 심정은 어떠할까 문득 궁금해졌다.

이제 본격적으로 갤러리 '짓' 한번 해보자. 시네콕 힐스 9번 홀 티잉 에리어 옆에서 코스 탐사探査를 시작한다. 홀 길이 485yd, 파4홀 티 샷이 떨어지는 지역은 페어웨이가 완만하게 물결치듯 흐르는 지형이었고, 페어웨이 좌우로 깊은 페스큐 풀이 뒤덮고 있었다. 페어웨이는 그린 앞 약 40~50yd를 남겨둔 채 끊어지고, 그린은 고저 차가 꽤 있는 오르막 포대 그린이었다. 게다가 페어웨이 끝나는 지점에서 그린까지는 페스큐 풀로 뒤덮여 있는 오르막 러프였다.

사정이 이러하니 세컨드 샷 지점에선 깃발만 보일 뿐 그린이 보이지 않았다. 그린 경사는 전반적으로 뒤쪽에서 앞쪽으로 흘러내렸다. 4라운드 핀 위치는 그린 왼쪽에 바짝 붙어 있는 앞 핀인데, 문제는 그린 왼쪽이 온통 페스큐 풀로 뒤덮인 비탈이었고 핀 바로 옆에 조그만 그린 사이드 벙커까지 있었다. 이러니 핀을 직접 보고 세컨드 샷을 하는 것은 섶을 지고 불구덩이에 뛰어드는 꼴이었다.

내가 만약 이 홀에서 플레이한다면? 챔피언 티에서는 드라이브 샷이 페어웨이에 도달하지도 못한다. 눈물을 머금고 프런트 티로 나와서 티 샷을 한다. 티 샷을 잘한다손 치더라도 세컨드 샷 거리가 너무 많이 남기 때문에 어쩔 수 없이 페어웨이 끝까지 레이업을 한다. 만용을 부려 우드를 잡고 온 그린을 노리다가 자칫 페스큐에 들어가기라도 한다면 죽음이기 때문이다. 60~70yd 써드 샷도 짧으면 페스큐 맛을 보게 되니 넉넉하게 칠 수밖에 없다. 어쩔 수 없이 핀을 훌쩍 지나친다.

그 다음 퍼팅은? 내리막이 심한 그린 경사에다 번개처럼 빠른lightning quick 그린, 조심스럽게 퍼팅하다가 조금 짧으면 자칫 더블 보기로 마칠 가능성이 농후하다. 더블 보기 했다고 너무 실망하지 마시라. 페어웨이 끝나는 지점에서 한참을 지켜보고 있자니, 천하의 이안 폴터도 세컨드 샷을 그린 왼쪽 핀 살짝 오버해서 그린 옆 프린지에 갖다 놓고도 보기를 하더라. 내리막 경사가 무서우니 칩 샷이 짧게 되고, 1m 남짓 내리막 파 퍼팅 놓치니 그냥 보기가 되더라는 것이다.

두 타 차 선두로 브룩스 켑카가 18번 홀 그린에 올라왔을 때, 갤러리로 가득 찬 메인 스탠드Main Stand는 〈유에스 오픈〉 우승자를 환영하는 열기와 함성으로 들썩였다. 혼자서 코스 구석구석을 헤매며 선수들을 따라다니던 나는, 마지막 조가 18번 홀에 들어설 때 서둘러 메인 스탠드로 돌아왔다. 일찌감치 메인 스탠드에 좌석 세 개 잡아 놓고 앉아서 18번 홀 그린을 지킨 와이프와 딸내미 덕분에 스탠드 한가운데 앉아서 피날레finale를 감상할 수 있었다. 밤늦게 집으로 돌아와서 〈유에스 오픈〉 홈페이지를 살펴보다가 브룩스 켑카가 우승하는 장면 사진이 대문 사진으로 걸려 있는 것을 보았다. 파이널 라운드의 감동을 되새기며 자세히 사진을 보니 맙소사 메인 스탠드 그 많은 갤러리 속에서 브룩스 켑카의 마지막 퍼팅 장면을 촬영하고 있는 내 모습이 선명하게 찍혀 있었다. 물론 수많은 메인 스탠드의 관중이 다 잡힌 사진이라 내 모습은 조그마하였지만, 내 눈에는 스마트폰 들고 사진 찍고 있는 얼굴과 표정까지 다 보였다. 시네 콕 힐스, 갤러리 짓 제대로 맘껏 해본 어느 해 6월 둘째 주 일요일의 하늘은 무척 청명하였다.

6 첫눈 오는 날의 골프, 그 낭만의 끝

12월 초순 어느 날 새벽, 눈뜨자마자 내다본 창밖에는 제법 눈다운 눈이 내리고 있었다. 이게 첫눈인가 잠깐 마음이 흔들렸지만, 카톡방 알림소리에 정신이 번쩍 든다. 골프 약속이 있는 날이었다. 골프가 가능할까, 골프장에도 눈이 오는가 머리가 복잡했다. 먼저 골프장에 전화했지만, 프론트는 아예 전화를 받지 않는다. 카톡으로 서로 의견을 주고받아도 쉽게 결론 나지 않는다. 그때 우리 중 가장 선배인 J사장께서 쓴 메시지가 뜬다.

"무조건 골프장으로 가십시다. 가서 눈 오면 드라이브한 셈 치고 아침먹고 오는 것도 방법임."

이 말 한 마디에 다들 이의異議가 없다. 이게 골프 약속한 사람들의 기본 룰이기 때문이다. 처음 골프 배울 때 선배들이 농담처럼 얘기하곤 했다. 골프 약속은 본인 사망 외엔 지켜야 한다고. 그러니 일단 골프장까지 가야 하고말고. 분주하게 가방을 챙겨 눈 오는 서울을 빠져나왔다.

클럽하우스 레스토랑에서 아침 식사할 때까지만 해도 창밖으로 하늘이 말짱했다. 잘하면 오늘 라운드 돌 수 있겠다, 중간에 눈 오면 들어오면 되지, 하면서 커피 한 잔까지 뽑아 들었다. 아뿔싸, 그때 창밖으로 눈발이 흩뿌리기 시작하더니 순식간에 하늘을 가득 메운다. 하필이면 오늘따라 기상청 일기예보가 잘도 맞다니. 티 오프 시간이 되니 골프 치든지 캔슬하든지 양자택일하라 강요한다. 할 수 없이 골프는 포기하고, 느긋하게 커피를 마시며 눈 내리는 골프 코스 전경을 즐긴다. 눈이 점점 더 많이 내린다. 모인 김에 다음 골프 약속을 잡는 것도 골프 치는 사람들의 기본 룰. 이제 웬만큼 해야 할 이야기는 다 했으니 눈 더 내리기 전에 서울로 가자 하고 자리에서 일어섰다.

눈이 제법 내려 벌써 도로를 덮었다. 클럽하우스에서 나와 약간 내리막길 진출로를 따라 조심조심 내려왔다. S자 도로 이쪽저쪽으로 비상등 컨 차 두 대가 서 있구나 하는 순간, 슬금슬금 내 차가 왼쪽으로 밀린다는 느낌이 왔다. 브레이크를 밟아도 소용없이 뿌지직 앞차 옆구리를 긁어 버렸다. 움직이면 더 크게 긁힐 것 같아 그 상태로 멈춰 서서 오도 가도 못 하고 제설차 눈 치우기를 하염없이 기다린다. 차 안에서 보험 회사에 사고 보고까지 하고 나니 맥이 풀린다.

현장 제설이 어느 정도 되었을 때 차를 빼서 평탄한 노로까지 내려와서 한숨 돌렸지만, 눈은 그치지 않고 싸락눈이 되어 끝없이 온다. 좁은 국도, 미끄러운 눈길로 나섰다가 또다시 미끄러지면 어쩌나 하는 걱정도 들어 태어나서 처음 레커차를 불렀다. 눈 오는 날 골프 약속은 레커차 앞자리에 타고 차를 뒤꽁무니에 매단 채 고속도로 입구까지 추억에 남을 드라이브로 일단락되었다. 첫눈 오는 날 낭만은 어디로 갔단 말인가. 크게 한바탕 웃을 수밖에.

오후 집에 왔더니 아침에 있었던 2020년 〈유에스 여자 오픈〉 3라운드가 재방송된다. 참새가 어찌 방앗간을 그냥 지나칠 수 있으랴. 눈발 속에 날려버린 골프 한 라운드의 아쉬움을 중계 방송 시청으로 달랜다. 골프 대회도 뜸한 초겨울, 대회는 텍사스주州 오스틴에서 열리고 있었다. 코비드-19 팬데믹으로 골프 대회 스케줄도 엉망이 되어버렸다. 6월에 열릴 대회가 초겨울로 일정이 밀렸지만, 다행히 날씨가 춥지는 않은 것 같다. 박인비, 김세영 등등 쟁쟁한 우리나라 선수들이 출사표를 냈는데, 리더 보드 상단에 차츰 한두 사람 이름이 올라오고 있다. 김지영과 재미교포 노예림이 첫째 장에 이름을 올리고, 고진영을 비롯한 우리 선수 여럿이 선두와 다섯 타 이내로 들어왔다. 전장全長이 길고 어려운 코스라 내일 파이널 라운드에서 충분히 우승 가시권이다. 유소연은 3오버로 아슬아슬 컷을 통과하더니, 선두와 열 타 차 중위권으로 처져버렸다.

골프 중계 보는 맛은 역시 파이널 라운드에 있다. 파이널 라운드를 볼 때 가장 보고 싶은 장면은 무엇일까? 내가 좋아하는 선수의 우승일까? 타이거 우즈나 최경주, 임성재가 나온 경기라면 일단 응원 모드다. 그렇지 않다면 치열한 선두 경쟁 끝에 동타同打 선수가 나와서 플레이오프 play-off 하는 것이다. 가장 큰 재미를 주는 게 연장 승부이기 때문이다. 피 말리는 연장 승부가 펼쳐지는 상황, 얼마나 짜릿한가. 플레이오프하는 선수들에게는 미안하지만 말이다. TV 앞에 앉아 모처럼 〈유에스 여자 오픈〉을 보다가, 내일 파이널 라운드에서도 그런 상황이 충분히 일어날 수 있지 않을까 싶다. 문득 오래전 일이 생각났다.

〈유에스 여자 오픈〉도 〈유에스 오픈〉과 마찬가지로 미국골프협회USGA가 주관하는 대회, 진정한 승부를 가린다는 취지로 동타同打가 나왔을 때 플레이오프를 18홀 한 라운드 경기로 했었다. 아직 우리 뇌리에 생생한 18홀 플레이오프 장면이 하나 있다. 박세리가 맨발 벗고 물에 들어가서 샷을 하는 장면이다. 맨발 투혼으로 우승했던 그 장면이 바로 1998년 〈유에스 여자 오픈〉에서 나왔다.

그때는 18홀 연장전을 마치고도 승부를 가리지 못했고, 홀 바이 홀hole by hole 서든 데스sudden death 연장 두 번째 홀에서 겨우 박세리의 우승이 확정되었었다. 당시 IMF 관리 아래 너나없이 고통을 당하던 국민이 얼마나 큰 위로를 받았던가. 극장에 영화 보러 가서 애국가 연주 배경 화면에 나오는 박세리 맨발 투혼을 보며 얼마나 가슴 뿌듯했던가.

박세리는 18홀 한 라운드 연장전을 뛰었지만, USGA는 2000년대 후반 언젠가부터 연장전 방법을 '세 홀 합산 방식'three-hole aggregate format으로 바꾸었다. TV 중계 전성 시대에, 월요일 아침 두 선수 또는 세 선수만 하는 연장전 경기를, 비쁜 현대인이 누가 보고 앉아 있을 것인가. 그래서 적어도 파이널 라운드 당일에 승부가 끝날 수 있도록 세 홀 합산 방식으로 바꾼 것이다. 홀별 서든 데스를 하면 다소 운이 작용할 수도 있는 게 사실이다. 그래서 세 홀 플레이한 뒤 스코어를 합산하는 방식이 조금이라도 더 공정한 결과 아니겠냐는, USGA의 알량한 자존심 지키기가 엿보이는 결정이었다.

변경된 '세 홀 합산 방식' 플레이오프로 처음 우승자를 가린 대회가 2011년 〈유에스 여자 오픈〉이다. 이 대회에 많은 한국 선수가 참가하였지만 스토리의 주인공은 언제나 의외의 상황에서 튀어나오는 법. 지역 예선을 통과하여 겨우 참가 자격을 획득한 LPGA 루키 서희경과, 2010년 KLPGA 상금 랭킹 5위 이내에 들어 참가 자격을 획득한 유소연이 그 주인공이 될 줄은 본인들도 몰랐으리라.

사실 유소연은 그해 5월 제주 오라 컨트리클럽에서 열렸던 어느 KLP-GA 대회 프로암에서 잠시 얼굴 볼 기회가 있었다. 나와 같은 조는 아니었지만, 참가한 아마추어들에게 퍼팅 교습해 주는 이벤트를 하면서 이런저런 얘기를 나누었다. 기회가 되면 미국 진출하겠다는 얘기도 했다. 서희경은 한국에서 '필드의 수퍼 모델'로 한참 인기를 누리다 그 해 미국 무대에 진출하였는데, 〈유에스 여자 오픈〉 참가 자격을 얻지 못해 지역 예선을 거쳤다. 서희경이 치른 지역 예선 장소가 뉴저지에 있는 '휘들러스 엘보 컨트리클럽'Fiedlers Ellbow Country Club이었다. 내가 뉴욕에 주재할 때 멤버로 있었던 골프장이었다. 거기에서 서희경이 지역 예선을 통과하여 출전 자격을 얻었다는 것을 알고 한 번도 직접 만나보지 못했던 서희경과 이런 인연(?)도 있는가 했다.

휘들러스 엘보에 있는 세 개의 18홀 코스 중 포레스트 코스Forest Course는 정규 대회 코스로서도 손색이 없는 멋진 코스였다. 내가 숱한 라운드를 돌았던 그 코스에서 서희경은 어떻게 플레이했을까, 특히 연못을 가로지르는 파3 17번 홀(180yd)에서 서희경이 어떤 플레이를 했을까 궁금했다. 티잉 에리어 바로 앞에 물이 있고, 물이 끝나는 지점에 바로 그린이 있었다. 앞뒤 폭이 좁고 길쭉한 그린이 가로로 놓여 있고, 그린 뒤는 나지막한 언덕이라 파 잡기가 무척 까다로운 홀이었다.

이 해 〈유에스 여자 오픈〉은 무더운 7월 중순, 콜로라도주州 콜로라도 스프링스에 있는 브로드무어 GC 이스트 코스The Broadmoor GC East Course에서 열렸다. 대회 코스는 전장 7,047yd로 여자 대회 코스로서는 무척 길었지만, 해발 1천8백m가 넘는 고산 지대라 평지보다 비거리가 최소 10%는 더 나가는 게 다행이었다. 대회 기간 중 비바람이 몰아치다 그치는 날씨가 반복되다 보니, 1라운드부터 파이널 라운드까지 한 번도 라운드를 제대로 마치지 못했다. 심지어 마지막 날 일요일에는 36홀을 플레이한 선수가 상당수였고, 날이 어두워지는 바람에 절반 이상 선수가 4라운드를 마치지 못했다.

일요일 파이널 라운드에서 서희경은 대단한 플레이를 했다. 이븐 파로 출발한 서희경은 전반에만 버디 다섯 개를 했는데, 후반 보기 두 개로 토탈 3언더 파로 경기를 마쳤다. 파5 17번 홀을 보기로 마친 것이 아쉬웠다. 길지 않은 버디 퍼트가 홀 컵을 다고 넘이가 대략 2ft 정도 시나쳤다. 바람이 심해서 심리적으로 불안했는지도 모르겠다. 2ft 파 퍼트는 홀 컵을 맞고 정확히 90도로 꺾여 또 그만큼 거리로 돌아 나왔다. 아쉬웠다. 반면 유소연은 일몰로 경기가 중단될 때 15번 홀을 마쳤는데, 세 홀을 남기고 2언더 파였다. 두 홀을 남긴 크리스티 커는 1언더 파, 네 홀을 남긴 안젤라 스탠포드도 이븐 파로 포기하기엔 아직 이른 시점. 클럽하우스 리더로 경기를 마친 서희경이 마음 놓을 수 있는 상황이 아니었다.

다음날 월요일 오전, 전날 마치지 못한 파이널 라운드가 속개續開되었다. 우리나라 시간 화요일 자정에 나는 다시 TV 앞에 앉았다. 토탈 2언더 파였던 유소연이 파3 16번 홀에서 남은 세 홀 플레이를 시작했다. 만약 연장전을 한다면 그 세 홀에서 합산 스코어를 따지게 되어 있었다. 토탈 3언더 파로 마친 서희경으로서는 연장전에 대비해야 할 상황이었다.

그런데 서희경이 생중계 방송 중인 NBC 중계석에 나타났다. 서희경은 중계석에서 어제 일요일 플레이에 대한 코멘트와 개인 신상 등등 한참 동안 캐스터와 얘기를 나누었다. 중계석에 앉게 되어 어제 플레이 때보다 훨씬 더 떨린다는 본인 말대로 목소리에 흥분한 기색이 역력히 묻어났다. 서희경은 어릴 때 외국에서 자란 사람답게 영어를 유창하게 했다. 그러다 보니 잠깐 하는 인터뷰가 아니라 마치 해설자처럼 한참 동안 많은 얘기를 나눴다. 아니 드라이빙 레인지가 아니라 TV 중계석이라니, 플레이오프를 전혀 준비하고 있지 않은 듯한 서희경의 모습에 내가 다 걱정이 될 정도였다. 그러다 한순간 빵 터졌다. 캐스터가 어제 3언더 파 스코어의 경이적인 플레이가 어떻게 가능했는지 질문했을 때 서희경이 한 답변 때문이었다.

"I don't know, I don't know. Someone come through into my body.(모르겠어요. 정말 모르겠어요. 그 분이 오셨나 봐요.)"

홍분한 서희경이 한국식 표현으로 '그 분이 오셨다'라는 얘기를 하고 싶었던 모양이다. 골프 치다 보면 어떤 때는 미친 듯 잘 되는 날이 있다. 그럴 때 흔히 그 분이 오셨다고 말한다. 결국 어제는 신들리듯 플레이했다는 말인데, 급하게 하다 보니 그 분이 오셨다는 엉뚱한 표현이 튀어나온 게 아닐까. 캐스터는 의미를 몰라 순간 의아했을 것이다. 얼핏 "I played the golf yesterday as if I were possessed.(어제 나는 신들린 듯 골프를 쳤어요.)"라는 식으로 얘기했으면 어땠을까 싶었다.

서희경이 헤드폰을 끼고 중계석에 앉아 있을 때 유소연과 크리스티 커는 세 홀, 두 홀을 남겨 두고 있었다. 17번 홀이 파5이었기 때문에 유소연이 버디 하나 추가할 확률은 매우 높았고, 크리스티 커가 버디 두 개 하지 못하리라는 법도 없었다. 게다가 유소연은 지금 연장전이 열릴 마지막 세 홀에서 연습을 겸한 실전 플레이를 하는 셈이었다. 그런데도 연장전에 대비해야 할 서희경은 생방송 중계석에 앉아 선수 스스로 흥분을 북돋고 있었으니, 연장전을 시작하기도 전에 서희경은 이미 진 것이나 다름없었다. 결국 유소연과 서희경은 3언더 파 동타가 되어 '세 홀 합산 연장전'에 들어갔고, 그 결과는 예상대로 세 홀에 세 타 차, 유소연의 일방적 승리였다.

승부가 끝난 뒤 있었던 기자 인터뷰에서 2위 서희경과 3위 크리스티 커가 한 얘기를 들어보자. 승부에 대한 자세가 달라도 너무 다르다. 개인 성격personality의 차이 때문인지 아니면 문화적cultural 차이 때문인지 도무지 알 수가 없지만, 무척 흥미로운 것은 사실이다.

– 서희경 : "한국 팬들이 올해 우리의 우승을 기다려 왔는데, 7월이 되기까지 우승하지 못했다. 한국 선수가 이 큰 대회에서 우승하게 되어 나는 매우 행복하다."

– 크리스티 커 : "오늘 나는 플레이를 매우 잘했다. 내가 우승하지 못해서 무척 실망스럽다. 이번 주에는 우승 못했지만 참을 수밖에 없다. 그럴 수밖에 없다."

서희경은 한국 선수인 유소연이 우승했기 때문에 좋아할 한국 팬들을 생각하며 행복하다 했고, 크리스티 커는 플레이를 잘했음에도 자기가 우승하지 못해서 무척 실망했다. 그렇게 콜로라도 스프링스 대결이 마무리되었다. 그때부터 거의 10년이 지난 이번 주, 텍사스 오스틴에서 열리고 있는 〈유에스 여자 오픈〉에서 이 두 사람은 어떻게 되어 있을까? 43세인 크리스티 커는 아직도 현역으로, 3라운드를 마친 현재 토탈 1오버 파, 공동 9위에 랭크되어 있었다. 여전히 경쟁력 있는 투어 프로로 활약하고 있다. 열 살 적은 서희경은 당연히 이 대회에 없었다. 오래전 결혼과 동시에 은퇴했기 때문이다. 크리스티 커의 커리어도, 서희경의 행복한 삶도 똑같이 중요할 것이다. 그러나 아직도 프로 골퍼로서 활동하고 있는 크리스티 커의 프로정신이 더욱 빛나 보이는 것은 어쩔 수 없다.

12월 어느 날 오후, 〈유에스 여자 오픈〉 녹화 중계를 보면서 끊임없이 떠오르는 골프 에피소드에 두둥실 몸을 실어 본다. 골프 에피소드가 눈처럼 흰 백로가 되어, 활짝 날개를 펴고 시공간 초월해서 자유로이 날아다니는 첫눈 오는 날 오후였다.

제2장

알고 보면
더 재미있는
골프

1 골퍼들의 로망 홀인원, 내가 할 확률은?

파3홀 티잉 에리어에서 앞 팀 홀 아웃hole out 기다리다가 동반자가 뜬금없이 한 마디 툭 던진다.

"홀인원 해봤어?"

이 말 한 마디에 괜히 주눅 드는 사람 많다. 평생 골프 쳐도 홀인원 못 해본 골퍼가 대다수이기 때문이다. 하지만 홀인원이란 녀석이 무슨 거창하게 준비하고 기다린다고 오는 게 아니라 그냥 오더라. 골프 배운지 얼마 안 되었을 때 뚝섬 경마장 골프장에 라운드 나갔다가, 왕초보 동반자가 친 아이언 샷이 빤히 보이는 그린 위에 떨어지더니 약간 구르다가 홀로 사라지는 모습을 보고는 이게 뭔가 했다. 웨이브 주고 기다리던 앞 팀이 오히려 환호하고 난리 났다. 그 몇 해 뒤에 미국 출장 갔다가, 멋모르고 한 아이언 샷이 홀을 향해 똑바로 가더니 공이 보이지 않았다. 홀인원 아냐 하고 가서 보니 공 하나만큼 홀을 지나쳐 있었다. 이래서 홀인원은 운이 따라야 하는 거구나 싶었다.

사실 홀인원Hole in One은 주로 파3홀에서 공이 한 번에 들어간 것을 말

한다. 에이스Ace라고도 부른다. 파4홀에서 한 홀인원을 알바트로스Alba-tross라고 하는데, 더블 이글Double Eagle이라고도 부른다. 그렇다면 파5홀에서도 홀인원이 나올까? 있다면 부르는 이름이라도 있나? 있다. 콘도르Condor라는 희귀한 새 이름이 붙었다. 믿거나 말거나 다섯 번이나 미국 홀인원 등록소에 보고되어 있다. 세상 오래 살고 볼 일이고, 살다 보면 좋은 일이 일어나게 되어 있다. 그 홀인원의 행운이 나에게도 왔다.

뉴욕에서 주재하고 있을 때인 2003년 10월, 시카고에 출장 갈 일이 생겼다. 회사 휴직하고 유학차 온 후배 세 명이 마침 시카고 인근에 있었다. 일부러 모아서 밥 한 끼라도 할 수 있는 좋은 기회, 주말에 시카고로 모이는 김에 골프 한 라운드 같이 돌자고 했다. 하이랜드 파크 컨트리클럽 Highland Park CC 파3 7번 홀, 지금 보니 홀인원 패에는 거리가 기록되어 있지 않았다. 6번 아이언 친 기억이 나는 것을 보아서는 160yd 정도 되지 않았을까 싶다. 도낏자루 휘두르듯 무거웠던 스틸 샤프트 캘러웨이 아이언을 렌트했었기에 하는 소리다.

홀은 시카고 인근 평지 골프장의 전형적인 파3홀이었다. 그린은 크지 않았지만 그린 사이드 벙커가 그린 오른쪽 앞에 있었고, 벙커 턱을 약간 높게 조성하여 놓았기 때문에, 벙커 뒤에 있던 핀은 티잉 에리어에서 보이시 않았다. 샷감이 매우 좋았다. 깃발 약간 오른쪽으로 공이 날아갔는데, 소위 핀빨이었다. 카트를 타고 그린으로 갔는데, 그린에 공이 보이지 않았다. 순간 느낌이 왔다. 후배 K에게 핀으로 가보자고 했다. 그린에 공이 보이지 않던 이글을 몇 번 한 적이 있었기 때문에 망설이지 않고 핀을 향했던 이유다. 아, 드디어 내가 홀인원을 했구나. 머리에 서늘한 느낌이 들 정도로 오히려 차분해졌다.

라운드 마치고 프로샵Pro Shop으로 들어서면서 후배 K가 소리쳤다. 멋진 영어였다. 여기 이 신사분이 오늘 홀인원을 했다고. 몇몇이 축하한다고 말해 주었고, 그것으로 끝! 한 해 전 서울에서 동반자 한 분이 홀인원했을 때 핀을 향해 절을 한 뒤 정중히 홀인원한 공을 꺼내고, 캐디가 준비해둔 복주머니에 정성스럽게 공을 담아 홀인원한 골퍼에게 전해주던 세리머니도, 캐디가 들뜬 목소리로 경기과에 보고하던 무전기 소리도 없었다. 우리끼리 조용하게 축하하고, 홀인원 기념으로 당시 인기 있었던 캘러웨이 드라이버 하나씩 즉석에서 사서 돌렸다. 3년 재수가 좋다는 속설俗說, 홀인원의 행운을 드라이버 세 개로 보장받는다면 그야말로 수지맞는 장사 아니겠는가.

한번 했다 하면 이런 소동에다 주위에 홀인원 턱을 낸다고 비용깨나써야 하는 홀인원. 그래서 시중에는 홀인원하면 멀리건 달라고 한다는우스갯소리까지 있다. 하지만 골프 하는 사람치고 홀인원 한번 해봤으면하는 마음 없는 사람 보지 못했다. 주위에서 보면 홀인원해본 아마추어골퍼가 제법 있는데 당연히 해보지 못한 골퍼가 훨씬 더 많다.

도대체 홀인원 확률은 얼마일까? 정확한 통계를 낼 수가 없으니 믿을만한 숫자인지 알 수 없지만, 「골프 다이제스트」 잡지에 의하면 평범한아마추어 골퍼의 홀인원 확률은 1만2,000분의 1이라고 한다. 투어 프로의 경우 그 확률은 3,000분의 1로 확 올라간다. 18홀 골프 코스에 파3홀이 보통 네 개 있으니, 일반 아마추어의 경우 3,000라운드 돌아야 확률적으로는 한 번의 홀인원을 할 수 있다. 1년에 100라운드를 플레이한다고 가정해도 족히 30년이 걸린다. 그런데 1년에 100라운드 돌기는 사실 현실적으로 쉽지 않고, 라운드 숫자 채운다고 홀인원이 그냥 나오는 것도 아니다. 많이 플레이하고 거기에 샷도 좋아야 홀인원 평생 한 번 할까 말까 하는 것이다.

미국에 홀인원협회U.S. Hole In One Association라는 단체가 있는데, 여기 발표에 따르면 프로의 확률은 2,500분의 1로 「골프 다이제스트」 자료보다 조금 높아지고, 아마추어는 1만2,500분의 1로 더 낮아진다. 프로의 경우 625라운드 만에 한 번의 홀인원을 할 확률, 밥 먹고 골프만 치는 프로들은 평생에 홀인원 여러 차례 할 것 같지만 확률은 어디까지나 확률일 뿐. 평생 홀인원 한 번 못해본 프로 분명히 있을 것이라 장담한다. 이게 골프고 홀인원이다.

홀인원하려면 당연히 샷 능력이 좋아야 한다. 샷을 정확하게 하는 능력, 공을 잘 띄우는 능력이 좋으면 금상첨화일 터. 그린에 떨어진 공이 부드럽게 굴러갈 수 있는 샷을 할 수 있는 능력이 있으면 홀인원의 확률은 훨씬 높아진다.

하지만 더 중요한 요소가 있으니 바로 행운이다. 아무리 좋은 샷을 할 능력이 있어도 공중에 띄운 공이 홀로 들어가게 하는 요소에는 수많은 외적 요소, 즉 바람이나 바운스의 양 등등 골퍼의 의지로 통제할 수 없는 요소가 너무나 많기 때문이다. 그래도 프로는 프로, 2017년까지 통계를 낸 자료 하나 소개하면, PGA 투어 공식 시합에서 생애 통틀어 다섯 개 이상 에이스(홀인원)를 기록한 프로가 50명에 달한다고 한다.

　마침 TV에서 제5의 메이저대회로 불리는 〈더 플레이어스 챔피언십The Players Championship〉[1]을 중계하고 있다. 어제 2라운드에서 티피씨 쏘그래스TPC at Sawgrass의 시그니처 홀인 파3 17번 홀에서 윌리 윌콕스Willy Wilcox가 홀인원을 기록했다. 130yd 남짓 되는 짧은 홀, 하지만 언듀레이션이 제법 있는 손바닥만한 작은 그린에다 아일랜드 홀인지라 프로들도 공을 물에 빠뜨리기 십상인 홀이다. 여기에서 2002년 이후 14년 만에 홀인원이 나왔다고 난리가 났다. 1983년 이 대회를 시작한 이래 이 17번 홀에서 나온 일곱 번째 홀인원이었다.

　ESPN 기자가 체크해 보니, 2002년 이후 6,300번째 샷만에 나온 홀인원이었단다. 이 홀인원의 확률은 비록 수많은 프로가 합작한 숫자지만 6,300분의 1, 프로들의 확률치고는 낮았다. 〈더 플레이어스 챔피언십〉이 1983년 시작된 이래 2002년까지 나온 17번 홀 홀인원은 모두 여섯 번이었는데, 그때까지 한 총 14,343번의 샷 중에서 여섯 개 홀인원이 나왔다는 것이다. 확률을 계산하면 2,390분의 1로 대략 프로들의 홀인원 확률 2,500분의 1과 비슷하다. 이걸 보면 대수의 법칙大數의 法則대로 오랜 기간 통계를 내면 결국 유사한 확률로 수렴될 것이다. 하지만 아무리 프로들이라고 해도 홀인원은 운이 따라야 나오는 것, 그 이후 이번 일곱 번째 홀인원이 나오기까지 14년간 세계 일류 프로들이 총 6,300번의 샷을 했지만 단 하나의 홀인원도 나오지 않았다.

---

1 the 35th Players Championship 2016. 5월 TPC at Sawgrass(우승 제이슨 데이 273타 15언더 파)

2005년 6월, 직접 가서 본 쏘그래스TPC at Sawgrass 스타디움 코스Stadium Course 파3 17번 홀, 핀 위치는 어제 2라운드 때와 비슷하게 가운데 뒤쪽 높은 곳에 있었다. 파3홀에 가면 혹시 홀인원 할지 모른다 싶어 늘 새 공을 준비하곤 했었는데, 이날도 홀인원의 꿈을 안고 날린 아이언 샷은 그린에 올린 것만으로 만족해야 했다. 더욱 아쉬웠던 것은 쓰리 퍼트 보기, 이 멋진 홀을 추억할 때마다 떠오르는 달콤쌉쌀한 한 장면이다.

홀인원, 굿 샷에다 행운까지 따라야 잡을 수 있다는 파랑새, 못 해봤다고 너무 실망할 필요는 없다. 지금까지 내가 동반했던 팀에서 홀인원이 나온 케이스가 다섯 번, 잘 맞은 샷보다 행운이 따른 샷이 홀인원이 되는 경우가 많았다. 한번은 동반자가 친 공이 약간 잡아당겨져 그린 왼쪽 언덕배기에 맞았는데, 오른쪽 70도 각도로 꺾여 뒤로 굴러 그린에 올라온 공이 하염없이 구르더니 앞 핀 홀로 쏙 사라지고 말았다. 홀인원이란 이런 행운이다. 실력을 축하해 주는 것이 아니라, 행운을 축하해 준다는 말 그대로다. 홀인원, 그 행운 다시 한번 기다리며 파3홀에 오를 때마다 새 공 하나를 꺼내 들곤 한다.

2 골프 코스 랭킹, 그 허虛와 실實

　인천행 비행기 타러 뉴욕 JFK 공항에 왔다가 탑승 시간까지 여유가 있어서 잡화점에 들렀더니 2016년 「골프 다이제스트Golf Digest」 2월호가 눈에 띄었다. 표지에 골프 코스 세계 랭킹 기사가 큼지막하게 찍혀 있다. 격년마다 「골프 다이제스트」가 발표하는 '세계 100대 코스'the World's 100 Greatest Courses 랭킹이다. 천천히 살펴보다 깜짝 놀랐다. 아니 랭킹 1위가 로얄 카운티 다운Royal County Down GC이라고? 부동不動의 세계 1위 파인 밸리Pine Valley GC는 어디로 갔단 말인가?

　당연히 한 권 사 들고 비행기에 탔다. 독서등을 켜고 기사 끝까지 꼼꼼하게 읽었지만, 현란한 언어와 멋진 문장은 있었지만, 로얄 카운티 다운이 1위로 도약한 이유를 알 수 없었다. 100대 코스 리스트에 유난히 링크스 코스가 많이 눈에 띄었다. 찬찬히 세어보니 링크스 코스가 46개나 되었다. 아, 이번 미인 대회Beauty Contest의 콘셉트는 링크스 코스였구나. 기사 첫머리의 멋지고 현란한 문장에서 얼핏 그런 생각이 들었다.

"Much as life on earth, golf first emerged from the sea, taking root on sandy deltas and shorelines, what golfers now call linksland, where it remained for generations before moving inland.(이 땅의 생명이 바다에서 생겨났듯 골프도 처음엔 바다에서 생겨났으며, 우리가 지금 링크스 랜드라고 부르는 모래 삼각주와 해안선에 뿌리를 내렸다가, 내륙으로 이동하기 전 수 세대 동안 그 링크스 랜드에 머물러 있었다.)"

북아일랜드 벨파스트의 로얄 카운티 다운 골프 클럽이 미국 뉴저지의 파인 밸리 골프 클럽을 제친 일대 사건이 2016년 「골프 다이제스트」 발표 세계 100대 코스 랭킹에서 일어난 것이다. 사실 파인 밸리는 그때까지 20여 년 이상 열세 번이나 1위 자리를 놓친 적이 없었다. 무엇이 파인 밸리를 그렇게 오랫동안 1위 자리에 머물게 했으며, 무엇이 하루아침에 로얄 카운티 다운을 1위 자리에 올려놓았는가. 세상에 하고많은 골프 코스 중에 가장 좋다는 코스를 어떻게 뽑았는지 그 기준이 자못 궁금하지 않을 수 없다.

골프 코스 랭킹은 골퍼들에게 어떤 의미가 있을까. 사실 사람들은 뭐든지 좋고 나쁨을 따져 순위 매기기 즉 랭킹ranking을 좋아한다. 줄 세우기 쉽지 않을 것 같은 온갖 분야에서 순위를 매긴다. 어떤 분야에서는 꽤 의미 있는 역할을 하기도 한다. 대표적인 것이 소위 '대학 랭킹'이다. 세계 대학 랭킹이라는 이름으로 전 세계 수백 개 대학 랭킹을 매긴 것도 있고, 전문적인 학문 분야나 학과 랭킹을 매긴 것도 있다. 상당히 전문적인 평가 기준을 만들고, 광범위한 기초 데이터를 수집하여 평가에 반영한다. 재미있는 사실은, 그런 대학 랭킹을 발표하는 주최자는 주로 유명 신문사나 방송사라는 것이다. 국내 대학 랭킹을 매겨 발표하는 곳도 주로 신문사이다. 왜 그럴까? 랭킹 발표가 사람들의 주목을 받고, 장사가 되기 때문이다.

또 하나 랭킹을 매기는 대표적인 사례 하나를 보자. 요즘은 요란스럽게 하지 않지만, 얼마 전까지 공중파에서 방송까지 해 주던 미인 대회이다. 미인 대회 주최도 주로 언론사나 특정 단체가 했다. 돈이 되었기 때문이다. 대학 랭킹을 매기는 평가는 매우 복잡하고 많은 객관적 데이터를 수집하여 반영하는 반면, 미인 대회에서의 랭킹 즉 입상 순위를 매기는 평가 기준은 무척 간단하고 심지어 주관적 평가가 상당히 반영되기도 한다.

골프 코스 랭킹을 매기고 발표하는 곳도 주로 골프 잡지와 신문사인데, 독자들의 관심을 끌 수 있는 흥미 있는 아이템이기 때문이다. 골프 코스 랭킹을 매기는 평가 기준은 단순하게 말하면 대학 랭킹 평가 기준과 미인 대회 평가 기준 사이 어디 쯤에 있을 것이다. 솔직히 미인 대회 평가 기준에 훨씬 더 가깝다. 평가 기준이 복잡하지 않고 주관적 요소가 많이 반영된다는 말이다. 이런 골프 코스 랭킹을 언제, 누가 매기기 시작했을까?

미국에서 베스트 골프 코스 평가를 시도한 것은 1960년대 초반 지도 제작업자의 필요에 의해서였다 한다. 지도에 골프장을 넣어 팔아먹기 위해 지도업자가 「골프 다이제스트」에 베스트코스 선정을 의뢰했지만 잡지 편집인은 객관적 평가를 할 수 없다고 처음에는 거절했다. 최고의 골프 코스the Best Golf Course라는 개념이 너무나 주관적이었기 때문이다. 그러다가 가장 어려운 골프 코스the Toughest Golf course라는 객관적 평가를 하면 되겠다는 아이디어로 발전하였고, 이미 코스 난이도難易度 평가를 하고 있던 미국골프협회USGA의 코스 레이팅에 자체 서베이를 더하여 '가장 어려운 200대 코스'를 선정, 잡지에 싣기에 이르렀다. 1966년도였다. 이듬해부터 '가장 어려운 100대 코스'로 조정하여 발표하기 시작, 1975년에 이르러 드디어 '미국 100대 골프 코스'America's 100 Greatest Courses라는 새로운 장르로 탄생하게 되었다.

그 후 10년 간 시행착오를 거친 뒤, 1985년부터 현재 평가 시스템이 완성되었다. 평가 요소를 일곱 개 카테고리, 즉 △샷의 가치Shot Value △스코어 내기 어려움Resistance to Scoring △디자인의 조화로움Design Balance △기억성Memorability △심미성Aesthetics △조절성Conditioning △전통Tradition으로 나누고, 각 카테고리별로 10점 만점 지수로 평가하였다. 이때 △샷의 가치Shot Value는 평가받은 점수의 두 배를 반영(Shot Value Score×2)한다.

이 일곱 개 평가 카테고리는 오늘날까지 큰 틀에서 그대로 유지되고 있지만, 그때그때 약간 변형하여 운영한 적도 있었다. 특히 오랫동안 △걷기 알맞은 코스Walkability에 보너스 점수를 주었다. 사실 걷기 알맞은 코스 점수가 평가에서 빠진 점은 상당히 아쉽다. 골프가 기본적으로 걷는 운동이기 때문에 걷기 친화적인 골프 코스가 높은 평가를 받는 게 당연하지 않겠는가. 이처럼 「골프 다이제스트」란 전문 잡지가 골프 코스 랭킹이란 새로운 장르를 개척했고, 이후 나온 모든 코스 랭킹 평가는 거의 예외 없이 이 방법의 아류亞流라고 봐도 무방하다. 미국뿐만 아니라, 유럽이나 호주, 심지어 우리나라 골프 코스 랭킹을 매기는 평가 방법도 「골프 다이제스트」 방법과 대동소이한 것이다.

50년 넘게 격년隔年으로 발표해 온 「골프 다이제스트」의 '세계 100대 코스' 랭킹은 지금 어떤 시스템으로 운영되고 있을까? 이 잡지는 2018년까지 2년마다 전 세계 코스를 망라한 '세계 100대 코스' 랭킹을 발표하였다. 하지만 2020년부터 이를 이원화하여 짝수 해에는 '미국 제외 세계 100대 코스'the World Top 100 Golf Courses Outside USA를, 홀수 해에는 '미국 100대 코스'America's 100 Greatest Golf Courses를 발표하고 있다. 이때 아메리카는 미국과 캐나다를 말한다. 이 글의 첫머리에서 2016년 세계 랭킹 1위에 로얄 카운티 다운이 등극했다고 소개했었다.

세계 통합 랭킹을 마지막으로 발표한 2018년에는 어떻게 됐을까? 로얄 카운티 다운은 만년 1위 파인 밸리에 다시 1위 자리를 내주고, 오거스타 내셔널에 이어 3위로 떨어지고 말았다. 처음으로 미국과 미국 제외로 나누어 발표한 2020년 세계 랭킹에서는 예상대로 다시 로얄 카운티 다운이 1위로 복귀하였다. 하기는 세계 전체 골프 코스의 절반 이상이 미국(캐나다 포함)에 있다니 이렇게 두 개로 나누어 랭킹을 정하는 것도 의미가 있을 듯하다.

2020년 세계 100대 코스에는 우리나라 코스가 네 개 랭크되었는데, 18위에 더 클럽 나인 브리지, 50위에 안양 CC, 54위에 잭 니클라우스 GC

코리아, 67위에 해슬리 나인 브리지가 그 주인공이다. 우리가 잘 아는 네 개 코스의 랭킹을 보면서, 코스 랭킹과 미인 대회 진선미 선발이 흡사하다는 생각이 든다. 각자의 취향이 강하게 반영될 수밖에 없는 것이다. 미인 대회 평가 기준이 사람의 외모나 지성, 품격, 태도 등 주관적 기준이라면 더욱 그렇다. 비록 골프 코스 랭킹을 평가하는 기준이 미인 대회 평가 기준보다 훨씬 더 정교한 시스템으로 운영되고 있는데도 말이다.

이런 논란을 줄이기 위해 코스 랭킹 기준은 더욱 정교하게 진화하고 있다. 2021년 미국 100대 코스 평가에 적용한 기준을 한번 살펴보기로 하자. 종전 평가 카테고리 용어와 정의를 대폭 수정하여 평가 패널리스트들이 좀 더 객관적으로 접근할 수 있게 한 것을 알 수 있다.

첫 번째 평가 카테고리는 △샷 선택권Shot Options이다. 종전에 '샷의 가치'Shot Value로 평가하던 항목이다. 샷의 리스크와 보상을 고려한 다양한 샷을 선택할 수 있는 코스, 그러면서 폭넓은 샷이 요구되는 코스를 평가하는 항목이다.

다음은 △도전성Challenge이다. 핸디캡이 없는 스크래치 골퍼가 백 티(챔피언 티가 아닌)에서 플레이할 때, 스코어를 내는 데 공정하면서도 여전히 어려움을 유지하여 코스가 얼마나 도전적이냐를 평가하는 것이나. 종전에는 '스코어 내기 어려움'Resistance to Scoring으로 평가하여 코스의 어려움을 강조한 데 비해, 바꾼 기준은 어려움뿐만 아니라 공정성까지 반영할 것을 요구하고 있다.

세 번째는 △레이아웃의 다양성Layout Variety이다. 각 홀의 다양한 레이

아웃 즉 홀 길이가 얼마나 다양하게 길고 짧은지, 스트레이트 홀과 좌우 도그레그 된 홀 등 모든 홀이 조화롭게 배열되어 있는지, 페널티 에리어 (벙커, 워터 해저드)의 위치는 적절한지, 그린의 모양은 아름답고 그린 표면의 높낮이는 적절한지 등등을 평가하는 항목이다.

네 번째는 △차별성Distinctiveness이다. 어떤 한 홀의 레이아웃이 그 코스 다른 모든 홀과 어떻게 구별되고 어떻게 독특한지를 평가하는 항목이다. 종전의 '기억성'Memorability 평가에서 진일보한 평가인 것만은 분명하다.

다섯 번째는 △심미성Aesthetics으로 종전과 같다. 라운드하면서 그 코스의 풍광이 얼마나 아름다우며, 그 아름다움으로 인해 플레이하며 얼마나 더 재미를 느낄 수 있는지 평가하는 항목이다.

다음은 △코스 조절성Conditioning이다. 페어웨이는 단단하고 페어웨이 경사는 완만한 경사와 급한 경사가 적절히 조화를 이루고 있는지, 그린은 단단하면서도 여전히 공을 잘 받아주는 그린인지, 그린에서 퍼팅했을 때 공이 얼마나 정직하게 굴러가는지 등을 평가하는 항목이다. 우리나라에서는 흔히 이 항목을 '코스 관리 상태'로 얘기하고 있는데, 이 평가 항목을 충분히 이해했다고 볼 수 없다. 코스를 단순히 잘 관리하는지 평가하는 것이 아니라 코스의 상태를 얼마나 적절하게 잘 조절調節하는지 평가하는 것이다.

마지막 일곱째가 △코스 개성Character이다. 코스 디자인은 독창성이 있는지, 다른 곳에서 볼 수 없는 유니크한 디자인인지 평가하는 항목이다. 그 코스가 확실한 개성을 가지고 있어서 한 시대를 풍미할만한 뛰어난 코스로 인정받을 수 있다면 더할 나위 없이 좋은 평가를 받을 것이다.

이렇게 바뀐 평가 항목은 내용을 좀 더 구체적으로 정의하여 평가를 더욱 쉽게 하였다. 특히 '전통'Tradition 항목을 뺀 점이 눈에 띈다. 골프 대회 개최 이력이나 사회적인 기여도 등 코스 외적인 것을 평가했던 항목인데, 이것을 빼고 코스 자체에 대한 평가에 더욱 집중하는 시스템으로 바꾼 것이다. 대신 △즐거움Fun이라는 항목을 신설하기 위해 데이터를 축적하고 있다고 한다. 어느 코스에서 플레이할 때 잘 치는 골퍼든 못 치는 골퍼든 골퍼들이 한 라운드를 플레이하면서 얼마만큼의 즐거움을 느낄 수 있는 코스인가를 평가하겠다는 것인데, 과연 객관성을 확보할 수 있을지는 모르겠다.

그렇지만 미국 100대 코스든 세계 100대 코스든 랭킹에 들려면 10년 이상의 기간에, 매년 최소한 75개 평가지評價紙가 제출된 코스라야만 자격이 생기니 그것만으로도 대단한 코스라 하지 않을 수 없다. 아무나 제출한 평가지가 아니라, 지정 평가자인 미국 패널리스트 1,700명과 국제 패널리스트 350명의 전문가가 제출한 평가지에 한정한 숫자로 말이다.

코스 랭킹을 매기는 평가 기준이 미인 대회 선발 기준처럼 단순하다더니 뭐 이리 골치 아프냐고 할지 모르겠다. 이 정도 기준을 알고 내가 자주 다니는 골프 코스는 과연 몇 점을 줄 수 있을까 한 번 평가해 보면 재미있을 것이다.

아, 혹시 우리나라 코스 랭킹에서 혹시 27홀 골프장이 들어 있거든 "아니 이런 엉터리가!"하고 살짝 비웃어 주어도 무방하다. 코스 랭킹은 골프장, 즉 컨트리클럽이나 골프 클럽에 부여하는 것이 아니라, 18홀 코스에 부여하는 것이기 때문이다. 27홀 골프장 중에서 나인홀 코스 두 개를 선택해서 랭킹을 부여했다면 그게 제대로 한 것이다.

우리나라 코스 랭킹은 선정 주관사에 따라 아직 그 편차가 크다. 나도 상위 코스 대부분에서 직접 플레이해 보았지만, 어느 코스가 뚜렷이 좋다고 말하기가 쉽지 않다. 전문가들 사이에서도 어느 코스가 확실하게 더 나은지 컨센서스가 형성되어 있지 않다. 한 가지 아쉬운 것이 있다. 우리나라 상위 코스 대부분이 매우 폐쇄적인 프라이빗 클럽이고, 골프 대회를 개최하지 않아 일반 골퍼들이 코스를 쉽게 구경할 수 없다는 점이다. 반면 평가 역사가 오래된 미국의 경우 상위 TOP10 정도는 확고한 컨센서스가 있다. 몇몇 코스를 제외한 대부분 상위 코스에서 프로 대회가 개최된다. 직접 그 코스를 구경할 수 있는 것이다.

예외가 하나 있다. 만년 1위 파인 밸리의 경우이다. 이 코스가 정말 뛰어난 코스인지 직접 눈으로 확인해 볼 방법이 없었다. 프라이빗 클럽이라 한 번 라운드해 보려고 누가 멤버인지 알아보았으나 쉽지 않았고, 토너먼트를 열지 않으니 갤러리로 가볼 수도 없었다. 매년 이 코스를 처음 설계한 사람을 기념하는 '크럼프 컵' 아마추어 대회를 개최하기는 하는데, 대회 마지막 날 오후에만 갤러리 입장을 허용한다니 코스 구경하려면 정말 보통 일이 아니었다.

파인 밸리 골프 클럽, 흔들림 없이 미국 1위를 차지하고 있는 이 골프장은 멤버가 전 세계에 퍼져 있다는데 누군지 알 수가 없다. 신규 멤버 가입도 멤버 위원회가 초청해 주어야 한단다. 전형적인 일류 프라이빗 코스인 파인 밸리는 뉴저지주州 남부에 있는데, 소나무가 우거진 낮은 구릉지에 코스가 조성되어 있고 토양은 소위 황토로 약간 붉은 빛을 띠고 있다. 경관이 무척 좋은 곳이다.

골프를 좋아하는 그쪽 토박이 미국인에게 직접 들은 이야기다. 어느 뉴저지 갑부가 이 골프 클럽 회원 가입을 신청했다가 거절당했다 한다. 화가 난 이 갑부는 바로 근처에 파인 밸리와 똑같은 골프 코스를 하나 만들기로 했다. 당시 최고의 코스 설계가Architect인 톰 파지오를 모셔 와서 파인 밸리를 능가하는 코스 설계를 부탁했다. 파인 밸리Fine Valley에서 그리 멀지 않는 곳에 코스 이름도 파인 힐Fine Hill이라 지었다. 지형이 비슷하다 보니 실제 코스도 파인 밸리와 흡사했다고 한다. 파인 힐 클럽 오너는 폐쇄적 프라이빗 클럽인 파인 밸리를 의식해서 일반 골퍼에게 클럽을 오픈하기로 했다. 그래서 오전에는 멤버들이 플레이하는 프라이빗 클럽으로, 낮 열두 시 넘은 시간에는 일반 골퍼들에게 개방하는 퍼블릭 클럽으로 운영했다.

이 얘기를 듣고 당장 파인 힐에 오후 티 타임 하나 잡았다. 당시 거주하던 포트 리에서 약 두 시간 남쪽으로 내려가야 하는 거리였다. 정말 멋진 코스였고 도전적인 코스였다. 뉴욕 주재할 때 몇 번 더 가볼 수 있어서 파인 밸리에 가보지 못한 아쉬움을 조금이나마 달랠 수 있었다. 근황이 궁금하여 구글링해 보았더니, '트럼프 내셔널 골프 클럽 필라델피아'로 이름이 바뀌어 있었다. 어느새 프라이빗 클럽으로 바뀐 것이다. 코스가 파인 밸리에 필적할 만큼 아름다운 데다 필라델피아 고층 빌딩의 스카이

라인을 한눈에 조망하는 곳에 있다 보니, 트럼프 그룹이 매입해버린 게 아닌가 짐작할 따름이다.

미국 1위 코스인 파인 밸리와 견주어도 손색없는 코스인데도 파인 힐, 아니 트럼프 내셔널 골프 클럽 필라델피아는 코스 랭킹의 후보 리스트에도 올라 있지 않다. 2021년 미국 100대 코스 중 열세 개나 디자인한 미국 최고의 코스 설계가인 톰 파지오의 작품인데도 파인 밸리의 짝퉁 이미지를 벗어나지 못하는 것인가? 트럼프 내셔널 GC 필라델피아, 부동의 미국 랭킹 1위 파인 밸리에 가보지 못한 아쉬움을 달래주었던 그곳에서 플레이했던 추억에 젖어본다. 언젠가 다시 가볼 날을 그리며.

3 코스 셋업, 립스틱 짙게 바르고

양산의 에이원 CC에서 내일까지 제63회 〈KPGA 선수권대회〉[2]가 열리고 있다. 비가 오는 가운데 지금 3라운드가 한참 진행 중이다. 중계 화면으로 보기에는 비는 오지만 다행히 바람이 심하지 않은 것 같다. 비가 조금씩 내리다가 엄청나게 쏟아지기도 했지만, 지금은 비가 그쳐 평온한 모습이다. 선두권 선수들이 모두 한두 타 정도 까먹고 있다. 비 오는 날 골프, 점수 내기 쉽지 않기 때문이다.

이번 대회는 우리나라 남자 골프 대회에서 명실상부한 메이저 대회. 그러다 보니 시작하기 전부터 대회에 걸맞게 코스 셋업이 어렵게 되었다는 얘기가 많이 나왔다. 페어웨이 폭을 20m 정도로 좁게 하고, 러프를 10cm 정도로 길게 길렀다는 것이다. 물론 코스 난이도難易度 조절에 페어웨이나 러프 길이만 있는 것은 아니지만, 이것만 좁고 길게 길러도 스코어 내기 쉽지 않게 된다. 어찌 보면 메이저 대회답게 변별력 있는 코스 셋업을 한 것이다.

---

2 제63회 KPGA선수권대회 2020. 8월 양산 에이원 CC(우승 김성현 275타 5언더 파)

코스 셋업Course Set-up, 우리가 흔히 '코스 세팅'이라고 말하는 것이다. 신문 기사에서나 방송 해설자도 무심코 코스 세팅이라 한다. 레스토랑에서 테이블에 요리 접시를 '세팅'하는 것과는 다르니, 우리도 더 이상 '코스 세팅'이라고는 하지 말자. 차라리 '코스 설정'이라고 우리말로 하든지.

어쨌든 이번 대회에서 화제는 단연 어려운 코스 셋업이다. 평소 대회보다 페어웨이 폭을 확 줄이고, 러프를 눈에 띄게 길게 기르면 코스 난도難度는 확 올라간다. 그런데 우리 프로 골프 대회에서 그런 코스 셋업은 쉽지 않다. 골프장 사정이 허락하지 않기 때문이다. 러프 기르기 위해 골프장 문 닫을 수 있는가? 없다. 문 열고 기르려면 일반 골퍼들 플레이가 정상적으로 진행되기 어려울 수 있다. 이러니 러프 기르기는 언감생심, 골프장의 희생 없이는 불가능한 것이다.

마침 이번 주 미국 샌프란시스코에서 제102회 〈PGA 챔피언십 토너먼트〉가 열리고 있다. 미국 골프의 4대 메이저 대회 중 하나이다. 이 대회를 우리말로 하면 'PGA'가 주관하는 '선수권 대회'이니, 〈KPGA 선수권대회〉와 같은 성격의 대회임을 금방 눈치 챘으리라. 샌프란시스코 시립市立 TPC 하딩 파크에서 열리는데, 파70(7,234yd)으로 리셋했다. 시립이니 당연히 퍼블릭 골프장이다. 이 골프장은 이번 토너먼트를 위해 거의 한 달간 아예 문 닫고 코스 셋업을 했다고 한다.

퍼블릭 골프장임에도 TPCTournament Players Club란 이름을 달고 있으니 필시 PGA 투어와 협력 관계가 있을 것이다. 일반 아마추어 골퍼들이 평소 경험하지 못하는 프로 골프 대회를 개최하는 골프장에서 프로들과 비교하며 플레이 한번 해 보라고 맘먹고 조성한 골프장이다.

한편 에이원 CC 남서 코스는 이번 대회를 위해 파70(6,950yd)으로 플레이하고 있다. TPC 하딩 파크의 파70(7,234yd) 코스보다는 코스의 총 길이도 조금 짧고 또 레이아웃도 까다롭지 않아 난도難度는 조금 낮을 듯하다. 공교롭게도 우리 〈KPGA 선수권〉이나 〈PGA 챔피언십〉이나 컷은 1오버 파였다. 이렇다 보니 우리 프로들이 코스 어렵다고 뭐라 할 형편은 아니나, 혹여 TV로 보는 골프 팬 입장에서 아니 프로들이 스코어 저 정도밖에 못 내느냐며 타박할 일은 전혀 "아니올시다"이다.

오전에 종료된 미국의 〈PGA 챔피언십〉 2라운드에서 우리 김주형 선수가 그만 7오버 파로 컷 탈락하고 말았다. 어제 1라운드에서 이븐 파로 잘 마쳤는데, 2라운드에서 망쳐버렸다. 이런 게 골프이니, 김 프로, 부디 몸에 좋은 쓴 약이 되기를 바란다. 미국 갈 때 원 웨이 티켓으로 간 그 기개 살려 나가리라 믿는다.

타이거 우즈는 이븐 파로 컷 통과하여, 일단 주말 중계 계속 볼 수밖에 없게 만들었다. 골프란 장갑 벗어봐야 아는 법, 그러다 '그 분'이 한 번 와 주기만 하면 우승 그까짓 거 할 수도 있다. PGA 83승 최다승과 메이저 16승을 동시에 이루지 말라는 법 없지 않겠는가.

이렇게 골프 코스는 셋업을 어떻게 하느냐에 따라 전혀 다른 코스가 된다. 이곳저곳 러프와 그린을 잘 준비하면 립스틱 짙게 바르고 유혹하는 여자처럼 위험한 존재가 될지도 모른다. 대회 성격에 따라 주최 측은 코스 셋업으로 코스 난이도를 적절하게 조절하는 것이다. 갤러리로 이런

저런 대회에 가보면, PGA와 LPGA가 다르고 PGA에서도 메이저와 일반 대회가 확연히 다른 것을 알 수 있다. 일반적으로 남자 대회 때 여자 대회보다는 눈에 띄게 어렵게 조성한다. 가장 어려운 코스 셋업은 〈유에스 오픈US OPEN〉에서 한다. 기본적으로 우승자가 언더 파가 되지 않도록 한다. 〈유에스 오픈〉 대회의 성격을 특징적으로 보여주는 한 가지 설명을 보자.

The US Open's identity is rooted in being the greatest examination in golf. It's a tournament that pushes and tests a golfer's game to the limit.(〈유에스 오픈〉의 정체성은 골프에서 가장 어려운 시험을 부과하는 것에 근거를 둔다. 〈유에스 오픈〉은 골퍼들의 경기를 한계까지 압박하고 테스트하는 대회이다.)

이렇게 어렵게 코스 셋업을 하다 보니 실제 대회 때 코스가 지나치게 어렵게 셋업되었다거나 심지어 잘못 셋업되었다는 시비도 종종 벌어진다. 특히 선수들의 불평불만이 대단하다. 주위 친구들에게 플레이해 본 골프장 중 좋은 골프장이 어느 곳이었는지 한번 물어보라. 평범한 아마추어들이 가장 좋다고 칭찬하는 코스는 대부분 자기 스코어 잘 나오는 골프장이다. 프로 선수들도 자기 스코어 잘 나지 않는 대회 당연히 싫어한다. 그런데도 그 방침을 바꾸지 않는다. 왜 그럴까? 〈유에스 오픈〉을 주최하는 USGA가 그 단서가 아닐까 생각해 본다.

USGAThe United States Golf Association는 미국골프협회, 즉 미국에서 프로 골프와 아마추어 골프를 아우르는 골프의 총본산이다. 20세기 들어 미국 골프 산업과 선수들의 실력이 폭발적으로 발전하다 보니, 맏형인 영국의 R&A을 뛰어넘는 동생이 되어버렸다. 물론 R&A the Royal & Ancient Golf Club of St. Andrews가 아직 큰형 노릇을 하고 있지만, 이제는 형이 동생을 함부로 못 하는 정도를 넘어 동생이 모든 것을 이래라 저래라 하는 상황까지 오게 되었다. 그러다 보니 그 권위를 위해 그들이 주최하는 〈유에스 오픈〉도 가장 어려운 대회로 만들어버린 것은 아닐까 하는 생각마저 든다.

이 대회 장소는 7, 8년 심지어 10년 전에 미리 결정되는데, 퍼블릭 코스와 멤버십 코스가 적절히 섞여 선정된다. 미국 전역을 무대로 동부 서부 중부를 오가는데, 아무래도 인구가 밀집된 뉴욕이 중심이다.

제119회 〈유에스 오픈〉[3]이 지난해 6월 그 유명한 페블비치에서 개최되었다. 언더 파가 거의 나오지 않을 것이란 예상과는 달리 개리 우드랜드가 무려 13언더 파로 우승했었다. 〈유에스 오픈〉 코스 셋업으로 분장하고 나면 곳곳에 가시 발톱을 숨기고 있는 괴물 코스로 바뀌어 있을 것이란 내 예상은 빗나갔다. USGA의 코스 셋업 방침이 이 해부터 바뀌었기 때문이다. 코스 셋업 책임자를 바꾸고, 쉽지 않은 코스에 공정한 코스 셋업을 하겠다는 방침을 예상보다 철저히 따랐다는 생각이 든다.

또 하나의 메이저 대회인 〈PGA 챔피언십대회 PGA Championship Tournament〉는 미국 프로페셔널 골퍼협회 PGA of America가 주관한다. 이 협회는 프로 골프 코치, 클럽 프로, 골프 용품사 등등 거의 3만 명에 달하는, 골

---

3 119th US Open Championship 2019. 6월 페블비치 GC (우승 개리 우드랜드 271타 13언더 파)

프를 직업으로 하는 사람들의 협회이다. 그 설립자가 워너메이커Rodman Wanamaker이고, 그래서 〈PGA 챔피언십〉의 우승자에게 설립자가 기증한 워너메이커 컵Wanamaker Cup이 수여된다.

메이저 대회 중 상대적으로 권위가 떨어지고, 동업자를 배려한다는 차원에서 프로 골퍼들이 싫어하지 않도록 코스 셋업을 지나치게 어렵게 하지 않는다는 게 중론이다. 직접 현장에 가서 본 베스페이지 블랙 코스의 2019년 〈PGA 챔피언십〉 때 코스 셋업은 같은 코스에서 열렸던 2002년 〈유에스 오픈〉과 확연히 달랐다. 가장 눈에 띄는 것은 페어웨이의 폭, 2019년이 훨씬 넓었다. 또 한 가지는 러프의 조성이었다. 보통 페어웨이, 퍼스트 컷, 세컨드 컷으로 구분되는데, 세컨드 컷에서 확연한 차이가 났다. 세컨드 컷 잔디는 불과 5cm도 되지 않아 공이 거의 그대로 보였다.

2002년 〈유에스 오픈〉 때 세컨드 컷은 발목을 완전히 덮는 높이로 최소 10cm가 넘었는데, 이 경우 세컨드 컷에 공이 들어가면 거의 한 타 확실히 더 먹을 상황이었다. 게다가 넓지 않은 세컨드 컷 바깥으로 자연 상태 잔디인 페스큐(깎지 않은 무릎 높이의 억센 잔디)를 그대로 두었다. 그 다음이 그린 조성인데, 그린 셋업은 〈유에스 오픈〉 때 유리알 그린만큼 빠르지 않았다. 또한 6번 홀 페어웨이 가운데를 지나 약 50yd 길이를 페스큐 상태로 그냥 두어 드라이버를 치지 못하게 한 것도 페어웨이로 바꾸었고, 15번 홀 그린 앞 오르막 경사지도 페스큐를 없애고 말끔히 정리해버렸다. PGA와 USGA의 코스 셋업이 이렇게 차이가 난다. 하나는 프로 골퍼 친화적으로, 하나는 프로 골퍼를 적당히 애먹이는 것으로.

그럼 PGA 투어가 주관하는 대회는 어떨까? 제5의 메이저라 불리는 〈더 플레이어스 챔피언십대회The Player's Championship Tournament〉, 플로리다의 'TPC 쏘그래스'에서 매년 3월에 개최된다. 말 그대로 투어 프로들이 설립한 단체이다. TPC 쏘그래스에는 두 개의 18홀 코스가 있는데 그 중에 '스타디움 코스'에서 개최된다. 골프장 이름의 TPC란 앞에서 얘기한 대로 Tournament Players Club 즉 PGA 투어가 운영하거나 협업하는 골프장이다.

쏘그래스의 스타디움 코스도 그 셋업은 그리 어렵지 않다. 아마추어들에게는 어려운 코스인지 모르나 프로들에게는 크게 위협 요소가 없는 평범한 코스이다. 결국 프로 선수 자신들을 위한 축제의 장을 〈유에스 오픈〉처럼 사람 열 받게 코스 조성하지 않는다는 얘기이다. 2006년 직접 가서 플레이해 본 TPC 쏘그래스, 나 같은 아마추어에게는 수많은 비치 벙커와 워터 해저드가 위협적이기는 했다. 하지만 드라이버나 아이언 비거리가 월등히 긴 프로들에게는 큰 변수가 되지 못할 것으로 보였다. 실제 대회 때에도 그리 어렵지 않게 셋업한 것을 느낄 수 있었다.

이렇게 골프 코스는 어떻게 셋업 하느냐에 따라 완전히 다른 코스가 될 수 있음을 알 수 있다. 마치 립스틱 짙게 바른 여인의 화장처럼, 천의 얼굴로 변모하는 코스 셋업의 마법에 한껏 취해보는 한여름 비 오는 날이었다.

4 코스 레이팅, 슬로프 레이팅과 페블비치

2019년 6월 페블비치 GC에서 열린 119회 〈유에스 오픈〉에서 개리 우드랜드가 13언더 파 271타로 우승했다. 4라운드 합계 스코어 언더 파를 친 선수가 무려 31명에 달했다. 지난달 베스페이지 블랙 코스에서 개최된 〈PGA 챔피언십〉 때 언더 파 선수가 여섯 명이었던 것과 비교해 보면 이번 페블비치의 코스 셋업이 상대적으로 쉬웠음을 알 수 있다. 올해 2월 〈페블비치 프로암 대회〉 경기를 보며, 6월에 '유에스 오픈 셋업'이란 화장을 하면 페블비치는 날카로운 호랑이 발톱을 숨긴 괴물 코스로 변할 것이라 했던 내 전망은 보기 좋게 빗나갔다. 무슨 일이 일어난 것일까?

〈유에스 오픈〉을 주관하는 미국골프협회USGA는 지난 50년간 대회 코스 셋업을 지나치게 어렵게 함으로써 선수들을 극단적 테스트로 내몰았다. 하지만 지난 수년간 선수들이 코스가 너무 어렵고 심지어는 불공평하다unfair고까지 불평하였다. 이렇게 되자 올해 초 USGA는 몇 가지 조치를 했다. 우선 코스 셋업 총책임자를 바꾸었다. CEO인 마이크 데이비스

Mike Davis에서 '시니어 매니징 디렉터' 존 보덴하머John Bodenhamer로 교체하고, 심지어 투어 프로 출신인 '선수 소통 디렉터'를 두어 선수들의 의견도 광범위하게 수렴하였다. 올해 초 보덴하머는 코스 셋업의 원칙은 변하지 않을 것이라 강조하였지만, 이번 페블비치 〈유에스 오픈〉의 결과를 보면 적어도 권위를 내세우던 USGA가 세상 변화에 대한 순응으로 태도가 바뀐 것을 알 수 있다.

과연 이번 페블비치 코스 셋업의 난이도는 어느 정도로 조정된 것일까? 우선 이해하기 쉽게 올해 2월 같은 페블비치에서 열렸던 2019년 〈페블비치 프로암 대회〉와 비교해 보자. 그 대회에서 필 미켈슨이 19언더 파로 우승할 때 컷cut은 2언더 파였다. 이번 〈유에스 오픈〉 컷은 2오버 파, 즉 3오버 파부터 본선에서 뛸 수 없었던 것이다. 컷 타수를 단순 비교하면 네 타 정도 어려워졌다고 말할 수 있다.

2000년 6월, 같은 장소인 페블비치에서 타이거 우즈가 우승(272타, 12언더 파)한 〈유에스 오픈〉 때 컷은 놀랍게도 7오버 파였다. 올해 언더 파를 기록한 선수는 우승자 개리 우드랜드 포함 31명인데 반해, 2000년에는 타이거 우즈만 12언더 파를 기록하고 2위는 3오버 파, 우즈와 무려 열다섯 타 차이가 났다. 당시 우즈의 경기력이 상상을 초월할 정도로 압도적이었음을 잘 보여 주는 스고이다. 컷 타수만 단순 비교하면 올해 코스 셋업보다 평균 다섯 타 어려운 코스였다고 할 수 있지만, 이것만 가지고는 도대체 그때는 얼마나 어려웠고 올해는 얼마나 쉬운 코스였는지 알기가 어렵다. 코스 난이도의 객관적 비교 지표가 없기 때문이다.

그렇다면 객관적 숫자로 보면 이번 페블비치 〈유에스 오픈〉의 난이도는 어느 정도일까. 이번에 USGA 발표를 보면, 페블비치의 코스 레이팅 course rating은 75.5, 슬로프 레이팅slope rating은 145였다. 코스 레이팅이란 무엇이고 슬로프 레이팅이란 또 무엇인가? 코스 레이팅이란 스크래치 골퍼(핸디캡이 없는 골퍼, 즉 이븐 파를 치는 골퍼)가 파71인 이 코스에서 수많은 플레이를 했을 때 기록한 타수를 평균해서 소수 한 자리까지 표시한 숫자이다. 위의 페블비치 코스 레이팅 75.5처럼 표시되어, 코스 파인 71을 빼면 4.5가 남는다. 바로 스크래치 골퍼가 4.5타의 핸디캡을 받는 어려운 코스라는 의미이다. 이해하기 쉽고, 다른 코스와 난이도를 비교하기도 쉽다.

하지만 세상에 스크래치 골퍼는 많지 않은 법, 대부분 골퍼는 이렇게 잘 치지 못한다. 미국골프협회의 조사에 의하면 남자 골퍼의 평균 핸디캡은 17이고, 여자 골퍼의 평균은 31이었다 한다. 생각보다 잘 치지 못한다. 단, 착각은 금물, 이 스코어엔 첫 홀 올 파니 마지막 홀도 올 파니 따위의 거품은 일절 없는 수치이다. 일반 골퍼들과 스크래치 골퍼들에게는 똑같은 코스에서 플레이한다 해도 각각 느끼는 어려움의 요소가 완전히 다르다. 그래서 일반 골퍼들에게 코스 난이도를 보여주는 데 코스 레이팅은 전혀 적합하지 않다.

그래서 만든 지표가 슬로프 레이팅이다. 여기에서는 그 중간에 보기 레이팅이란 별도 지표가 하나 더 있는데 그 얘기는 생략한다. 그냥 잊어먹어도 좋다. 스크래치 골퍼에게 코스 레이팅이 있는 것처럼 보기 플레이어에게 보기 레이팅이란 지표가 있는데, 산정 방식은 유사하다. 그 두 가지

지표에서 슬로프 레이팅을 산출한다는 골치 아픈 산식은 정말 궁금하면 구글링해 보시라.

그럼 왜 코스 난이도를 평가하는 지표로 군이 슬로프 레이팅을 또 만들었는가? 슬로프The Slope는 말 그대로 기울기이다. 어느 특정 코스에서 수많은 스크래치 골퍼와 보기 골퍼가 플레이하여 그 스코어를 도표에 표시한다면, 스크래치 골퍼의 평균 스코어는 72타 언저리에 표시될 것이고 보기 플레이어의 평균 스코어는 90타 언저리에 표시될 것이다. 이 두 평균 스코어를 선으로 연결하면 우상향右上向 직선 기울기로 표시될 것이다.

그런데 골프 코스는 세상에 단 하나가 아니라, 미국에만 2만 개 이상이고 우리나라에도 5백 개 넘는 골프 코스가 있다. 이 모든 골프장에서 위와 같은 방법으로 슬로프를 그려보면, 어려운 코스는 가파른 우상향 기울기의 직선이, 쉬운 코스는 완만한 우상향 기울기의 직선이 그려진다. 이 모든 직선이 만드는 평균 스코어(세로 축)를 스코어별(가로 축)로 표시하여 가상의 선을 만든다면, 이 선은 직선이 아니라 스코어가 올라갈수록, 즉 우측으로 갈수록 기울기가 가파르게 올라가는 곡선이 될 것이다. 왜냐하면 어려운 코스일수록 핸디캡이 높은 골퍼가 더 높은 스코어를 낼 가능성이 급격히 올라가기 때문이다. 이런 점을 고려하여 USGA가 만든 지표가 슬로프이다.

슬로프는 가장 쉬운 코스에 55를, 가장 난도가 높은 코스에 155를 부여했다. 그리고 평균적인 골퍼(핸디캡 약 20)가 90타 즉 18오버 파를 칠 수 있는 코스 난이도의 슬로프를 113으로 정했다. 이 숫자는 무슨 의미를 담고 있을까? 전혀 아니다. 단순히 계산하기 쉽고 이해하기 쉽게 임의의 숫자를 설정하여 코스 레이팅과의 연관 산식을 부여한 것이다. 113이 평균이라 했으니, 이제 골프장에 가서 스코어 카드에 슬로프 125가 적혀 있다면 꽤 어려운 코스겠구나 금방 알아볼 수 있을 것이다.

코스 레이팅의 역사는 어쩌면 골프의 홀별 기준 타수를 정하는 것에서부터 시작되었을 것이다. 기준 타수가 난이도 평가의 시작이기 때문이다. 우리가 기준 타수를 파par라고 하는데, 이 말의 유래는 주식 시장에서 왔다는 것이 정설이다. 주식의 액면가를 face value 또는 par value라고 하는데, 여기에서 어느 특정 홀의 난이도에 따라 기준 타수를 정하고 파라고 했다는 것이다. 기준 타수에서 한 타를 더 치는 보기bogey는 어디에서 왔을까? 이것도 영국에서 매치 플레이 때 가상의 상대방을 보기 대령Colonel Bogey이라고 상정하고 플레이한 데서 유래했다고 한다.

이렇게 영국에서 시작된 코스 난이도 평가는 1911년 USGA가 코스 레이팅 시스템을 구축하면서 좀 더 체계화하였다. 그 후 오랫동안 미국에서는 각 주州 골프협회의 백가쟁명식 평가 방법이 난무하다가, 1979년에 드디어 USGA에 의해 보기 레이팅과 슬로프 레이팅을 포함하는 현재의 코스 레이팅 시스템이 개발되었다. 그때부터 많은 실증적 데이터를 확보, 발전시켜 1990년 현재 방법으로 정착하였다. 1994년부터는 우리나라를 비롯한 많은 나라에서 이 시스템을 도입하였다.

코스 레이팅과 슬로프 레이팅 부여의 불편한 진실 한 가지, USGA나 대한골프협회Korea Golf Association는 코스 평가할 때 실제 그 코스에서 일일이 플레이해 보고 데이터 수집하여 평가하는 것은 아니라는 사실이다.

그 대신 USGA가 수집 분석해 둔 수십 년간의 엄청난 데이터에 기초한 평가 요소에 의해 평가한다. 평가 요소는 약 460여 가지에 달하는데, 기본적으로 코스의 길이, 홀의 형태, 그린의 형태 및 크기, 그린의 빠르기, 온갖 장애물의 위치, 나무의 위치와 크기, 러프, 리커버리 가능성, 심지어 심리적 요인에 이르기까지 스코어에 영향을 미치는 수백 가지 요소를 빠짐없이 평가하는 것이다. 물론 코스 평가자가 평가 대상 코스에서 실제 공을 치면서 평가 요소를 직접 체크할 수도 있는 것은 당연하다.

이제 우리가 알만한 코스의 코스 레이팅과 슬로프 레이팅을 한번 살펴보자. 위에서 올해 6월 열린 〈유에스 오픈〉 때 페블비치 GC(파71)의 코스 레이팅이 75.5, 슬로프 레이팅이 145라고 했는데, 지난달 〈PGA 챔피언십〉이 열렸던 베스페이지 블랙 코스(파70)의 난이도는 얼마나 될까? 코스 레이팅 77.5, 슬로프 레이팅 155이다. 최고 난도이다. 블랙 코스에서는 스크래치 골퍼들이 평균 7.5타를 더 친다는 얘기이고, 심지어 화이트 티에서 쳐도 코스 레이팅 74.2, 슬로프 레이팅이 148에 달한다. 일반 골퍼들에게는 5월 블랙 코스 화이트티의 코스 어려움(슬로프 148)이 6월 페블비치 GC의 챔피언 티 코스 어려움(슬로프 145)과 비슷한 수준이라니 놀랍다. 이처럼 코스 레이팅이나 슬로프 레이딩은 영원 불변이 아니라, 같은 코스에서 티에 따라 다르고 또 코스 셋업에 따라 달라질 수 있다.

하지만 특별한 경우가 아니면 몇 년간 동일 레이팅을 유지하는 것이 일반적이다. 2005년, 2006년경 페블비치에서 몇 차례 직접 플레이할 때 스코어 카드에 적힌 코스 레이팅은 블루 티(파72 6,737yd) 73.8, 슬로프는 142

였다. 평소에는 〈유에스 오픈〉 셋업보다 프로들에게는 쉽고, 아마추어들에게는 비슷한 난도를 유지하고 있는 걸 알 수 있다. 2003년 베스페이지 블랙 코스에 갔을 때 블루 티(파71 7,366yd)의 코스 레이팅 76.6, 슬로프 144였고, 화이트 티(파71 6,684yd) 코스 레이팅 73.8, 슬로프 135였다. 그때 화이트 티에서 79타를 기록한 것이 지금 생각해도 뿌듯하다.

국내 골프장의 사례를 한번 보자. 파지오 패밀리가 설계한 이천의 트리니티 클럽, 여기 티는 다양하게 오픈해 두었다. 챔피언 티(파72 7,373yd)의 코스 레이팅 75.5, 슬로프 139로 베스페이지 블랙 코스의 블루 티와 비교해 보는 것도 의미가 있겠다. 이곳의 멤버 티(일반적으로 화이트 티에 해당)의 코스 레이팅은 69.8, 슬로프는 129로 쉽지 않은 코스이나, 블랙 코스 화이트 티에 비하면 코스 난도는 확연히 낮다.

코스 레이팅과 슬로프 레이팅, 이 지표가 골프 코스의 상대적 난이도를 제대로 비교해 볼 수 있는 것임을 이제 알았을 것이다. 문제는 우리나라 골프장에서 이것을 확인하려면 꽤 어려울 것이라는 점이다. 어렵다고 소문난 골프장에 가면 캐디가 흔히 이렇게 말한다. "우리 골프장은 다른 코스보다 최소 다섯 타는 더 나와요"라고. 다른 데 어디? 객관적인 비교를 할 수가 없다. 코스 레이팅을 기록해둔 종이 스코어 카드가 요 몇 년 새 거의 사라지고, 스마트 스코어가 판을 치고 있다. 사실 코스 레이팅을 제대로 평가한 코스가 절대 부족하다.

우리나라 골프 코스가 5백 개를 넘어섰다는데, 코스 레이팅을 정식으로 한 코스는 1백40여 개 코스에 불과하다. 미국에서는 하다못해 동네 퍼블릭 골프장에 가도 코스 레이팅, 슬로프 레이팅이 적혀 있는 종이 스코어 카드를 주는데 말이다. 정말 골프를 사랑하는 골퍼라면, 이제 골프장에 가면 경기과에 가서 종이 스코어 카드를 달라고 요구해 보자. 종이 스코어 카드 있는 골프장이 일류라는 소리를 듣는다면, 골프장들도 좀 바뀌지 않을까? 그 코스의 코스 레이팅, 슬로프 레이팅이 인쇄된 종이 스코어 카드를 받아서, 자기 스코어를 직접 적어 보아야 진정한 골퍼라고 할 수 있지 않을까? 무리인가? 그래야 골프 좀 쳐봤다는 소리 할 수 있을 것이다. 2006년 4월 어느 날, 페블비치 GC 블루티(파72 6,737yd/코스 레이팅 73.8, 슬로프 레이팅 142)에서 79타를 기록했던 추억의 종이 스코어 카드, 빳빳한 페블비치 종이 스코어 카드를 한번 꺼내 들여다본다.

5 프로 골퍼는 무얼 먹고 사나, 골프 대회와 상금

북아일랜드에서 〈디 오픈The Open〉[4]이 열리고 있다. 이름도 생소한 로얄 포트 러시, 1951년 개최된 후 이번이 두 번째. 세인트 앤드류스를 비롯한 스코틀랜드와 잉글랜드의 열 개 링크스 코스에서 돌아가며 열리던 〈브리티시 오픈〉이 수십 년 만에 북아일랜드로 온 것이다. 사람들은 흔히 〈브리티시 오픈〉이라 부르지만, 정식 명칭은 오직 하나의 오픈 대회라는 의미인 〈디 오픈 챔피언십 토너먼트〉이다.

오늘이 파이널 라운드. 이곳 출신 로리 맥길로이의 선전을 잔뜩 기대했었는데, 아쉽게도 한 타차로 컷을 통과하지 못했다. 1라운드 8오버 파, 2라운드 6언더 파로 지옥과 천당을 오갔지만 아쉽게 컷을 당해 홈 팬의 안타까움만 더했다.

타이거 우즈도 하필이면 비바람이 몰아칠 때 출발한 1라운드에서 7오버 파, 날씨 괜찮았던 2라운드 1언더 파로는 컷에 한참 미달했다. 골프에서는 악천후도 경기의 일부, 타이거의 올해 마지막 메이저 대회는 이렇게

---

4 148th the Open Championship 2019.7월 Royal Portrush GC (우승 쉐인 로리 269타 15언더 파)

씁쓸하게 막을 내렸다.

한편 우리나라 선수도 아홉 명 출전해서 세 명이 컷을 통과했다. PGA 투어에서 뛰고 있는 안병훈이 1오버 파로 공동 32위로 마친 건 그렇다 치고, 순수 국내 선수인 박상현이 2언더 파 공동 16위, 노장 황인춘이 2오버 파 공동 41위로 마무리한 것은 정말 대단하다. 〈디 오픈〉에 참가하는 것만으로도 우리나라 프로들에게 대단한 영예이지만, 적잖은 상금을 획득해서 대회 참가 경비를 충당하는 실리까지 챙겼다. 이 대회 총 상금 purse은 1,075만 달러, 굳이 우리 돈으로 환산하자면 129억 원이고, 우승 상금만 해도 23억 원이 넘는 엄청난 규모다. 박상현의 상금prize money은 126,313 달러, 대략 1억5,000만 원으로 웬만한 국내 대회 우승 상금과 맞먹는 액수이다.

이번 〈디 오픈〉을 며칠 앞두고, 국내 몇몇 신문, 방송에 뜬금없이 연합뉴스 발 골프 대회 상금 관련 기사가 났다. 남녀 상금 격차가 너무 크다는 소위 '골프 여제' 박인비의 인터뷰 기사였다. 웃기는 것은 기사가 "최근 스포츠업계에서 남녀 상금 격차를 줄여야 한다는 목소리가 커진 가운데 박인비(31)가 골프 남녀 메이저 대회 상금 격차가 너무 크다고 했다"라는 식이있다. 아니 무슨 수로 남자 여자 대회의 상금 격차를 줄이시려고? 여기에도 국민 세금을 투입하여 남녀 차별 줄이려고 하나?

골프 대회의 총 상금purse은 당연히 시장경제 원리에 따라 정해진다. 골프 팬들이 기꺼이 입장 티켓을 사고, 대회에서 각종 기념품을 많이 사고, 스폰서 기업들이 광고 효과를 위해 큰돈을 지불할 의사가 있으면 상금액이 커지는 것이다. 박인비가 얘기한 메이저 대회 남녀 상금 격차가 크다는 것은 미국 PGA 투어의 얘기이다. 어찌 보면 당연한 일, 이번 〈디 오픈〉의 관람객은 무려 10만 명에 달하고 나흘 내내 우리나라 골프 채널에서까지 하루 종일 생중계해 줄 정도이니 말이다.

상금 규모에서도 큰 차이가 난다. 오늘 파이널 라운드가 진행되고 있는 〈디 오픈〉의 총 상금 1,075만 달러(약 129억 원), 우승 상금 193.5만 달러(약 23억 원)에 비해, 2주 후에 있을 〈여자 브리티시 오픈〉의 총 상금은 450만 달러(54억 원), 우승 상금 67.5만 달러(8억 원)이다. 경기 수입의 차이가 상금 차이로 이어진다. 관람객 약 10만 명에 입장료 평균 80유로(=90달러)로 계산해도 약 900만 달러의 입장 수입이다. 기업의 각종 광고료에 TV 중계료를 따지면 이 비즈니스 규모가 얼마나 큰지 넉넉히 짐작할 수 있을 것이다.

미국의 남자 PGA 대회와 여자 LPGA 대회는 어떨까? 박인비가 여자 대회 상금이 적다고 억울하다는 사정을 금방 알 수 있다. 스포츠는 인기가 바로 돈이기 때문에 미국 PGA 투어와 LPGA 투어에 그런 사정이 반영되어 있다. 2019년 PGA 투어 총상금은 3억8,950만 달러, 대회당 평균은 850만 달러인데, LPGA 투어의 총상금은 7,055만 달러, 대회당 평균은 210만 달러이다.

미국에서는 매주 주말 토요일과 일요일, PGA 투어와 중계 계약을 맺은 공중파 TV에서 오후 두 시에서 여섯 시까지 네 시간 동안이나 남자 골프 대회를 생중계한다. 두 시 이전에는 당연히 케이블 채널에서 거의 전 대회를 커버한다. 여자 대회는? 오직 골프 전문 채널에서 생중계해 줄 뿐이다. 다만 여자 메이저 대회를 공중파 생중계해주는 것으로 위안 삼을 수밖에 없다. 남자, 여자 골프 선수들의 기량 차이만큼 대회 인기와 열기 차이가 있는 것이다. 박세리가 한창 이름 날릴 때도 골프장에서 만난 미국 골퍼 대부분은 박세리Seri Pak는 잘 몰라도 최경주K.J. Choi 얘기하면 다들 금방 K. J.가 어느 대회에서 어떻게 했다느니 한 마디씩 다 아는 체했다.

박인비가 얘기하는 미국 프로 골프에서의 남녀 상금 격차, 우리나라 사정을 보면 완전 반대이다. 2019년 남자 KPGA 대회와 여자 KLPGA 대회 현황을 한번 살펴보면, KPGA 대회 수 17개(총 상금 146억 원/대회 평균 8.6억 원) KLPGA 대회 수 29개(총 상금 226억 원/대회 평균 7.8억 원)로 얼핏 대회당 평균 총 상금만 보면 남자 대회 상금이 많은 것처럼 보인다. 하지만 대회 회수가 절대적으로 적고 국제 대회로 동시에 치러지는 남자 대회 몇 개가 총 상금이 높아서 평균이 왜곡되게 산출되는 것뿐이다.

단적인 예를 하나 들어보자. 고맙게도 KB금융그룹이 남녀 대회에 동시에 타이틀 스폰서를 하고 있다. 2019년 KPGA의 〈KB금융 리브챔피언십〉 총 상금은 7억 원인데 비해, 2019년 KLPGA 〈KB금융 스타챔피언십〉 총 상금은 10억 원이었다. 이게 한국에서의 현실이다. 남자 대회의 총 상금이 대폭 늘어난 것도 불과 2~3년밖에 되지 않았다. 몇 년 전에는 사업하는 한 선수 아버지가 총 상금 2억 원에 우승 상금 6천만 원에 불과한 대회를 개최한 적이 있을 정도였다.

왜 여자 대회가 대회 수가 많고 총 상금도 훨씬 많은가? 여자 대회가 인기가 높기 때문이다. 제발 스포츠에서도 남녀 상금 격차를 인위적으로 줄여야 한다는 얘기는 말자. 남자든 여자든 기량이 뛰어나고 볼 만하면 인기와 돈이 따르게 되니까. 우리나라 남자 프로 골프 발전을 위해 조그마한 힘이라도 보태고 있는 내 입장에는 정말 속이 타는 현상이 아닐 수 없다.

그런데, 골프 대회에서 상금은 어떻게 배분될까? 미국, 유럽, 한국, 일본 등 각각 투어마다, 남자, 여자 대회마다 조금씩 기준이 다르다. 우선 전 세계에서 가장 큰 투어인 미국 PGA 투어 기준을 한번 알아보자. 일반적으로 대회 때마다 대략 140여 명이 경기 참가하여 2라운드 후 컷cut으로 본선 진출자를 가린다. 2019년부터는 상위 65위까지 컷하고 상금을 배분해주고 있다. 그 이전에는 70위까지 컷했다. 일단 본선에 진출 못 하고 컷 당하면 상금은 한 푼도 받지 못한다.

예외는 여기에도 있다. 초청 대회Invitational Tournament 또는 월드 골프 챔피언십WGC 4개 대회 등 컷이 없는 대회다. 이런 대회는 참가하면 컷 통과이니 상위 랭킹 골퍼들은 한 점 따고 들어가는 꼴이다. 〈더 마스터스 The Masters〉는 여러 가지 면에서 독특하다. 컷 방식도 다르다. 〈마스터스〉에서는 상위 50위 또는 동타만 컷을 통과한다. 심지어 〈마스터스〉는 총 상금과 우승 상금도 대회 전에 미리 정하지 않고, 대회 3일차가 끝난 후 총 수입을 정산하여 그때그때 정한다. 입장료 수입, 기념품 판매 수입과 TV 중계료를 합해 정산한다. 기업 광고 협찬금은 처음부터 없다.

〈마스터스〉를 제외한 다른 모든 PGA 대회는 총 상금purse을 미리 공지한다. 대회 끝나면 우승 18%, 2위 10.9%, 3위 6.9% 등으로 정해져 있다. 예를 들면 총 상금 850만 달러이면 우승 153만 달러, 2위 92만6천 달러, 3위 58만6천 달러를 지급하고, 65위는 0.215% 1만8,275달러를 지급하는 식이다. PGA 투어 프로는 꼴찌를 해도 최소 1만 달러에서 2만 달러 상금을 챙길 수 있으니, 프로 골퍼들이 컷 통과에 목매는 이유이다.

하지만 이렇게 우승 상금도 많이 주고 꼴찌에게도 웬만큼 많은 상금을 줄 수 있는 배분율은 PGA 투어에서나 가능한 일, 상금 규모가 훨씬 적은 LPGA 투어로 가면 아래 순위 프로를 배려하기 위해 소위 상박하후上薄下厚 배분율을 적용한다. 우승 상금을 줄이고 아래를 두껍게 하는 방식이다. LPGA의 경우, 우승 15%, 2위 9.3%, 3위 6.75% 식으로 상위 배분율을 줄이고, 컷을 통과한 70위에게 0.2%를 지급한다. 총 상금 210만 달러 대회의 경우, 우승 31만5천 달러, 2위 19만5천 달러, 3위 14만2천 달러, 70위 4,200달러를 지급하는 것이다.

그래도 우리나라에 비하면 형편이 훨씬 낫다. 우리나라에서는 일반적으로 KPGA도, KLPGA도 우승 상금 배분율을 총 상금의 20%로 적용하고 있다. 우승 20%, 2위 10%, 3위 6% 등 미국에 비해 우승 상금 배분율이 높은 것은 총 상금이 상대적으로 적기 때문이다. 타이틀 스폰서들이 대회가 큰 대회로 보이게끔 우승 상금을 조금이라도 많게 만들려는 꼼수이다. 그러면서 중위권 배분율을 조금 낮추어 하위권에 조금 더 보태는 궁여지책을 쓴다. 우리나라에서는 남녀 대회 모두 60위까지 컷하는데, 꼴찌 60위에 대해서는 KPGA 0.4%, KLPGA 0.5%로 미국에 비해 배분율이 조금 높다.

이 와중에도 다른 배분율을 적용하는 대회가 몇 개 있다. 우승 상금 액수를 높이기 위해 우승 배분율 25%, 심지어 30%를 지급하는 대회도 있는데 별로 바람직하지 않다. 특히 여자 대회의 경우 미국처럼 우승 상금 배분율을 낮추고 하위권으로 조금이라도 더 배분하는 노력이 필요하다. 이렇게 상금을 받아서 10% 정도 세금 떼고 캐디 고용 비용, 각종 경비 등을 제하고 나면 우리 프로들은 무얼 먹고 사나. 우리나라 프로 골퍼들, 특히 남자 프로 골퍼들이 상금만으로 살 수 있는 여건이 빨리 왔으면 한다.

기분 전환을 위해 골프로 떼돈 번 프로 골퍼들 한번 찾아보았다. 생애 통틀어 상금을 가장 많이 획득한 프로는 누구일까? 당연히 타이거 우즈이다. 지금까지 PGA 투어와 유러피언 투어에서 통산 120승, 1억 2,250만 달러(1,470억 원)를 상금으로 받았다. 우리나라 최경주K.J. Choi 프로도 통산 9승에 3,410만 달러(409억 원)를 받아서 생애 상금 순위 30위에 랭크되었으니 장하다, 케이 제이 초이! 우리나라 여자 선수로는 박인비가 1,513만 달러(181억 원)로 가장 많이 받았는데, 여자 선수 중에서 생애 통산 4위이다.

광고 수입을 포함한 타이거 우즈의 생애 수입은 얼마일까? 「Forbes」 잡지에 의하면 2017년까지 15억 달러(1조8천억 원), 사실은 이 통계에 잡히지 않은 다른 수입도 많다고 한다. 대단하다. 하기야 전성기 타이거 우즈의 캐디를 오랫동안 했던 스티브 윌리엄스, 타이거 우즈의 백을 매고 번 돈만 1,200만 달러(144억 원)가 넘는다니 입이 다물어지지 않는다. 우승 보너스로 상금의 10%를 받은 덕분이다. 북아일랜드 로얄 포트 러시에서 열리고 있는 〈디 오픈 챔피언십〉 마지막 날, 비바람 몰아치는 궂은 날씨에도 선전하고 있는 박상현 선수를 보면서 프로 골퍼들의 치열한 삶에 박수를 보낸다.

6 페덱스컵FedEx Cup, 돈 잔치의 경제학

장마 끝나자 찾아온 무더위에 그러지 않아도 잠을 설치다가 새벽에 TV를 켜곤 실망감이 앞섰다. 2020년 〈윈담 챔피언십〉[5] 파이널 라운드, 전반 9홀을 마치지 못한 상황에서 김시우 선수가 15언더 파를 치고 있었다. 아니 무슨 일이야? 어제 3라운드를 18언더 파, 두 타 차 선두로 마쳤는데 벌써 3타를 까먹다니? 홀인원 약발이 하루도 가지 않는단 말인가. 김시우가 2016년 이 대회에서 PGA 투어 생애 첫 우승을 차지했고, 3라운드에서 홀인원까지 하면서 8언더 파 맹타를 휘둘렀기에 우승하길 잔뜩 기대하고 있었다.

사실 〈윈담 챔피언십〉은 총 상금 규모로 볼 때 소위 B급 대회로 여겨지는 대회였다. 잘 알다시피 코비드-19 팬데믹이 PGA 투어 2019-2020 시즌 스케줄을 엉망으로 만들어버렸다. 연기되거나 취소된 대회가 많았지만, 이번 〈윈담 챔피언십〉은 다행히 계획보다 한 주 늦게 무관중 대회로 개최

---

5 Wyndham Championship 2020. 8월 Sedgefield CC, Greensboro(우승 짐 헤르만 259타 21언더 파)

되었다. 정규 시즌 마지막 대회로 노스 캐롤라이나주州의 세지필드 CC에서 열렸는데, 총 상금 규모로는 비록 B급 대회이나 페덱스컵을 코앞에 두고 열리다 보니 선수들에게 중요한 대회로 떠올랐다. 페덱스컵 플레이오프 3차전을 앞두고 출전 포인트를 얻을 수 있는 마지막 대회였기 때문이다. 페덱스컵이 무엇이기에 선수들이 B급 대회에 몰려들어 출전 포인트를 얻으려고 치열한 각축전角逐戰을 벌이게 되었을까.

페덱스컵FedEx Cup 결정전Play-Off은 미국 PGA 투어에서 운영하는 시즌 플레이오프 시스템이다. 시즌 정규 대회마다 성적에 따라 정해진 포인트를 부여하고, 정규 대회에서 얻은 포인트 상위 125위까지 페덱스컵 결정전 참가 자격을 준다. 이 결정전은 3개 대회로 치러지며, 각각 별도의 대회인 동시에 최종적으로 페덱스컵 트로피를 결정하는 방식이기도 하다.

종전 상금 랭킹 125위까지 주던 다음 시즌 '투어 카드'도 아예 페덱스컵 포인트로 결정하고, 시즌 플레이오프 대회 1차전 출전 자격도 포인트 상위 125명까지 주게 되니 선수들이 페덱스컵 포인트에 목을 맬 수밖에 없다. 게다가 마지막 3차전 페덱스컵 트로피에는 천문학적 상금도 걸려 있으니, 페덱스컵 포인트 125위 안에 드는 것은 그야말로 돈 잔치에 초대되는 티켓이다. 하긴 올해 코로나 펜데믹 때문에 징상적 시즌을 운영하지 못해서 2020시즌 투어 카드가 내년 2021년 시즌까지 그대로 유지되지만. 그래도 그 자체만으로 돈 잔치인 페덱스컵 결정전은 여전히 프로들의 로망이다. PGA 투어 프로들과 함께 그들이 그토록 열망하는 '페덱스컵 파티'에 같이 한번 들어가 보기로 하자.

'페덱스컵 플레이오프 시스템'이 처음 시작된 것은 2007년이었다. 올해 벌써 14년째다. 처음 플레이오프는 4개 대회를 치르는 방식으로 우승자를 결정하였다. 2차전, 3차전 차수가 올라가면서 녹아웃제knockout制를 통해 출전 선수 숫자가 줄어들고 마지막 4차전에는 30명만 진출하였다. 3개 대회 시스템으로 바뀐 지금도 마찬가지로 마지막 3차전에는 30명만 출전한다.

2007년 첫 페덱스컵 우승자는 타이거 우즈였고, 2009년 한 번 더 우승하여 최초로 페덱스컵 다승자가 되었다. 로리 맥길로이도 2016년, 2019년 우승하여 두 번째 다승자가 되었다. 페덱스컵이 시작된 2007년, 우승 상금은 당시로는 천문학적인 물경 1천만 달러, 우리 돈으로 따지면 대략 120억 원이다. 처음에는 현금 일시금으로 지급한 것은 아니고, 세금 이연 은퇴 계정tax-deferred retirement accounts으로 넣어 주었다. 쉽게 말해 세금 내지 않고 두었다가 60세부터 5년간 연금으로 주는 것이다. 세법에 따라 2008년부터 9백만 달러 현금 지급, 1백만 달러 은퇴 계정 지급으로 변경되었다. 그러다가 2019년부터 플레이오프 대회를 3차전으로 줄이고, 마지막 대회인 〈투어 챔피언십〉과 페덱스컵 우승 상금을 합쳐서 페덱스컵 우승 상금 명목으로 1천5백만 달러(180억 원)를 지급하는 것으로 바꾸었다. 지급 방식은 여전히 현금과 은퇴 계정을 혼용한다.

그러면 우승자만 1천5백만 달러를 받는 것인가? 그렇지 않다. 그 돈 잔치의 복주머니, 페덱스컵 보너스 총액Bonus Payouts을 한번 알아보자. 2019년부터 보너스 총액은 무려 6천만 달러(720억 원)로 운영된다. 작년부터 네 개였던 플레이오프 대회 하나를 줄여 3개 대회로 운영하면서, 보너스 총액 4천5백만 달러에서 6천만 달러로 증액하였다. 우승 상금은 1천5백만 달러(180억 원), 꼴찌 30위를 해도 39만5천 달러(4억8천만 원)을 받게 되어 있다. 그야말로 3개의 플레이오프 대회에 출전하는 것만으로 '머니 파티'에 초대되는 것이다.

사실 정규 시즌 마지막 대회인 〈윈담 챔피언십〉을 마치고 나서 포인트를 취합, 페덱스컵 랭킹 10위까지 '윈담 리워드'라는 명목으로 1천만 달러를 나눠준다. 이것까지 합치면 총 7천만 달러(840억 원), 이 돈을 125명이 순위에 따라 나눠 먹는 것이다. 입이 다물어지지 않는다. 그야말로 돈 잔치다. 타이거 우즈가 프로 데뷔했던 1996년 미국 PGA 투어의 시즌 총 상금액이 6천590만 달러였는데, 지금 페덱스컵 보너스 총액만 7천만 달러. 타이거 우즈가 등장한 이후 미국 골프 비즈니스가 얼마나 커졌는지 단박에 알 수 있는 지표가 아닐 수 없다.

페덱스컵 플레이오프 운영 포맷도 처음 시작할 때보다 많이 심플해졌다. 그래도 마지막 대회인 3차전 〈투어 챔피언십〉에서 부여하는 사전 스코어는 조금 생소하기도 하다. 플레이오프 3개 대회를 재미있게 보기 위해 포인트 부여 및 운영 포맷을 간략히 알아보자. 정규 시즌 페덱스컵 포인트는 대회에 따라 가 선수의 성적별로 부여힌다. 예를 들면, 베이서 대회 우승자에게 600점, 일반 대회 우승자에게 500점, 메이저 대회와 같은 기간 열리는 병행竝行 대회 우승자에게 300점을 주는 식이다. 당연히 컷을 통과한 선수들에게 순위에 따라 점수를 부여한다.

포인트 랭킹과 상금 랭킹이 비슷하지만 조금 다를 수도 있다. 올해 타이거 우즈의 성적을 보면 페덱스컵 랭킹 49위이지만 상금 랭킹은 34위이다. 불과 다섯 대회밖에 출전하지 않고도 이 정도 성적을 낸 타이거 우즈, 대단하다. 상금 랭킹이 눈에 띄게 높은 것으로 보아 상금이 많은 큰 대회 위주로 출전했음을 단박에 알 수 있다. 이런 차이 때문에 2013년부터 투어 카드 부여 기준을 페덱스컵 랭킹으로 바꾸었다.

이번 주말 페덱스컵 플레이오프 1차전인 〈더 노던 트러스트The Northern Trust〉를 시작으로 3주에 걸친 페덱스컵 결정전play-off이 열린다. 정규 시즌 페덱스컵 포인트를 그대로 안고 125명이 1차전에 참가하는 것이다. 1차전에서는 당연히 2라운드 마치고 상위 70위까지 컷한 뒤 4라운드 경기를 치른다. 1차전 경기 결과에 따라 70명이 새로운 포인트를 받는데, 이때 받는 포인트는 정규 시즌의 네 배에 달하는 포인트, 즉 우승자에게 2,000포인트를 부여하고 순위에 따라 당연히 정규 시즌 네 배 포인트를 받는다. 그리고 나서 정규 시즌 포인트와 1차전 포인트를 합하여 2차전에 진출할 포인트 상위 70명을 정한다. 플레이오프 대회 성적에 높은 가중치를 부여하여 우대하지만, 정규 시즌 획득 포인트도 어느 정도 고려가 되도록 안배하는 시스템이다. 설령 정규 대회 포인트 고득점자가 1차전에서 컷 되더라도 2차전에 나갈 수 있는 길이 있는 것이다.

이런 방식으로 2차전인 〈비엠더블유 챔피언십BMW Championship〉에 70명이 진출하여 경기를 벌이고, 같은 식으로 점수를 부여하여 상위 30명이 최종전에 진출하게 되는 것이다. 1차전도 2차전도 각각 총 상금purse 9.5백만 달러(114억 원)인 별도의 대회이니, 성적 순위에 따라 상금을 받는 것은 당연하다. 오직 선택된 프로들만 참가하는 머니 파티이다.

마지막 플레이오프 대회는 〈투어 챔피언십Tour Championship〉이다. 2019년부터 지금의 포맷으로 바꿨는데, 이 포맷으로는 투어 챔피언십 우승자가 곧 페덱스컵 우승자가 된다. 사실 포인트 부여 포맷으로만 운영한 2018년 최종전에서 타이거 우즈가 폼나게 우승했는데, 대회 참가 수가 많지 않았던 탓에 누적 포인트를 따지니 페덱스컵 우승자는 저스틴 로즈가 되었다. 누가 봐도 영 이상한 결과였다. 그래서 제도 개선을 한 게 지금의 사전 스코어 부여 시스템, 최종전 우승자가 곧 페덱스컵 우승자가 되도록 했다.

2차전까지의 누적 포인트에 따라 최종전인 〈투어 챔피언십〉에 들어갈 때 아예 선수들의 출발선을 다르게 했다. 즉 2차전 마친 후 페덱스컵 포인트 1위에게는 10언더 파, 2위에게는 8언더 파, 3위에게는 7언더 파, 4위에게는 6언더 파, 5위에게는 5언더 파로 다른 선수보다 한 발짝 앞에서 출발시킨다. 같은 방식으로 6~10위에게는 4언더 파, 11~15위에게는 3언더 파, 16~20위에게는 2언더 파, 21~25위에게는 1언더 파를 부여한다. 나머지 26~30위는 이븐 파에서 출발한다. 포인트 1위 선수는 이미 10언더 파로 저만치 앞에서 출발하는 셈이다. 어찌 보면 정규 시즌 획득 포인트부터 플레이오프 1, 2차전 획득 포인트까지 차곡차곡 반영되도록 한 것이다.

그런 뒤 마지막 결정전은 박진감 넘치는 스트로크 플레이 단판 승부로 단순화한 경기 포맷이 되었다. 10언더 파로 출발선이 다른데 게임이 되겠느냐고? 4라운드 경기에서 열 타 차는 충분히 극복될 수 있는 타수임을 알 만한 사람은 다 안다.

이번 주 목요일부터 2020년 페덱스컵 플레이오프 1차전이 시작된다. 1차전인 〈노던 트러스트〉에는 우리나라 임성재, 안병훈, 강성훈, 김시우, 이경훈이 출전한다. 안병훈을 제외하고는 모두 KPGA 출신 선수이다. 또한 한국계로 케빈 나(나상욱)와 대니 리(이진명)도 참가한다. 우리 선수들을 팔로우하는 것만으로도 재미있을 것이다. 특히 페덱스컵의 사나이로 불리는 임성재 선수를 따라다니며 제대로 응원하는 것도 재미있겠다. 우리나라 남자 프로 골프에서는 언제쯤 이런 신나는 돈 잔치 한번 해볼까. 비록 한여름 밤의 꿈이 될지라도 꿈이라도 한번 신나게 꿔보자.

아 참, 이 글의 첫머리에서 얘기했던 김시우는 결국 〈윈담 챔피언십〉에서 후반에 스코어를 만회, 토탈 18언더, 공동 3위로 대회를 마쳤다. 페덱스컵 랭킹도 121위에서 82위로 뛰어올랐다. 임성재도 이 대회에서 16언더, 공동 9위로 마쳐 페덱스컵 랭킹 5위를 그대로 유지했다. 임성재는 정규 시즌 페덱스컵 랭킹 10위까지 지급하는 특별 보너스인 '윈담 리워드' 5위 상금으로 거금 1백만 달러(12억 원)를 챙겼다. 우리 KPGA에서도 이렇게 머니 파티 한번 해볼 날은 언제나 올까? 아, 한여름 밤의 꿈이여!

7 끝까지 친다. 한 홀 최다 오버 파 기록은?

오늘 PGA 투어 〈메모리얼 토너먼트〉[6] 2라운드에서 재미있는 장면이 벌어졌다. 브라이슨 디섐보, 오늘 파5홀에서 주말 골퍼들도 좀처럼 하지 않는 5오버 파, 열 타, 흔히 말하는 '양파'를 기록한 것이다. 올 시즌 몰라볼 정도로 체중을 불리고 근육까지 벌크업해서 괴물 같은 장타를 날리는 데다, 뛰어난 성적까지 내고 있어 올 시즌 단연 화제를 몰고 다니는 디섐보, 대학에서 물리학을 전공한 선수답게 골프 스윙과 장비에 물리학 이론을 실험하곤 하는 그다. 디섐보는 모든 아이언 샤프트 길이를 같은 길이로 맞춘 클럽을 쓴다. 샤프트 길이가 비거리의 차이를 만드는 결정적 요소라는 기존의 클럽 이론을 완전히 뒤집고 로프트 차이로 비거리 차이를 추구하는 괴짜, 그 클럽을 쓰면서 성적이 뒷받침되지 '필드의 과학자'라는 별명도 붙었다. 그 디섐보가 오늘 파5홀에서 과학자의 냉정함과는 거리가 먼 용감한 샷으로 열 타, 소위 '양파'를 했다.

사실 이번 대회 관전 포인트는 타이거 우즈, 오랜만에 출전한 이 대회

---

6 2020 the Memorial Tournament 2020. 7월 Muirfield Village GC (우승 존 람 279타 9언더 파)

에서 PGA 투어 최다승을 달성할 수 있을까 하는 것이었다. 타이거 우즈는 뮤어필드 빌리지 GC에서 유난히 강했다. 뮤어필드 빌리지 GC는 잭 니클라우스가 고향에 직접 디자인하여 만든 대단한 골프장. 지금까지 여기에서 타이거 우즈는 다섯 차례나 우승하고 숱하게 Top10에 들었다. 그야말로 타이거 우즈와 궁합이 맞는 코스이다 보니, 투어 83승 대기록 한 번 기대해볼 만했다.

한번 발동이 걸리면 우승 못하란 법이 없을 터인데, 2라운드 마지막 순간까지 타이거 우즈는 컷 통과를 걱정해야 하는 처지가 되고 말았다. 10번 홀에서 출발한 타이거 우즈는 세 홀 남겨 둔 6번 홀을 마쳤을 때 합계 5오버 파로 예상 컷 3오버 파를 넘기고 있었다. 이때부터 타이거의 매직이 시작되었다. 파5 7번 홀에서 세컨드 샷을 그린 사이드 벙커에 빠뜨리고도 멋지게 버디 세이브, 파3 8번 홀 버디, 그리고 파4 9번 홀에서 쉽지 않은 2m 파 퍼트 성공하여 합계 3오버 파, 컷 통과였다. 마지막 세 홀에서 대단한 집중력과 인내력을 발휘한 것이다. 천하의 타이거 우즈도 나이는 어쩔 수 없는가 보다. 2라운드를 마치고 나서 기자 인터뷰에서 이렇게 말했다.

"나이 먹는다는 건 재미없네요. 내가 프로로 골프 데뷔했을 때 환상적이었죠. 매일 매일 골프 기량이 더 좋아졌어요. 내일 더 좋아지고, 그다음 날 더 좋아졌죠. 그런데 지금은 그냥 유지만 될 수 있었으면 해요."

가슴이 먹먹하다. 2005년 발투스롤 GC 〈PGA 챔피언십〉[7] 때, 18홀 내내 직접 따라다니면서 보았던 타이거 우즈의 그 카리스마는 이제 어디로 갔단 말인가. 수만 명의 갤러리가 그를 에워싸고 거대한 물결처럼 홀을 따라 움직였을 때도 눈길 한번 주지 않던 타이거 우즈, "타이거! 타이거!" 함성 속에서도 한 치 흔들림 없이 게임에 집중하던 정신력, 필요할 때 필요한 샷을 만들어 내던 그 기량과 그 카리스마도 세월 따라 흘러가고 말았구나.

타이거 우즈와 정반대 상황이 브라이슨 디섐보에게 일어났다. 네 홀을 남겨둔 파5 15번 홀 티잉 에리어에 섰을 때 디섐보의 합계 스코어는 1오버 파, 파5홀 플레이를 앞두고 컷 탈락을 걱정할 처지는 전혀 아니었다. 바로 이럴 때 각본 없는 드라마가 펼쳐지는 게 골프이다. 파5 15번 홀, 드라이버 샷이 당겨져 왼쪽 페널티 에리어(워터 헤저드)로 들어갔다. 약간 경사진 지점에 1벌타를 먹고 드롭했는데 공이 잠길만한 러프였고 그린 방향으로는 우거진 나무숲이었다. 그나마 다행인 건 공이 나갈 수 있을 정도로 하늘이 뚫려 있다는 것. 아이언으로 가볍게 레이업lay up 후에 포 온을 시도한다면 핀에 붙여 잘하면 파, 못해도 보기였다.

그러나 디섐보의 목표는 그 써드 샷third shot으로 온 그린이었다. 아이언 레이업 대신 우드로 직접 그린을 노린 세 타째 샷을 시도했다. 아뿔싸, 공은 오른쪽으로 밀려 골프장 경계를 이루는 근처 주택 쪽으로 가버렸

7 the 87th PGA Championship Baltusrol GC Lower Course (우승 필 미켈슨 276타 4언더 파)

다. 오비out of bound인가? 1벌타를 먹고 같은 지점에 드롭한 뒤 두 번째(다섯 타째) 우드 샷을 또 날린다.

짧은 아이언으로 레이업을 하여 페어웨이로 내보내면 좋으련만, 이번 우드 샷도 또 오른쪽으로 밀리며 이번에는 확실하게 주택의 철책을 넘겨버렸다. '필드의 과학자' 디샘보, 이때라도 냉정을 되찾아 레이업을 했다면 잘하면 더블 보기, 못해도 트리플 보기로 막았을 터. 결과론적으로 그때까지 합계 1오버 파 스코어였으니 합계 3오버 아니면 4오버로 15번 홀 악몽을 끝낼 수 있었고, 마지막 홀 버디로 마친 것을 감안하면 잘하면 합계 2오버 파, 못해도 3오버 파로 컷을 통과하였을 것이다.

그러나 디샘보는 고집스럽게 또 1벌타를 먹고 같은 지점에 드롭했다. 그리고 나서 세 번째(일곱 타째) 우드 샷을 똑같이 다시 날렸다. 이번에도 오른쪽으로 향하던 공이 골프장 경계를 넘지는 않고 착지한 뒤 한참 굴러가더니 천만다행으로 빨간 말뚝 바로 앞에 아슬아슬 멈췄다. 조금만 더 굴러갔다면 자칫 워터 헤저드에 빠졌을 것이다. 성질 한번 부린 대가치곤 너무 혹독했다.

그런데 한 가지 흥미로운 장면이 있었다. 공이 넘어간 주택 철책 근처에 와서 발견한 첫 번째 친 공을 두고 디샘보와 경기위원이 한참 동안 OB 여부를 따졌다. 중계 화면으론 알 수 없었지만, 디샘보는 세 번 우드 샷을 할 때마다 '잠정구'provisional ball 선언을 했다는 얘기다. 공이 넘어간 주택 철책 근처에 발견한 공은 첫 번째(세 타째) 쳤던 것이었다. 잠정구 선언을 분명하게 하지 않았다면 이전 자리에서 우드로 쳤던 두 번째(다섯 타째) 샷은 그대로 인플레이in play 상태가 되고, 설령 첫 번째 공이 주택 철책을 넘어가지 않고 라인 안에 있었더라도 그 공으로는 더 이상 플레이할 수 없다. 꼭지 돌아버린 디섐보, 핀까지 약 50yd밖에 되지 않는 여덟 번째 샷을 그린에 올리고 2퍼트로 홀 아웃하니 그 홀에서만 5오버 파, 자그마치 열 타를 친 게 되었다. 파5홀에서 소위 말하는 '양파'를 한 것이다. 프로 골퍼도 파5에서 '양파'를 하는구나. 5오버 파를 뭐라 부르는지 봤더니 '퀸터플 보기'quintuple bogey라 한단다.

한 홀 열 타 기록은 사실 가끔 나올 수 있는 스코어이다. 일반 주말 골퍼들은 그런 스코어 나올 것 같으면 그냥 그 홀 포기 선언하고 공을 집어 들기 때문에 스코어 카드에 적히지 않을 뿐이다. 그렇게 할 수 없는 프로들의 공식 대회 기록이 궁금하다. 한번 찾아보았더니 대단한 기록들이 눈에 띈다. PGA 투어의 역사가 길고, 초창기 홀별 기록이 완벽하게 보존되지 못하여 논란의 소지는 있겠다. 여러 기록이 일치하는 것 중에서 최다 타수 기록을 봤더니 맙소사 '19오버 파'였다. 파4홀 한 홀에서 스물세 타로 홀아웃했다는데, '레이 아인슬리'라는 골퍼가 1938년 〈유에스 오픈〉에서 기록한 스코어라고 전해 내려온다. 다른 얘기도 있다. 레이 아인슬리의 기록이 19오버 파가 아니라, 파4홀에서 열아홉 타를 쳐서 15오버 파라는 것. 1927년 '토미 아머'가 또 다른 한 홀 스물세 타 기록을 세웠는데, 파5홀에서 친 것이라 18오버 파에 그쳐서 아슬아슬 일등을 놓쳤다.

이 모든 기록이 정확한지 확인할 길은 없고, 오늘날까지 호사가의 입방아를 통해 전해 내려온 것으로 보인다. 당시 어느 신문엔 그런 기사도 분명 났으련만 지금은 전설의 한 페이지로 남겨 두기로 하자. 그래도 지금 내가 쓰고 있는 글처럼 호사가의 글에 한 줄 남아서 후세에 전해지지 않겠는가.

이제 분명한 기록이 있고 사람들의 뇌리에도 뚜렷하게 남아 있는 최다 오버 파 기록을 한번 살펴보기로 하자. PGA 투어는 1980년경부터 투어의 모든 통계를 기록으로 남기기 시작했다. 한 홀 최다 타수 기록의 첫 번째 스테이지, 파4홀에 올라가 본다.

파4홀 기록 리스트의 가장 윗자리에 케빈 나의 12오버 파가 자리하고 있다. 2011년 〈발레로 텍사스 오픈〉 1라운드 파4 9번 홀에서 기록한 스코어 열여섯 타. 유튜브 찾아보면 지금도 숲속 나무 넝쿨 아래에서 헤매는 케빈 나의 생생한 활약상(?)을 볼 수 있다. 중계 카메라가 그 장면을 끝까지 따라잡고 있었기 때문이다. 케빈 나가 숲 바깥으로 탈출했을 때 중계 방송 캐스터도 열두 번째 나온 건지 열세 번째 나온 건지 헷갈리고 있었다. 케빈 나는 그 홀을 끝내고 정확한 타수 계산에 애를 먹었다고 했지만, 케빈 나의 표정은 달관한 듯 체념한 듯 웃고 있었다. 중계 방송 화면에는 열다섯 타로 홀아웃했다는 자막을 내보냈으나, 다시 따져 보니 열여섯 타였다나 어쨌다나. 공식 시합에서는 끝까지 칠 수밖에 없는 법, 이 사건으로 인해 케빈 나는 일약 유명 골퍼가 되었으니 울어야 할까 웃어야 할까.

파3홀 최다 타수 기록은 어떻게 만들어졌을까? 이 분야 기록도 자랑스럽게(?) 우리 김시우 선수가 보유하고 있다. 티피시 사우스윈드TPC

Southwind 파3 11번 홀(155yd)에서 적어낸 열세 타 10오버 파의 스코어 카드, 〈페덱스컵 세인트 쥬드 인비테이셔널〉[8] 파이널 라운드에서 일어났다. 이 파3홀은 그 유명한 TPC at Sawgrass의 17번 홀과 흡사한 아이랜드 홀이었다. 김시우는 155yd 티에서 첫 샷을 날렸으나 아차, 짧아서 물에 빠져 버렸다. 96yd 거리 드롭 존에서 그린 오른쪽 뒤편에 물과 가까운 뒤 핀을 직접 노린 샷은 네 번이나 물에 빠졌다. 그중 두 번은 핀 가까이 떨어진 공이 튀어 나갔다. 여섯 번 만에 그린 뒤쪽 프린지에 겨우 올렸고, 두 타 만에 홀아웃했다.

경기를 마치고 김시우는 기자들의 코멘트 요청을 거절했다 한다. 그때는 기분이 나빴을 수도 있다. 하지만 경기를 마치고 다음 경기를 위해 비행기에 올랐을 때, 케빈 나를 만나서 두 사람은 유쾌한 장면을 만들어 냈다. 파4홀 기록 보유자 케빈 나는 손가락 네 개를, 파3홀 신기록을 금방 작성했던 김시우는 손가락 세 개를 펴들고 활짝 웃는 어깨동무 사진 한 장 찍었다. 그리곤 인스타그램에 올렸다. 아무튼 해피 엔딩!

파5홀 기록은 영화의 한 장면 그대로다. 20세기 말을 장식한 이 분야 베스트 신에는 당시 괴력의 장타자 존 댈리가 주인공으로 등장한다. 1998년 〈베이힐 인비테이셔널〉[9]이 열렸던 베이힐 클럽 & 로지, 파5 6빈 홀에서 13오버 파 열여덟 타로 홀아웃한 것이다. 543yd 파5 6번 홀, 티 박스와

---

8 2021 WGC FedEx St. Jude Invitational 2021. 8월 (우승 아브라함 앤서 264타 16언더 파)
9 1998 Bay Hill Invitational (now Arnold Palmer Invitational) 1998. 1월 Bay Hill Club & Lodge (우승 어니 엘스 270타 14언더 파)

그린 사이에 커다란 호수가 있고 페어웨이가 마치 초생달처럼 호수를 따라 오른쪽으로 빙 둘러 나있는 홀이었다. 호수를 가로지르려면 직선 거리 340yd를 캐리로 넘겨야 했다. 존 댈리는 드라이버로 호수를 가로질러 원 온을 시도했다. 파5홀에 원 온 시도는 당시 장비로는 무리였는지 모른다. 드라이버 티샷은 그린에 약간 모자라 물에 빠졌고, 약 30yd 앞으로 나와 드롭하고 이번에는 3번 우드로 온 그린을 시도했다.

이때부터 스푼 샷 다섯 번을 계속 물에 빠뜨렸다. 알다시피 3번 우드를 스푼이라 부른다. 마지막 여섯 번째 스푼 샷은 오른쪽 페어웨이 방향으로 약간 각도를 틀었고, 물가 턱을 맞고 드디어 물을 넘겼다. 이때까지 벌타를 합쳐서 열네 타를 쳤다. 턱 맞고 겨우 넘어온 공인지라 라이가 별로였던 모양이다. 6번 아이언으로 친 공은 그린 앞쪽 축대의 돌을 맞고 그린 너머 벙커에 빠졌다. 그린에 올린 뒤 투 퍼트로 홀 아웃, 13오버 파 열여덟 타로 겨우 마무리 지었다. 케빈 코스트너 주연 골프 영화 '틴 컵'의 마지막 장면을 연출한 것이었다. 하지만 다섯 번 물에 빠뜨린 뒤 여섯 번째 친 공이 기적적으로 홀로 사라지는 장면은 단지 영화 속의 한 장면일 뿐, 현실에서 어디 가당키나 하겠나. 존 댈리는 마지막에는 돌아가는 길을 택했다. 흔히 말하는 비겁한 선택, 좋게 말해 전략적인 샷 운용, 당연한 것 아니겠는가.

세월이 흘러 2021년 〈아놀드 파머 인비테이셔널〉에 브라이슨 디섐보가 등장했다. 존 댈리가 영화의 한 장면을 연출했던 바로 그 대회, 베이힐 클럽 파5 6번 홀은 거리가 590yd로 늘었지만, 그린을 넘어가는 캐리 거리는

340yd 그대로였다. 브라이슨 디섐보는 대회를 앞두고 원 온 시도하겠다고 공개적으로 밝혔다. 앞바람 때문에 못 하다가 뒤 바람이 약하게 부는 토요일 3라운드, 드디어 디섐보가 1998년 존 댈리처럼 6번 홀 원 온을 시도했다. 디섐보가 날린 티샷은 캐리 거리 347yd로 물을 넘긴 뒤, 굴러서 370yd 거리 러프에 멈췄다. 공이 오른쪽으로 가는 바람에 그린에 올리지는 못했다. 핀과 남은 거리 70yd, 이 홀을 버디로 홀 아웃했다. 허무한 결과가 아닌가? 버디라니?

하지만 우리는 브라이슨 디섐보가 아니다. 샷 결정할 때 용감함을 앞세우지 마시라. 골프에서는 냉정함이 용감함을 언제나 이기는 법이다. 이 얘기를 하면서 사실은 얼굴이 조금 화끈거린다. 지난 여름 필라델피아에 갔을 때, 킴버톤 컨트리클럽 그리 어렵지 않은 파5홀에서 소위 '양파'를 한 기억 때문이다. 용감함을 넘어 무모한 한 샷으로 벙커에 빠뜨렸으면 그때라도 냉정함을 되찾아야 하는데, 그림 같은 리커버리 샷를 노리다가 그만 냉정함을 잃어버렸다. 스코어 카드에 숫자 5를 적으면서 스스로 부끄러웠다. 이 바보 천치야! 한 홀 열 타 기록이라니!

제3장

골프,
놀이인가
스포츠인가

1 명랑 골퍼와 시리우스 골퍼

골프 왜 치느냐고 누가 나에게 물어보면 재미있어서 친다고 답한다. 산이 거기 있기 때문에 산에 간다는 어느 유명한 등산가의 말처럼, 골프 왜 치느냐면 그냥 코스가 있고 골프가 재미있어 친다는 사람 많다. 골프 치는 사람 열에 아홉은 비슷한 답변을 할 것이다. 누군가 골프를 서서 하는 스포츠 중 가장 재미있는 스포츠라 했다던가. 골프가 너무 재미있다 보니, 골프라는 마약에 빠졌다는 얘기를 하는 사람도 보았다. 한번 빠지면 웬만한 의지로는 끊지 못한다. 마약 중독처럼 홀딱 빠져버릴 수밖에 없는 골프, 단순히 승패를 가리는 스포츠라면 뭐 그렇게 마약처럼 빠지겠는가. 스포츠를 뛰어넘는 무엇이 골프에 있지 않겠는가. 마약 같이 재미있는 스포츠인 골프, 그 골프 즐기는 사람에 어떤 유형이 있는지 한번 살펴보자.

골프에 입문할 때 사람들은 대부분 프로에게 레슨받는 것으로 시작한다. 탁구, 야구, 축구, 농구 하다못해 배구도 동네 친구들과 어울려 놀다

자연스럽게 플레이 방법 터득하게 되는데, 골프는 아니다. 아마도 많은 장비가 필요하기 때문이리라. 그래서 처음부터 시간과 비용을 투입하지 않고서는 제대로 골프 배우기 쉽지 않다.

90타 한번 쳐보려고 노심초사하던 초보 골퍼 시절이다. 어느 6월 토요일 오후, 동향 선배 한 분이 서울 컨트리클럽으로 초청했다. 알다시피 서울 컨트리클럽은 우리나라에서 손꼽히는 오래된 코스이다. 당시 이곳 경기위원장을 맡고 있던 선배였다. 적당한 호칭이 없어 선배라 했지만, 사실은 나보다 십몇 년 나이가 더 많은 분이었다.

그날 나는 골프가 이런 것이구나 하는 어떤 깨달음을 얻었다. 힘이 있던 때라 내 드라이브 샷도 제법 나갔다. 가서 보면 내 공 셋 중 하나는 러프에 처박혀 있기 일쑤였는데, 그 선배의 공은 언제나 페어웨이를 지켰다. 어프로치 샷approach shot으로 온 그린on green을 시키거나, 온 그린을 놓쳐도 그린 주위 칩 샷하기 좋은 곳으로 가 있었다. 우리가 흔히 그린 근처에서 핀으로 하는 짧은 샷은 어프로치 샷이 아니라 칩 샷이다. 그린을 향해 쏘는 긴 거리 샷을 어프로치 샷이라 한다.

그린 놓친 공은 칩 샷으로 원 퍼트 거리에 붙이고, 어김없이 파를 잡았다. 그린에 올린 공은 가까우면 아슬아슬 버디를 놓친 파였고, 멀리 갖다 놓은 공도 힘들이지 않고 두 퍼트 잡았나. 그렇게 전반 나인 홀을 모두 파로 끝내더니, 후반 나인 홀에서 버디 두 개를 잡아 70타로 마쳤다. 태어나서 처음 언더 파 치는 골퍼를 본 나로서는 그 선배에게 경이로움을 느꼈다.

그날 저녁을 같이 먹으면서 그 선배의 골프 이야기를 들었다. 클럽 챔피언 대회에서 여러 차례 챔피언을 한 실력이 그냥 생겨난 것이 아니었다. 서울에 올라와 대학 들어간 뒤 하라는 공부는 하지 않고 1년 등록금을 털어 골프 배웠던 얘기로 거슬러 올라갔다. 지금의 어린이대공원 자리에 있던 군자리 서울 컨트리클럽에서 처음 골프를 배웠다. 재미가 나서 골프 선수 하겠다고 했다가 사업하던 아버지에게 혼만 나고 결국은 아버지 사업을 물려받았다 했다. 그 후 계속 골프에 빠져 살았다니 골프 역사가 장난 아니었다.

사업하다 보니 시간 내기 어려워 골프 연습장은 가지 못한다고 했다. 연습하지 않고 어찌 그렇게 잘 치느냐고 했더니, 비결을 얘기한다. 골프 라운드는 일주일에 최소 두 번, 주중 새벽 골프 한 번과 주말 골프 한두 번 하면서 연습을 겸한다고 했다. 그 대신 매일 집에서 하는 연습 방법을 알려줬다. 먼저 체력 운동, 문틀에 바bar를 매고 고무 밴드를 걸고는 다운 스윙하듯 당겨 내리는 훈련을 한다고 했다. 두 번째는 스윙 연습, 야구 배트 손잡이를 다듬어 밴드를 감아 그립처럼 만든 뒤 그걸 들고 스윙 연습을 한다는 것이었다. 당시 동대문운동장 근처에서 야구 배트를 사서 을지로 4가 어디 목공소 가면 손잡이를 다듬을 수 있다는 말에 할 말을 잊었다. 스윙 연습 때 부인에게 드라이버 거꾸로 잡고 본인 머리에 대게 한 뒤 스윙 연습한다는 얘기에 두 손 들었다. 그 다음은 퍼팅 연습, 닳은 군용 매트를 거실에 깔아두고 그 위에 눕힌 맥주 글라스를 홀 삼아 퍼팅 연습을 한다는 것이다. 둥근 글라스에 공을 넣는 퍼팅 연습은 정확하게 스위트 스팟을 때리는 연습에는 최고라는 거다. 이때만 해도 요즘처럼 온갖 편리한 연습 기구가 없을 때였다.

이렇게 해서 클럽 챔피언을 몇 번이나 하고, 미드아마대회까지 나가는 골퍼가 된 것이었다. 이런 골퍼를 일러 열혈 골퍼라고 부를 수 있겠다. 물불 가리지 않는 골퍼, 심하면 골프에 미쳤다는 소리를 듣게 되는 골퍼, 영어로는 avid golfer다.

열혈 골퍼보다 훨씬 상태가 나은 골퍼가 시리우스 골퍼다. 영어로는 serious golfer, 굳이 우리말로 하자면 진지한 골퍼 정도로 번역하면 좋을까? 그래도 진지한 골퍼라고 하면 조금은 어색하니 그냥 시리우스 골퍼로 하자. 시리우스 골퍼의 특징은 첫 번째가 실력 향상을 위해 온갖 노력을 한다는 것이다. 골프하는 사람치고 실력 향상을 열망하지 않는 사람은 없다. 열망은 같지만 추구하는 방법은 다르다. 백돌이 골퍼가 다르고, 보기 플레이하는 골퍼 다르고, 80대 타수 치는 골퍼가 다 다를 수밖에 없다.

하지만 타수 관계없이 그 수준에 어울리는 시리우스 골퍼가 없을 수 없다. 드라이빙 레인지에 나가서 연습하는 것은 누구나 똑같다. 드라이버, 아이언 스펙을 따지는 단계까지도 같다. 그러다가 골퍼 본인의 스윙에 맞게 클럽club 커스텀 메이드custom made, 즉 맞춤 채 만들려고 클럽 피팅 센터를 가는 단계가 온다. 자칫 돈만 버리고 실력 향상에 전혀 도움이 되지 않을 수도 있지만, 어쨌든 드디어 시리우스 골퍼 단계 진입이나. 퍼터에 대해 고민하기 시작한다면 중등도中等度 시리우스 골퍼다.

나도 34inch 퍼터 길이를 33inch로 자른 적이 있다. 오래 전 LPGA 투어 〈삼성 월드 챔피언십〉 기념품으로 받은 타이틀리스트의 스카티 카메론 후투라Futura by Scotty Cameron 퍼터이다. 이게 한때 너무나 잘 들어가서, 동반자들이 불법 무기 아니냐고 놀렸던 적도 있었다. 반달 모양 말렛형 퍼터로 한동안 필 미켈슨이 들고 다니며 재미를 보았던 퍼터이다. 그러다가 60도, 64도 로브 웨지를 구해서 잔디 연습장을 찾으면 드디어 고급 시리우스 골퍼가 된다. 이 정도면 외형적으로는 시리우스 골퍼 완성이다.

이 단계에서 한 걸음만 더 나아가 보자. 라운드 나가면 이제 확연하게 시리우스 골퍼의 면모를 보인다. 웬만하면 룰대로 골프 치려고 최대한 노력한다. 벌타 먹을 때도, 구제받을 때도 클럽으로 길이 재는 시늉이라도 하고, 드롭도 무릎 조금 굽히는 한이 있더라도 무릎 높이 드롭 하는 척이라도 한다. 자기 스코어 카드를 챙겨서 별도 스코어 카드를 적고, 온갖 샷 내용이나 퍼팅 숫자까지 다 적어 넣는다. 시리우스 골퍼, 이 사람들로 인해 골프가 여전히 스포츠 영역에 남아 있을 수 있다.

이쯤에서 골프란 무엇인가 심각한 의문을 품는 골퍼들이 나온다. 아니 골프 재미있자고 친다며? 저렇게 소위 시리우스 골퍼처럼 골프 치다간 스트레스로 돌아가시겠다는 거다. 이러면서 자연스럽게 골프장에 나타나는 게 명랑 골퍼이다. 우리나라에 유독 많은 유형이다. 나는 골프를 명랑 운동회라고 여기는 골퍼들에게 명랑 골퍼라는 이름을 붙인다. 드디어 골프가 놀이 영역으로 들어오게 되었다. 와이 낫Why not? 골프가 명랑운동회처럼 놀이가 되니 사람들이 골프 재미를 맘껏 즐길 수 있지 않겠는가.

명랑 골퍼의 첫 번째 특징은 골퍼 스스로 룰러ruler가 되어 골프 룰도 즉석에서 제정, 공포한다는 것이다. 재미없는 골프는 가라. 누가 시비하는가. 룰 시비라도 벌어지면 목소리 큰 사람이 이긴다. 웬만하면 쪼잔한 사람 되기 싫어 그 룰러 말에 시비하지 않는다. 요즘 TV 예능에서 골프 소재로 웃음을 주는 프로그램이 봇물 터지듯 나오고 있는 것도 놀이 골프 문화에 크게 기여한다.

두 번째는 스스로 관대한 골퍼이다. 드라이브 샷 오비가 나서 동반자에게 양해를 구하고 멀리건 한번 치는 것은 양반이다. 맘에 들지 않는 샷 나오면 '자멀'을 외친다. 스스로 '자_自'에 멀리건 '멀'이다. 명랑 골퍼의 끝판왕은 게임에 빠진 골퍼이다. 전통적인 스킨스 게임뿐만 아니라 온갖 게임을 끌어들여서, 이게 골프 라운드인지 게임판인지 헷갈리게 만든다. 우리나라 골프는 가히 명랑 골프의 전성 시대가 되었다.

그래도 나 같은 시리우스 골퍼는 골프에 마지노선이 있다고 굳게 믿고 있다. TV 예능 골프 프로그램에서 연예인들이 뛰고 달리면서 골프를 아무리 희화화해도, 명랑 골퍼로 골프장이 꽉꽉 차도 좋다. 뛰는 놈 위에 나는 놈 있고, 나는 놈 위에 노는 놈 있다는 게 요즘 새로 생긴 속담 아니더냐. 노는 놈 전성 시대니, 명랑 골퍼로 시작했을지라도 놀다가 지겨우면 시리우스 골퍼로도 변신할 자유를 허_許하라.

2   골프, 있는 그대로 플레이하기
(Course Played as it is Found)

골프 참 어렵다. 골프 룰대로 제대로 치는 골프 말이다. 우리 같은 주말 골퍼처럼 쉽게 라이도 개선하고, 심지어 '첫 홀 올 파' 따위의 기상천외한 룰까지 적용하는 명랑 골프 얘기가 아니라, 프로 선수들이 공식 대회에서 적용하는 '골프 룰'The Rules of Golf, by R&A. USGA에 따라 치는 골프 말이다.

오늘 〈BC카드-한경레이디스컵〉[1] 셋째날 경기에서 어느 신인 선수가 줄곧 선두를 달리는 모습은 보기 좋았다. 세계적인 선수가 된 김효주 프로와 동반 플레이를 하면서도 전혀 주눅 들지 않고 앞서 나가는 L프로를 응원하는 재미도 쏠쏠했다. 그러다 파4 12번 홀에 이르렀을 때였다. L프로가 티샷한 볼이 오른쪽으로 약간 밀렸는데, 하필이면 카트 패스를 때리며 강하게 튀어 올라 오른쪽 언덕배기로 올라가버렸다. 불운이었다. 중

---

1 제34회 BC카드-한경레이디스컵 골프 대회 2020. 6월 포천힐스 CC 가든, 팰리스 코스(우승 김지영2 270타 18언더 파)

계 화면 상으로는 무성하게 핀 흰 꽃 속에 묻혀버려서 공이 전혀 보이지 않았다. 다행히 공을 찾았는지 캐디와 한참 상의하던 L프로는 그 공을 페어웨이로 쳐낼 작정을 한 것 같았다. 경사가 제법 있는 언덕배기에 서 서 서너 차례 연습 스윙을 했다. 경기위원이 근처에 있었을 텐데, 부르지 않는 것으로 보아 공을 쳐내는 데는 문제가 없는 것 같았다.

연습 스윙 장면을 보면, 백 스윙과 팔로우 스윙하는 동안 아이언에는 꽃과 풀줄기들이 잔뜩 뜯겨 흩날렸다. 두어 곳 앞뒤로 자리를 옮겨가면서 계속 연습 스윙을 한다. 그리고는 공 있는 곳 한 걸음 앞으로 다가서서 또 연습 스윙을 하면서 풀줄기를 흩날렸다. 아슬아슬하다. 칠 의도 없이 백 스윙했다가 혹 그 풀줄기가 끊어져 라이의 개선이라도 했다면 그때는 명백한 2벌타 상황이다. 아니 줄기 끝에 붙어 있던 꽃이라도 몇 송이 떨어졌다면 그 또한 벌타를 받을 상황인지 아닌지 시비가 붙을 수밖에 없다. 규칙 위반이 의심되기 때문이다.

사실은 그 이전 연습 스윙할 때 풀줄기가 뜯겨 흩날린 상황이 이미 규칙 위반이 될 수도 있다. 왜냐하면 그 뜯긴 풀줄기 방향으로 공을 내보내야 했기 때문에 그 자체로 룰에 금지된 '플레이어의 플레이 선' 개선에 해당될 수 있기 때문이다. 언덕배기 풀 무더기 속, 선수의 다리 아래가 가려질 정도의 리프에다 중계 카메라를 바짝 들이댄 상황에서 왜 저렇게 부주의하게 연습 스윙할까, 중계 방송 보고 있는 내가 다 걱정됐다.

우리나라 여자 골프 수준은 이미 세계적인 수준에 이르렀지만, 플레이 할 때 선수들이 룰을 대하는 태도에는 아슬아슬한 순간이 자주 발생한다. 왜 그럴까? 우리나라 사람들이 평소 법이나 규칙을 잘 지키지 않는데,

설마 프로 선수들까지 룰을 가볍게 여기고 그런 플레이를 하는 것은 아닐 것이다. 그래도 그런 장면에는 저절로 눈살 찌푸리게 된다. 일반 골퍼들이 너무 예사로 룰을 위반하는 현실까지 그 장면에 투영되기 때문이다.

골프 애호가들이라면 PGA 투어나 LPGA 투어 중계도 자주 본다. 거기 선수들은 룰에 유난히 민감하다. 아예 L선수 같은 상황을 만들지 않으려고 노력한다. 작년 〈PGA 챔피언십 토너먼트〉[2]는 그 유명한 베스페이지 블랙 코스에서 열렸었다. 대회 마지막 날, 브룩스 켑카가 큰 타수 차이로 선두를 달리고 있어 우승자는 거의 결정된 분위기였다. 그래서 챔피언 조 대신 몇 조 앞서 출발한 강성훈 선수를 1번 홀부터 따라나섰다. 동반 선수는 리키 파울러였다. 잘 아는 코스다 보니 두 선수는 이 홀에서는 어떻게 칠까 따라다니는 재미가 쏠쏠했다.

파4 5번 홀에서 리키 파울러의 티샷이 오른쪽으로 약간 밀려서 언덕배기 숲속으로 들어갔다. 공은 큰 나무 아래 여린 나무 덤불 속에 있었다. 마침 나도 그쪽으로 미리 이동해 있었던 터라 상황을 자세히 볼 수 있었다. 나무 아래 공이 뚜렷이 보였다. 하지만 봄철 연한 덤불 속이라 쳐내기에 만만치 않은 장면. 리키 파울러는 바로 아래 페어웨이로 공을 빼내려고 하였다. 아예 멀리 떨어진 곳 비슷한 덤불에서 몇 번 연습 스윙하더니, 공 있는 곳에 다가서서 번개처럼 빠르게 펀치 샷을 하였다. 마침 앞쪽에서 스윙 장면을 동영상으로 찍으려고 기다렸던 내가 촬영 버튼을 누

---

2 the 101th PGA Championship Tournament 2019. 5월 Bethpage Black Course (우승 브룩스 켑카 272타 8언더 파)

르는 순간 스윙이 끝나버렸다. 공 근처에서 아예 연습 스윙 없이 그냥 쳐냈으니, 규칙 위반 시비고 뭐고 있을 수가 없었다. 그럼 그렇지. 참외밭을 지나면서 신발 끈 조여 매지 않아야 진정한 프로라 할 수 있지 않겠는가.

PGA 투어에서는 생중계 화면을 보는 시청자들이 룰에 관해 시비하는 때도 가끔 있다. 선수들이 처음부터 룰 위반 상황을 만들지 않으려고 각별히 노력한다. 그러다 보니 참가하는 프로들은 철저하게 룰을 지킨다. 하다못해 태도만이라도 철저한 척한다. 그래도 시비가 일어나는 경우가 많지만, 가끔은 감동적인 장면이 연출되기도 한다.

오래 전 어느 PGA 대회에서 실제 있었던 일이다. 대회 마지막 날 동타가 된 두 선수가 플레이오프에 들어갔다. 18번 홀에서 벌어진 첫 번째 연장전, 한 선수는 세컨드 샷을 그린에 잘 올렸고, 다른 선수는 그린 사이드 벙커에 빠뜨렸다. 벙커에 공을 빠뜨린 선수도 그 벙커 샷을 잘 붙이면 파를 잡고 연장전이 계속될 판이었다. 벙커에 들어간 선수가 연습 스윙을 하면서 한번 약간 머뭇거리는 모습이 멀리 중계 화면에 잡혔다. 줌업한 화면이 아니라 멀리서 잡힌 화면이라 자세한 상황을 볼 수 없었다. 그 선수는 벙커 샷을 했고, 다행히 홀에 잘 붙여 1퍼트로 홀 아웃하였다. 두 선수 모두 파를 잡았으니, 사람들은 연장 두 번째 홀을 노리고 움직이기 시작했다. 그때 벙커 샷으로 파 세이브를 했던 선수가 패배를 선언했다. 연장 첫 홀 스코어가 파가 아니라 일반 페널티 두 타를 합한 더블 보기라는 것이었다. 룰 위반했다면서 스스로 2벌타를 받았다.

2019년 룰 개정 전에는 벙커나 헤저드 등에서 연습 스윙 때 자연물을 건드리면 일반 페널티(2벌타)를 받았다. 그 선수가 벙커에서 모래에 클럽이 닿지 않게 연습 스윙을 하던 중, 공교롭게도 모래에 박혀 삐죽이 나온 마른 풀줄기 하나를 건드렸다는 것이다. TV 중계 화면에는 자세히 잡히지 않았지만, 그 선수는 연습 스윙 중 분명히 그 마른 풀줄기를 건드린 것을 느꼈다. 본인만 아는 룰 위반이었다. 연장 첫 번째 홀 홀 아웃을 하고는, 스스로 벌타를 먹고 프로 골퍼의 자존심을 지켰다. 너무 아쉬웠지만 생애 첫 우승 기회는 그렇게 날아갔다. 멋지다. 프로의 자존심!

골프, 그 많은 룰 중에 '있는 그대로 플레이하기' 룰 제대로 지키고 단한번만이라도 플레이한 적 있었던가. 우리나라 일반 골퍼들이 목매는 무작정 좋은 스코어, 그게 무슨 의미가 있겠는가. 그런데도 기상천외한 '첫홀 올 파'는 이제 우리나라 아마추어 골퍼들이 당연시하는 절대적 룰이되어 버렸다.

이 다음 골프 라운드 나가서 '첫 홀 올 파'는 정말 하지 말아야겠다. 아니 하긴 얼마 전 라운드 갔다가 캐디가 "18번 홀 스코어도 올 파죠?" 묻기에 스코어 그대로 적으라 했다. 나중에 보니 캐디가 내 스코어만 보기라 적고 동반자 세 사람은 파로 적어 놓았더라. 이거 정말 웃어야 하나울어야 하나? 다음 라운드 가서는 오랜만에 스코어 몇 타 나오든 신경쓰지 않고 제대로 한번 다시 쳐봐야겠다.

3 골퍼, 꼭 지켜야 할 매너 세 가지

2020년 여름, 코비드-19 팬데믹 와중이었지만 손녀, 손자가 보고 싶어 필라델피아에 왔다. 참새가 방앗간을 그냥 지나치랴. 와이프랑 둘이 근처 퍼블릭 골프장을 찾았다. 시니어 우대 요금senior rate이 있다니 더욱 좋다. 당연히 우대 요청했더니, 프로샵의 맘씨 좋게 생긴 백인 할아버지가 내 나이를 묻는다. 나이를 말해주고는 여권을 꺼내려 했더니, 손사래치며 됐다고 한다. 그리고는 옆에 서 있는 와이프에게 눈길을 돌리더니, 예전 자기 어머니가 숙녀 나이는 묻는 게 아니라 했다고 조크한다. 아, 이젠 웬만하면 신분증을 내보일 필요도 없이 시니어 우대받게 되었구나. 웃자고 하는 조크에 같이 웃으면서도 조금은 씁쓸하다.

지정받은 카트에 캐디백 두 개를 직접 싣고 있는데 백인 할미니가 다가오면서 먼저 아침 인사를 해왔다. 티 타임을 물어보니 예감대로 같이 라운드할 사람이다. 묻지 않는데도 자기들은 지난 3월에 화이자 백신 접종 완료했다며 우리를 안심시킨다. 그리곤 짧은 시간에 이것저것 많은 얘기를 해준다. 결혼 43주년 기념일에 골프 좋아하는 남편 따라 골프장엘

왔단다. 남편은 골프 잘 치지만 자기는 그냥 남편 따라다니는 수준이니 잘 봐 달란다. 잘 됐다. 오늘 라운드는 재미있는 라운드가 되겠다는 생각이 든다.

아니나 다를까, 네이썬Nathan이라 자기를 소개한 백인 할아버지, 비록 옐로우 티에서 플레이했지만 거의 모든 홀에 레귤러 온regular on을 시킨다. 카트에 실린 캐디백을 보니 미국골프협회USGA 멤버 네임 태그가 붙어 있다. 연年회비 30달러 납부하면 네임 태그와 기념 모자를 주는 그런 멤버십인데, 일종의 USGA 후원자임을 나타내는 표시이다. 그러니 그 네임 태그 달고 다니는 것만으로도 애비드 골퍼avid golfer 즉 열혈 골퍼임을 자처하는 것에 아니겠는가.

뉴욕 주재 시절 매년 USGA 멤버 가입하고 네임 태그 달고 다니던 옛날 내 모습이 떠올랐다. 그땐 연회비 20달러쯤 한 것 같은데 하도 오래 전이라 기억이 가물가물하다. 잘 친다는 내 칭찬에 예전 학창 시절엔 정말 그랬었다고 한껏 겸손 모드다. 나도 덩달아 오랜만에 한 샷 한 샷 신중 모드로 플레이했다.

뉴욕, 뉴저지, 필라델피아 근교 퍼블릭 골프장에 가본 사람이라면 우리나라 골프장과 여러모로 다른 점을 금방 느끼게 된다. 먼저 모든 것이 실용적이다. 허세가 없다. 기름기 쫙 빠진 운영 시스템이란 것을 알 수 있다. 필수 인력은 프로샵에서 체크인하는 한 사람이다. 1번 홀 티잉 에리어에 스타터가 있을 때도 있지만 없는 경우도 많다. 심지어 마샬 없이 골퍼들이 스스로 플레이하는 코스도 많다. 티 타임 간격은 대부분 10분, 티 타임에 여유가 있다 보니 웬만하면 앞 조 플레이 끝나기를 기다리는 경우가 없다. 2인용 카트로 페어웨이로 들어갈 수 있기 때문에, 포섬foursome 네 명이 플레이해도 대략 네 시간 남짓이면 18홀을 마칠 수 있다. 코스에는 플레이에 꼭 필요한 안내판을 곳곳에 세워 두었다. 가장 눈에 띄는 것은 홀별 안내판과 함께 눈에 확 띄게 써 둔 매너 안내판이다.

It's Every Player's Responsibility

- Repair ball marks

- Replace or fill divots

- Rake bunkers

골퍼들이 꼭 해야 할 의무, ■그린에서 볼 자국을 수리할 것, ■페어웨이에서 디봇을 메워줄 것, ■벙커에서 발자국을 평평하게 해줄 것. 코로나 팬데믹 때문에 벙커의 고무래를 모두 치워 놓았으니, 벙커 고르기는 당연히 면죄부를 받는다. 매 홀 티잉 에리어 앞에 안내판을 세워 두었으니 보지 않을 도리가 없다.

같이 플레이하던 네이썬이 어떻게 행동하는지 유심히 보았다. 샷을 할 때마다 페어웨이 디봇을 꼬박꼬박 메운다. 그린에 올리기시는 여김없이 자기 볼 자국을 찾아서 수리한다. 여기 골퍼들이 대부분 그린 수리를 하는지, 수리되지 않은 볼 자국이 그리 많이 보이지는 않는다. 우리처럼 별도 그린 수리 작업자가 아예 필요 없는 시스템이다.

말 나온 김에 미국 동부 지역 퍼블릭 골프장의 그린 피나 카트 피는 어느 정도일지 알아보자. 우리나라 골프장들이 코로나 사태로 특수를 누리는 것과 마찬가지로, 여기서도 갈 곳 없는 사람들이 골프장에 많이 몰렸다고 한다. 하지만 그린 피를 크게 올린 상황은 아닌 것 같다. 2년 전과 큰 변화가 없다.

그린 피는 철저하게 시장 원리가 작동한다. 말 그대로 천차만별이다. 북부 뉴저지 쪽이 필라델피아 근교보다는 그린 피가 높다. 당연하다. 인구가 많으니까. 그래도 대부분 지역 주민은 거의 반값인 경우가 많다. 뉴저지 북부의 평일 그린 피(카트 피 포함)가 대략 50달러대에서 90달러대이다. 오후 해거름에 시작하는 투와이라이트twilight 그린 피는 더욱 싸다. 대략 오후 세 시 30분부터 적용되는데 더 늦은 시간에는 더 싸게 티 타임을 준다. 너무 늦은 티 타임에 나가면 자칫 18홀을 못 마칠 수도 있지만, 수퍼 투와이라이트로 싸게 칠 생각만 하지 않으면 웬만하면 서머 타임 때문에 18홀 마칠 수 있다.

필라델피아 근교에서 한 달 넘게 머무는 동안 가까운 퍼블릭 코스인 P 골프장에 몇 번 나갔다. 여기 평일 정상 그린 피(카트 피 포함) 48달러, 시니어(62세 이상) 그린 피는 35달러이다. 전동 카트 피 18달러가 포함된 그린 피다. 여기서도 카트 피가 그린 피에 비해서 높다. 한국보다는 싸지만 여기서도 카트 피로 장사하는 모양이다. 카트 피 아까우면 개인 풀 카트(손으로 끄는 카트) 끌고 나가면 17달러 내고 18홀 골프를 칠 수 있다. 코스가 대부분 평평하기 때문에 걸어도 무리가 없다.

무엇보다 부러운 것은 세금이다. 그린 피 35달러에 세금이 얼마일까?

없다. 다만 신용카드 처리 수수료 1.05달러가 정액으로 붙는 곳도 있고, 이것마저 아예 없는 곳도 있다. 펜실베니아주州에는 6% 세일즈택스가 부과되지만, 퍼블릭 골프장의 그린 피에는 세일즈택스가 붙어 있지 않았다. 퍼블릭 골프장에 대한 또 다른 우대 정책이 있는 것 같은데, 과문寡聞하여 잘 알 수 없었다.

지난주 화요일 아침 혼자서 P골프장엘 갔다. 한 사람만 플레이하는 예약을 받아주지 않기 때문에 무작정 가서 두 명 또는 세 명 섬some에 조인할 요량이었다. 안면을 튼 프로샵 할아버지가 조금 기다리란다. 매주 화요일 열한 시 티 타임에 두 사람이 오거나 세 사람이 오는 그룹이 있는데, 와봐야 안다고 하면서.

30분쯤 여유가 있어서 드라이빙 레인지로 올라가서, 3달러 넣고 연습공 바구니 하나 빼 온다. 연습 공 30개쯤 담겼을까. 연습장은 그야말로 천연 잔디, 줄을 쳐서 표시해 둔 티잉 구역을 매일 바꾸어 준다. 잔디 팍팍 파면서 아이언 샷 몇 개 연습해 본다. 비록 퍼블릭 코스이지만 대부분 이런 연습장을 갖추고 있다. 프로샵 할아버지가 손짓으로 불러 1번 홀 티잉 에리어로 갔더니, 같이 플레이할 쓰리섬threesome 그룹이 있었다. 나보다 몇 살 위로 보이는 한국 분들이었다. 이곳 골프장에서도 한국 사람을 가끔 만날 수 있었다.

3번 홀 티잉 에리어에 갔을 때 한 분이 나에게 혹시 안동 사람이냐고 물었다. 말씨가 거기 말 같다고 하면서. 그때야 그분들도 경상도 억양을 쓰고 있었다는 걸 깨달았다. 내 고향 의성이 안동과는 이웃 사촌이라 비숫하게 들렸던 것 같다. 안동 엑센트를 알아듣는다는 것 자체가 그쪽 분들 아니면 쉽지 않을 일이다. 세 사람은 1번 홀부터 가벼운 내기를 했다. 1달러짜리 스트로크 내기였다. 스코어는 끝까지, 룰대로 치는 것이었다.

한 샷 한 샷 있는 그대로, 퍼팅도 퍼터 그립 이내 김미gimmie였다. '김미'는 퍼팅할 때 한 타로 홀 아웃한 것으로 간주할 때 쓰는 말이다. 우리가 흔히 '컨시드'concede를 준다고 하는데, 이 말은 매치 플레이에서 쓰는 말이지 스트로크 플레이에서는 김미라고 하는 것이 옳다. 김미는 give me를 소리 나는 대로 적은 것이다.

퍼터 그립 이내가 몇 cm쯤 될까? 34inch 퍼터이면 대략 60cm이다. 아슬아슬하게 이 길이에 들지 못하여 퍼팅해야 한다면, 보통 골퍼들이 과연 한 라운드하면서 백 퍼센트 성공시킬 수 있을까. 절대 "아니올시다"이다. 이날도 그 길이 퍼팅을 네댓 번 놓치는 장면을 목격할 수 있었다. 스토로크 내기인데, 가만 보니 서로 간에 홀별 핸디캡을 접어주고 있었다. 그 와중에도 페어웨이에서 디봇이 나면 잔디 조각을 주워 메웠다. 그린에 올라가면 볼 자국도 눈에 띄는 대로 수리한다. 우리나라 골퍼들은 그린 보수기를 가지고 다니는 사람이 거의 없지만, 여기서는 프로샵 체크인할 때 거기 비치한 플라스틱 보수기 하나씩 집어 오기만 하면 된다.

세 사람은 내기에 열중하고 있었지만, 홀을 거듭하면서 짬날 때 나와 이런저런 이야기를 나누었다. 나이 얘기, 학교 얘기까지 나왔다. 초, 중, 고교를 대구에서 다녔다고 얘기했을 때, 내게 안동 사람이냐 했던 분이 대뜸 K고 나왔느냐고 물었다. 고등학교 3년 선배였다. 6형제 모두 대구 K

고를 나왔다며 동생들 이름을 주욱 나열하는데, 아쉽게도 내 동기 동창은 없었다.

하지만 세상 참 좁다. 후반 11번 홀 그린에서 내려오면서 그 L선배 하는 얘기가, 고등학교 때 '돌탑'돌塔이란 서클 활동을 했다는 것이다. '돌탑 문학동인同人회', 이름만 들어도 반가웠다. 내가 1학년 입학한 해에 L선배는 졸업했기 때문에 직접 대면 기회는 없었던 서클 선배였다. 학창 시절 한때 시詩 쓴다고 겉멋에 절었던 얘기로 갑자기 골프가 뒷전이 되어버렸다. 결국 12번 홀 드라이버 티샷은 오른쪽 우거진 나무숲 쪽으로 밀렸고, 확실하게 로스트 볼이 되어 두 타를 잃어버렸다. 서울에서 가져온 타이틀리스트 프로 V1 한 줄, 공 세 개 중에서 하나를 잃어버렸다.

골프, 한번 해본 사람들은 모두 골프가 재미있다고 한다. 플레이에 몰두할수록 온갖 재미있는 게임의 요소를 다 가지고 있는 게 골프이고, 한 라운드 걷는 것만으로도 훌륭한 운동이 되는 게 골프이다. 골프장 와서 백인 부부와 어울려 그들이 살아가는 모습을 들을 수 있는 것도 재미요, 이렇게 뜻밖에 고교 선배, 그것도 서클 선배를 우연히 만나는 것도 재미다. 플레이하면서 뜻밖의 멋진 샷이라도 나오면 재미는 배가倍加된다.

네이썬이란 백인 부부와 리운드할 때 그린 장면이 나왔나. 파3 16번 홀에 갔을 때였다. 약간 내리막 홀인데, 그린은 계곡 아래 도랑 너머 높은 언덕배기 위에 있었고, 왼쪽에서 오른쪽으로 심한 경사를 이루고 있었다. 이 홀에서 와이프와 내가 생애 첫 '랑데부 버디'를 했다. 둘이 라운드하면서 처음 해본 백 투 백 버디back to back birdie였다. 내 티샷은 잘 맞았고, 핀 근처에 떨어져서 경사를 타고 약간 오른쪽으로 흘러내렸다. 와이프의 티샷도 그린 왼쪽 프린지에 떨어지더니 경사를 타고 핀 쪽으로 흘렀다. 가서 보니 내 볼은 다섯 걸음 오르막 약 3.5m, 와이프 볼은 더 잘 붙어서 약 2m 내리막 퍼팅을 남겼다.

내가 제법 크게 파인 볼 마크를 수리하는 사이, 와이프가 먼저 퍼팅했다. 돌아보니 내리막 퍼팅한 공이 똑바로 홀을 향하고 있었다. 바뀐 룰에 따라 준비된 사람이 먼저 퍼팅하는 건 문제없다. 문제는 버디 퍼팅 꼭 성공시키겠다고 마음먹고 있던 나만 잔뜩 부담을 짊어지게 된 것. 오르막 약간 왼쪽으로 휘어지는 옆 경사 라인, 방향과 힘이 모두 맞아야 하는 퍼팅이었다. 들어갔다. 랑데부 홈런이라도 친 것처럼 주먹을 불끈 쥐게 만든 랑데부 버디였다.

네이썬 부부가 자기 일처럼 기뻐하며 네 사람이 서로 돌아가며 하이파이브를 했다. 골프 매너를 제대로 보여 주었던 네이썬 부부와 즐거운 라운드를 하면서 얻은 망외望外의 재미였다. 이러니 골프는 단순히 기량을 겨루는 스포츠일 뿐만 아니라, 하루 즐겁게 소풍 나와 행복한 시간을 보내게 하는 놀이가 아니고 무엇이랴.

4 "아니 뭐야? 버디야?"

골프 치다 보면 그야말로 별별 희한한 일이 벌어진다. 특히 멋진 샷, 어처구니없는 샷 하나로 그날 분위기가 달라진다. 홀인원은 말할 것도 없고, 이글 샷처럼 긴 거리에서 그대로 홀에 집어넣었을 때의 짜릿함은 두고두고 기억에 남는다. 사실 홀인원이나 이글은 일반 골퍼들이 쉽게 할 수 있는 게 아니다. 좀처럼 나오지 않지만 어쩌다 긴 거리 샷이 홀에 그대로 들어가면 난리가 날 것이다.

프로들의 정규 투어에서도 가끔 이런 장면이 나온다. 이번 주 PGA 투어 〈3M 오픈〉[3] 1라운드에서 바로 그런 장면이 나왔다. 배상문 프로가 파 5 18번 홀(599yd)에서 파를 기록했는데, 한 번의 드라이브 샷과 두 번의 하이브리드 샷, 두 개의 벌타를 합해 다섯 타만에 홀 아웃한 장면이었다. 마지막 두 번째 250yd 하이브리드 샷이 그대로 홀에 들어갔고, 지금까지 PGA 투어 기록상 가장 거리가 긴 파 세이브 샷이라는 것이다.

대회가 열린 TPC 트윈 시티즈의 18번 홀은 우측으로 물을 끼고 페어

3 3M Open Tournament 2020. 7월 TPC Twin Cities (우승 마이클 톰슨 265타 19언더 파)

웨이가 그믐달처럼 굽어져 있는 홀이었다. 일반적으로 프로들이 투 온을 하려면 그린을 향해 물을 건너야 했다. 배상문 프로의 티샷은 오른쪽으로 밀려 마지막 순간 물로 들어갔다.(제1타) 공이 들어간 지점과 핀을 연결하는 후방 페어웨이에 드롭하고(1벌타) 그린을 향해 하이브리드샷을 하였다.(제3타) 그 샷이 그린에 못 미쳐 물에 빠졌다. 다시 드롭하고 (1벌타) 하이브리드 클럽으로 다시 샷을 하였다.(제5타) 그 샷이 홀로 빨려 들어가서 파로 홀아웃한 것이다.

어떻게 이 샷이 PGA 투어에서 가장 먼 거리에서 파를 만든 샷(파 세이브 샷)이라고 알 수 있었을까? 바로 샷 링크ShotLink라는 데이타 수집 시스템 덕분이다. 2001년에 론칭, 2003년부터 공식 대회 모든 샷을 기록하고 있다. 실시간 기록하고 있을 뿐만 아니라, 그 내용 또한 실시간으로 PGA 투어 모바일 앱에서 확인할 수 있다. 모든 샷마다 세 대의 카메라를 이용한 레이저 추적 시스템으로 얻은 데이터와, 공이 낙하한 지점에서 자원 봉사자가 휴대용 레이저로 일일이 잡아서 입력한 데이터를 결합, 분석하여 공의 비행 궤적과 거리, 샷별 레이아웃 등을 실시간 제공하는 것이다.

좋아하는 선수의 실시간 샷 내용을 모바일 앱으로 따라가면서 TV 중계를 보는 맛도 색다르다. 20년 가까이 축적된 데이터의 위력은 대단하다. CBS 중계를 보면 캐스터와 해설위원이 인용하는 데이터에는 별별 재미있는 것도 많다. "데이터를 정보로, 정보를 지식으로, 지식을 엔터테인먼트로"라는 샷 링크의 모토처럼 엄청난 데이터가 그야말로 실시간으로 제공된다. 골프 시청자들에게 재미를 줄 뿐만 아니라 그 데이터는 골프 산업 발전에도 크게 기여하고 있다. 우리도 이런 시스템의 반의 반만이라도 따라가면 좋겠다.

프로와는 달리 아마추어 골퍼들은 어떨까. 평생 골프 치면서 자기의 샷 기록을 일일이 기록해두는 사람은 물론 없다. 골프 배우고 얼마 되지 않았을 때 3년 동안 모든 라운드 스코어를 기록해 본 적이 있다. 회사에서 경영 혁신 운동으로 소위 6 시그마 운동을 한창할 때였다. 그 방법을 간략하게 차용하여 효과적인 연습을 위한 방법으로 활용해 보았다. 스코어 카드에 드라이브 샷 페어웨이 안착 여부, 레귤러 온 여부, 퍼팅 개수 등등을 기록하고, 기본적인 분석을 통해 기량 향상 연습에 활용하였다. 그때는 정확한 거리를 측정할 기계가 없었기 때문에 드라이브 샷의 거리는 표시목 등을 활용하여 추정할 수밖에 없었다. 별난 샷이 나오면 스코어 카드 빈 곳에 기록했다. 재미있는 샷이 많이 나왔다. 이렇게 기록해본 것이 기량 향상에 크게 도움이 되었음은 물론이다.

재미있고 엉뚱한 샷은 프로들보다 일반 골퍼들에게 더 많이 나오는지도 모르겠다. 홀인원도 프로들은 99% 잘 맞은 샷이 홀인원이 되지만, 아마추어의 홀인원은 빗맞은 샷이 홀인원이 되는 경우도 많다.

어느 해 코리아 CC에서 있었던 일이다. 크리크 코스 6번 홀은 길지 않은 피3홀이다. 그린 왼쪽은 언덕이라 그린 가운데까지 그 언덕의 경사가 자연스럽게 흘러내렸다. 쐐기 모양으로 흘러내린 경사를 사이에 두고, 그린 경사가 앞으로, 뒤로 흘러내렸다. 핀은 앞 핀이었다. 오너honor였던 나는 8번 아이언으로 핀 조금 못 미치게 짧게 올려서 그야말로 오르막 버디 찬스birdie opportunity, 다른 두 동반자는 샷이 약간 길어 그린 뒤쪽으로 온 그린이 되었다. 마지막 동반자가 티샷했는데, 아뿔싸 샷은 당겨졌고 왼쪽 언덕으로 향했다. 산등성이에 공이 맞더니 희한하게 우리 쪽으로 뒤로 튀었다. 그러더니 경사를 따라 오른쪽 그린으로 굴러 들어갔다. 어, 어 하며 바라보는 사이에 공은 홀로 사라졌다. 홀인원이었다. 이래서 홀인원은 행운이 따라야 할 수 있다고 얘기하는 모양이다.

홀인원이나 이글 샷도 대부분 거리가 꽤 되는 곳에서 원 샷으로 홀 아웃한 것이니 이 또한 골프 칠 때 일어나는 별별 일에 당연히 포함될 터이다. 홀인원을 할 때도, 열 번 이상 샷 이글을 했을 때도 레이저 거리측정기가 없을 때라 그 거리를 정확히 알 수 없었다. 다만 샷 이글 중 가장 짧은 거리는 샌드웨지 풀 샷으로 한 것이었고, 가장 긴 것은 5번 우드로 한 것이었다. 가장 긴 거리 버디 샷은 레이저 거리측정기를 가지고 있었던 때라 그 거리를 뚜렷이 기억한다. 정확히 171yd 샷이었다. 크리스탈 밸리 CC 밸리 코스 4번 홀에서 했다.

멤버였으니 이 골프장엘 자주 갔고, 몇 년 플레이하다 보니 당연히 홀마다 버디를 몇 번씩 했다. 하지만 딱 한 홀에서 유독 버디가 나오지 않았다. 밸리 코스 파4 4번 홀, 약간 오르막 좌측 도그레그 홀이었다. 핸디캡이 중간 정도 홀인데도 이 홀에서 유독 헤맸다. 드라이버 징크스가 있었다. 약간 오르막이지만 화이트티 기준 400yd 조금 넘는 홀이라 투 온이 쉽지 않은 홀이기는 했다. 그래도 유독 드라이버 샷이 어려웠다.

산기슭을 깎아 페어웨이를 조성해 놓은 홀인지라 페어웨이 오른쪽도 왼쪽도 경사지였다. 도그레그 홀이라 약간이라도 오른쪽으로 밀리면 소위 '막창'이 나서 언덕으로 올라가고, 왼쪽으로 당겨지면 여지없이 페어웨이 아랫단 경사지 숲속으로 들어간다. 도그레그 꺾어지는 곳에 있는 페어웨이 벙커를 중앙으로 잘 넘겨야 그린이 보이는 지점으로 보낼 수 있었다.

어느 날 이 홀에서 드라이버 샷이 그만 왼쪽 페어웨이 벙커에 빠졌다. 앞턱이 높은 벙커인데 공이 벙커 턱에 거의 붙어버렸다. 최악의 상황. 샌드웨지로 공을 빼내는 것이 최상이었다. 겨우 빼내고 나서 부쉬넬 레이저 측정기로 거리를 쟀더니 남은 거리는 171yd, 앞뒤로 길쭉한 그린 뒤쪽 끝에 핀이 꽂혀 있었다. 유틸리티 5번 샷은 깨끗하게 잘 맞았다. 홀 바로 앞에 공이 떨어지는 것이 보이는가 싶더니 한번 튀어 올랐다가 홀로 사라졌다. 동반자가 "아니 뭐야? 버디야?" 하면서 오히려 어이없다는 듯 놀라워했다. 그때 나는 드디어 18홀 모든 홀에서 버디를 했다는 생각만 났다. 이런 기상천외한 샷이 나오는 게 골프다.

PGA 투어 기록은 어떨까 궁금해졌다. 버디 가장 긴 거리 샷은? 답은 샷 링크에 있었다. 기록은 무려 336yd에서 친 샷으로 홀 아웃, 버디였다. 아론 브레들리가 2015년 〈발레로 텍사스 오픈〉에서 기록했는데, TPC 산 안토니오의 파4 17번 홀에서 드라이버로 만들었다. 드라이브 티샷을 숲으로 날려 보낸 후 언플레이어블 볼을 선언하고, ⊥ 사리에서 다시 드라이버를 잡았다. 알다시피 언플레이어블 볼을 구제받는 옵션에는 직전 볼을 친 자리에서 1벌타 후 다시 치는 옵션도 있다. 그 공이 홀 인되었다. 버디였다. 이 기록이 지금까지의 홀인원, 알바트로스, 이글, 버디, 파를 막론하고 모든 샷 중에서 최장 거리 홀인 기록이라 한다. 참 별별 일이 다 일어나는 게 골프다.

희한한 샷, 기상천외한 샷은 골프 세상에서는 끝없이 나온다. 골프가 단지 스포츠에 머물지 않는 이유다. 이번 주 배상문 프로의 250yd 파 세이브 샷도 누군가는 기억했다가 화제 속으로 끌어들일 것이다. 내가 했던 171yd 버디 샷도 내 머리에 비디오 클립처럼 남아 있다가, 흥이 동하면 나도 모르게 누군가에게 얘기하고 있을 것이다. 골프, 스포츠를 뛰어넘는 그 무엇이다.

"내 눈엔 보이지 않았어요"
– 비디오 판독으로 벌타 먹일 수 있나?

스포츠 중에서 승부의 결정적 순간에 현장 즉시성卽時性이 없는 스포츠가 골프 말고 있을까? 승부를 결정해야 하는 스포츠에서는 거의 모든 종목에서 심판의 역할이 절대적이다. 야구에서도 배구에서도 판정 시비가 있으면 그 즉시 비디오 판독을 통해 심판의 오심을 가려낸다. "다음날 가서 생각해보니 그때 일어난 일은 잘못되었다. 따라서 그 잘못을 바로잡겠다" 뭐 이런 상황은 아예 발생하지 않는다.

하지만 이런 어처구니없는 일이 골프에서는 가끔 발생했었다. 골프라는 스포츠가 원칙적으로 심판 없이 경기자 본인이 룰에 따라 모든 것을 실행하고, 그 결정에 대한 책임도 본인이 지도록 되어 있기 때문이다. 시실 그 넓은 코스에서 모든 경기자가 하는 행동에 대해서 심판을 붙여 통제하고 판단할 방법도 없다. 이러다 보니 프로 골프 대회에서도 벌타 시비가 끊임없이 벌어진다.

존 람Jon Rahm 얘기 한번 해보자. 존 람이 지난주 말 끝난 〈메모리얼 토너먼트〉[4]에서 우승, 세계 랭킹 1위로 뛰어올랐다. 중계 방송을 보니 CBS 캐스터는 '존'이라 부르는데, 우리 JTBC 캐스터는 '욘'이라 부른다. 그렇다. 그가 스페인 출신이기 때문이다. 스페니쉬로 J가 제이로 발음되지 않고 Y처럼 발음이 되는지, 예전 미국에 있을 때 내 이름 '종'Jong을 '용'으로 부르는 친구가 꽤 많았다. 그때 일일이 이름 바로잡으며 열 좀 받다가 아예 내 가톨릭 세례명 '바오로'를 영어식 '폴'Paul로 알려줬더니 너무 찰떡같이 잘 불러 주었다. 이름이란 제대로 본토 발음으로 불러 주어야 하는 법이지만, 그러다 보면 현지 이름처럼 머리에 쏙쏙 들어오지 않는다. 그래서 부르기 편하게 그냥 존이라 부르자.

얘기가 좀 길어졌지만 각설却說하고, 존 람 얘기로 돌아가 보자. 존 람이 전설적인 골퍼 세베 바예스테로스에 이어 스페인 골퍼로는 두 번째로 세계 랭킹 1위에 올랐다. 악동惡童 이미지가 강한 20대 중반의 젊은 존 람이 고만고만한 젊은 선수들이 엎치락뒤치락하고 있는 남자 골프 세계 랭킹 1위 자리에 처음으로 머리를 내민 것이다. 이날 파이널 라운드, 파3 16번 홀에서 일어난 해프닝이 없었더라면 그냥 존 람이 A급 PGA 대회에서 1승을 추가하면서 처음으로 세계 랭킹 1위로 뛰어오른 이벤트로 끝났을 것이다. 하지만 마지막 순간 두 홀을 남겨두고 파3 16번 홀(201yd)에서 극적인 장면이 벌어졌다.

---

4 the Memorial Tourment 2020. 7월 Muirfield Village Golf Club (우승 존 람 279타 9언더 파)

뮤어필드 빌리지 골프 클럽은 사실 잭 니클라우스가 직접 터 잡고 설계하여 만든 골프장인데, 그 이름을 스코틀랜드의 뮤어필드 컨트리클럽에서 따왔다. 뮤어필드 컨트리클럽은 니클라우스가 세 번째 브리티시 오픈을 우승한 곳이면서 동시에 세 번째 생애 그랜드 슬램을 달성했던 곳이었기 때문이다.

이름은 스코틀랜드에서 따왔지만, 코스는 오히려 〈마스터스The Masters〉가 열리는 오거스타 내셔널과 많이 닮았다. 오거스타 내셔널의 그 유명한 파3 12번 홀과 마찬가지로 뮤어필드의 16번 홀도 홀 바로 앞까지 물이 있고, 세 개의 벙커가 그린을 둘러싸고, 가로로 길쭉한 그린이란 특징을 그대로 가지고 있다. 그린을 둘러싼 물과 벙커와 가로로 길쭉하게 누운 좁은 그린, 그리고 변화 많은 언듀레이션이 있는 그린이 마지막 순간 승부의 변수가 되는 홀이었다.

존 람이 16번 홀에 왔을 때, 그의 토탈 스코어는 10언더 파였고, 동반자인 라이언 파머가 7언더 파로 좇아 오고 있었다. 불과 세 타 차. 어려운 파3홀이었다. 2012년 〈메모리얼 토너먼트〉에서 타이거 우즈가 극적인 칩인 버디를 만들어 마지막 순간 승부를 뒤집은 골프사史에 남을 명장면이 벌어졌던 홀, 7때는 타이거 우즈가 7언더 파로 로리 시비티니를 힌 다 차로 뒤좇는 상황이었다. 그런데 16번 홀에서 타이거 우즈는 오래오래 사람들의 입ㅅ口에 오르내리는膾炙 멋진 플랍 샷flop shot으로 버디를 만들었고, 선두 로리는 벙커에 빠진 후 파 세이브에 실패하여 두 타 스윙이 벌어졌다. 졸지에 한 타 차 역전되어 타이거 우즈가 선두가 되었다.

존 람과 라이언 파머는 그때와는 반대 상황, 존이 앞서고 라이언이 뒤 좇았다. 비록 세 홀이 남았지만, 그때 타이거 우즈처럼 16번 홀에서 두 타 스윙이 일어난다면 승부는 예측 불허의 안개 속으로 들어갈 상황이었 다. 긴장되는 순간, 존 람의 티샷이 약간 당겨져 그린 왼쪽 러프에 떨어졌 다. 라이언 파머는 그린에 잘 올렸다.

이 골프장의 페어웨이는 벤트 그래스로 조성되어 있다. 벤트 그래스라 는 양잔디는 우리 한국 골프장에서는 주로 그린으로 조성해 놓은 잔디인 데, 짧게 깎아 놓으니 비단결이지 길게 길러 놓으면 잎끼리 뒤엉키는 잔디 이다. 샷을 해보면 우리나라 잔디는 클럽 헤드가 그냥 잔디를 끊고 지나 가는데, 벤트 그래스는 그 모양도 조금 과장을 하면 부추 잎처럼 생겨서 샷할 때 클럽 헤드를 척척 감는 것처럼 느껴진다. 그래서 플랍 샷을 한 다. 우리처럼 가볍게 칩 샷 했다가는 클럽이 감겨 나가질 못한다. 2012년 타이거 우즈가 한 플랍 샷이 그렇고, 이번 파이널 라운드 존 람이 바로 그린 사이드에서 플랍 샷을 한 이유였다.

존 람이 공이 떨어진 곳으로 가봤더니 러프에 완전히 잠긴 공의 윗부 분만 약간 보이는 상황, 게다가 공 앞쪽으로는 잔디가 없고 꺼진 것처럼 시꺼멓게 보였다. 그야말로 치기 고약한 라이였다. CBS 중계 화면에 존 람이 웨지로 공 뒤 잔디를 지그시 눌러 보는 동작이 나온다. 아뿔싸, 웨 지로 잔디를 누르니 공이 미세하게 웨지 쪽으로 움직이는 게 화면상으 로 보인다. 그러면서 공을 덮고 있던 잔디 모양도 움직여서 이제는 공 윗 부분이 확연히 보인다. 잔디를 눌렀던 웨지를 들어 올린 존 람이 공 위로 서너 번 웨글한 뒤, 부드러우면서도 확실한 플랍 샷을 하였다. 그린에 떨어진 공이 핀을 향해 구르더니 그대로 홀에 떨어졌다. 환상적인 샷이었다. 존 람의 어퍼컷 세리머니가 터져 나왔다. 그 버디로 파머와는 네 타 차, 두 홀 남겨두고 이제 승리가 확정적이었다.

그런데 CBS에서 해설을 맡고 있던 닉 팔도가 존 람의 '인생 샷'shot of the career이 될지도 모르는 16번 홀 칩인 샷에 관해 얘기한다.

"슬로우 모션으로 딱 처음 봤을 때 공이 처음 자리로 돌아가지 않은 것으로 생각했어요."

"딱 딤플 하나, 딤플 하나, 그거에요."

사실 슬로우 모션이 아니더라도 웨지로 누르는 순간 공도 따라 약간 도는 장면이 보인다. 현장에서 선수들의 이의 제기도 없었는데, 중계 방송 해설위원이 이의를 제기한 것이다. 결국 경기위원회는 존 람의 칩 인 버디 샷에 2벌타를 매겨 보기로 처리하기로 했고, 라운드 다 마친 뒤 존 람에게 통보했다. 당사자도 쿨cool하게 벌타를 받아들였다. 다섯 타 차 우승이 세 타 차 우승으로 타수 차가 좁혀진 것뿐, 대세에 지장 없는 일이었다. 벌타를 받은 줄 모른 채 우승 인터뷰에 나서서 "지금까지 친 샷 중에 최고의 숏게임 샷"이라고 했던 존 람, 인생 샷이라 할 만큼 멋진 플랍 샷에 꼬리표 하나가 붙어버렸다.

이 시점에서 2019년 바뀐 룰에 대해 한번 살펴보자. 바로 '룰 20.2c 비디오 증거를 사용할 때 '맨눈' 기준 적용하기'이다. 요약하면, 비디오로 보이는 팩트가 룰 위반 사항이라 하여도, 맨눈으로 봐서 보이지 않는다면 그 증거는 쓸 수 없다는 것이다. 그런데 중요한 단서가 하나 붙어 있다. 설령 비디오론 찍혀도 맨눈으로 보이지 않았다면 룰 위반이 아니지만, 골퍼가 명확히 인지할 수 있는 룰 위반은 당연히 룰 위반이라는 것이다. 예를 들면 벙커에서 클럽 헤드가 모래를 스치는 것을 골퍼가 느꼈을 때 등이다. 이것이 비디오 판독의 포인트이다. 골퍼 스스로 비디오보다 더 정확하게 오감으로 느낄 수 있는 것이고, 이럴 때는 골프의 기본 정신을 살려 벌타를 스스로 먹어야 한다는 것이다.

이 '맨눈' 기준 룰이 적용되기 이전에는 비디오 판독으로 인해 숱한 해프닝이 일어났다. 대부분 경기 중에 해결되었지만, 심지어 경기 중 생중계를 보고 있던 시청자의 제보에 따라 벌타를 부과한 케이스도 있었고, 경기 다음 날 선수도 갤러리도 없는 모든 것 끝난 뒤 우승자가 바뀌는 기막힌 일도 일어났다. 스포츠란 공정한 경쟁이 요체인데, 이 무슨 말도 되지 않는 경우인가. 이번 존 람의 경우 2벌타가 부과되어도 우승이란 결과는 바뀌지 않기 때문에 쉽게 마무리될 수 있었는지 모른다. 유소연과 렉시 톰슨 케이스처럼 심지어 비디오 판독으로 LPGA 메이저 대회의 결과를 바꾼 때도 있었다. 사실 이 케이스가 2017년 12월 USGA와 R&A가 비디오 판독 관련한 규칙을 다시 만든 계기가 되었다. 비디오 판독에 따른 흥미로운 얘기가 무궁무진하다. 지면상 다음 기회로 미룬다.

다시 존 람의 16번 홀 플랍 샷 현장으로 되돌아가 보면, 그는 샷을 하려고 어드레스를 한 뒤 웨지로 공 뒤를 눌렀다. 잔디가 깊숙이 눌리는 것을 본인이 충분히 느낄 수 있는 행동이었다. 그런 후 그대로 백 스윙하여 플랍 샷을 했더라면 존 람이 말했듯 볼이 움직이는 것을 보지 못했다는 말에 신뢰성이 간다. 하지만 존 람은 웨지로 공 뒤를 누른 채 곧바로 스윙하지 않고, 웨지를 잔디에서 들어 올린 뒤 공 앞뒤로 서너 번이나 웨글을 하고 스윙하였다. 샷 결과는 알다시피 멋진 칩 인 버디. 내가 심령술사가 아니니 그의 마음속에 들어가 볼 수는 없는 일이지만, 나는 존 람이 공이 놓여 있던 잔디 상태를 테스트해 보려고 누르다 공을 움직인 것이라고 본다. 참외밭에서 신발 끈을 고쳐 맨 것이다. 프로 골퍼들이 가장 피해야 할 행동을 했다.

뮤어필드 빌리지 골프 클럽 파3 16번 홀, 멋진 플랍 샷 두 개로 엮어낸 두 페이지의 '골프의 전설'은 이렇게 다르게 기록되었다. 타이거 우즈가 만든 2012년 칩 인 버디는 승부를 뒤집은 환상적 플랍 샷으로, 존 람이 만든 2020년 칩 인 버디는 멋진 샷이었으나 두고두고 일반 페널티general penalty 두 타를 꼬리표처럼 붙이고 다니게 되었다.

이제 더 이상 예전과 같은 희한한 비디오 판독 사례는 발생하지 않을 것이다. 판정하더라도 현장에서 즉시 결정하기 때문에 존 람 케이스 정도에 그칠 것이다. 골프는 과연 어떤 스포츠인가. 결국은 골프의 정신은 기본적으로 본인의 판단을 존중한다는 것. 우리가 골프를 명랑 운동회로 만들지 않고, 라운드 나가서 명랑 골퍼가 되지 않으려면 한번 염두에 두고 생각해볼 명제이다. 골프는 서서 하는 스포츠 중 세상에서 가장 재미있는 스포츠이기 때문이다.

제4장

비즈니스맨과
골프

1 초보 탈출은 성적 순이 아니다

처음 골프 복장을 갖추고 첫 라운드 나갔을 때 어떤 옷 어떻게 입고 갔었는지 솔직히 잘 기억이 나지 않는다. 언젠가 한번 얘기했다시피 나인홀 뚝섬 경마장 골프 코스에 처음 나갔던 그날은 기억이 거의 남아 있지 않을 만큼 오래 전 일이기 때문이다. 생소한 골프 클럽에 처음 가면 뭔가 어색한 느낌이 드는데, 그 옛날 첫 라운드 때도 그랬지 않았을까 하는 생각이 든다.

골프 초보가 골프 클럽 갈 때 내 집 가듯 편안하게 갈 수 있는 방법, 소위 초보 탈출기 한번 얘기해 보자. 먼저 하드웨어적 접근이다. 초보 때부터 이런 어색함을 피하는 가장 좋은 방법은 그날 라운드하는 골프 클럽에 적절하게 맞는 복장을 갖춰 입고 가는 것이다. 골프 클럽은 그야말로 각양각색, 천차만별이다. 일반적으로 퍼블릭 골프장과 멤버십 골프장으로 나뉘는데, 그 골프 클럽에 걸맞은 소위 드레스 코드가 있다. 입장할 때부터 최소한 재킷을 갖춰 입고 로비로 들어가는 게 좋은 클럽이 있는가 하면, 그냥 골프 티셔츠 입고 들어가도 전혀 어색하지 않는 클럽이 있다. 골프 복장도 마찬가지다. 편안하게 아무거나 입어도 아무 말하지 않는 골프장이 있는가 하면, 드레스 코드 정해두고 멤버들에게 강제하는 클럽도 있게 마련이다.

드레스 코드는 우리가 자유로울 거라고 여겨지는 미국 골프 클럽이 오히려 엄격하게 요구하는 면이 있다. 물론 퍼블릭 골프 클럽에서 복장 따지는 경우는 거의 없다. 하지만 멤버십 클럽은 다르다. 언제 한번 얘기했던 발투스롤 골프 클럽 같은 고급 멤버십 클럽에 갈 때는 재킷을 걸치고 가는 것이 필수적이다. 내가 멤버로 있던 휘들러스 골프 클럽은 그 정도는 아니지만, 클럽 레스토랑에 출입할 때 골프화를 신고는 들어갈 수 없었다. 골프 치기 전 골프화 신고 편하게 드나들 수 있는 작은 레스토랑이 당연히 별도로 있었다.

휘들러스 골프 클럽은 코퍼레이트 멤버십 클럽cooperate membership club이었는데, 멤버 대부분이 협력 기업 임원들이었다. 멤버십 클럽치고는 비교적 자유로운 이곳에서도 정해진 드레스 코드에 충실히 따를 것을 요구했다. 예를 들면 여름철 반바지는 허용하지만 라운드 티는 허용하지 않는다는 식이다.

언젠가 한국에서 온 출장자와 같이 휴일 라운드를 나간 적이 있었다. 마침 더운 날이었는데, 스타터가 그 출장 온 분에게 뭐라 뭐라 했는데, 뭔 소리인지 못 알아먹자 나한테 얘기했다. 가서 들어보니 티셔츠를 바지 속으로 집어넣어 달라는 것이었다. 매우 정중한 말로 드레스 코드까지 설명했다. 그때 한국에서는 여자 프로들이 티셔츠를 바지 위로 꺼내 놓고 입는 것을 따라 그렇게 입는 것이 유행했었다. 로마에 가면 로마법을 따라야 한다는 말이 있듯, 골프장에 가서는 그 클럽 드레스 코드와 어울리게 입어주는 것이 첫 번째 룰이다.

클럽club을 어떻게 갖추는 게 좋을까 하는 것도 골프 입문자에게는 헷갈리는 단골 이슈다. 정식으로 말하면 골프 클럽golf club, 이걸 클럽이라고 얘기하니 자칫 헷갈릴 수 있지만 '골프 채'라는 걸 모르는 사람 없을 것이다. 이것저것 필요한 장비 중 가장 중요하고 비싼 장비이다 보니, 초심자初心者가 비싼 클럽 덜컥 사는 것은 부담스러울 수밖에 없다. 따라서 생애 첫 골프 클럽을 장만하는 최선의 방책은 절대 비싸지 않고 쓰다가 맘에 들지 않으면 언제 버려도 아깝지 않을만한 클럽을 사는 것이다. 주위 지인이 쓰던 것을 물려받아도 좋고, 하다못해 중고 마켓에서 구하는 것도 좋다. 골프 스윙이 뭔지 좀 알만 해지면 그때 자기에게 맞는 클럽을 찾는 게 좋다. 그러다가 실력에 맞게, 스윙에 맞게 계속 업그레이드해 나가는 방법이 좋다.

이런 하드웨어적인 절차를 밟아 나가는 것만 초보 탈출에 필요한 것이 아니다. 골프 복장을 갖추는 것도 무슨 패션쇼에 나가려는 게 아니고, 클럽 장만하는 것도 장비 자랑하러 라운드 나가는 게 아니다. 골프 초보 탈출이 하드웨어만으로 해결할 수 없는 이유이다. 이제 소프트웨어적 접근 한번 해 보자. 소위 보기 플레이어가 되면 초보에서 벗어나는 걸까. 그렇지 않다. 초보 벗어났다는 면허장 주는 곳은 없으니, 이참에 내 나름대로 면허장 기준 한번 정해 보는 것도 좋겠다. 적어도 초보 소리 듣지 않으려면 골프 치는 데 이 정도는 스스로 할 수 있어야 하지 않을까.

초보 탈출의 첫 번째 조건은 골퍼로서 기본 매너와 에티켓을 갖추는 일이다. 얼마 전 골프장에 갔는데, 한 홀에서 티샷하는 도중 깜짝 놀랄 일이 일어났다. 한창 드라이브 샷을 하고 있는데 페어웨이 한가운데로 한 사람이 무작정 뛰어들고 있었다. 옆 홀 플레이어가 잘못 넘어 온 자기 공을 주우러 난입한 것이었다. 겨울이라 땅도 살짝 얼었기 때문에 티샷 한 공이 어디로 튈지 모르는 위험한 상황이 되었다. 이렇게 뛰어드는 무개념 골퍼라면 제아무리 싱글 치는 골퍼라 하더라도 초보 탈출은 언감생심인 못난이다.

골프에서 가장 중요한 게 안전이다. 아무리 싱글 쳐도 스코어는 싱글인데 매너는 백돌이란 얘기 들을 것이다. 스크린 골프 하면서 스윙 실력 연마했더라도, 실전 라운드 나갈 땐 골프 룰, 매너, 에티켓에 관해 구글링 한번 해서 머리에 채우고 나가야 한다. 웬만하면 뭘 물어볼 때 네이버에게 물어보지 마시길. 골프에 관해서는 네이버보다 구글 검색에서 제대로 된 답변 얻기 훨씬 쉽다.

두 번째 초보 탈출 조건은 배려다. 동반자에게 배려하는 것은 물론 개 디도 배려해야 한다. 가장 먼저, 플레이할 때 동반자의 플레이에 관대해야 한다. 우리가 흔히 세상사에서 내로남불이란 얘기를 많이 하는데, 골프 코스에서는 꼭 그 반대로 해야 한다. 룰 적용에 있어서 나에게는 엄격하게, 동반자에게는 관대하게, 이렇게 해야 초보 골퍼 탈출이다. 나에게는 관대하게 남에게는 엄격하게 해서는 애당초 실격이다.

캐디도 배려해 줘야 한다. 단순히 캐디 일을 돕거나 덜어주라는 의미가 아니다. 어프로치 샷한 뒤 공이 그린에 올라가지 않으면 거리 잘못 불러 줬다고 타박하거나, 퍼팅 때 공 잘못 놓아줘서 들어가지 않았다고 캐디 탓하는 골퍼는 초보 골퍼 딱지 뗄 수 없는 구제 불능 골퍼다.

세 번째 초보 골퍼 탈출 조건은 스코어를 스스로 기록하는 것이다. 요즘 웬만한 골프장에서 모두 스마트 스코어 앱을 사용하는데 어떻게 스스로 스코어를 적을 수 있느냐고? 이럴 때는 매 홀 끝난 뒤 자기 스코어를 캐디에게 불러주면 된다. 우리나라 캐디는 거의 슈퍼맨이다. 골퍼 네 명에게 온갖 서비스를 다 하고 마지막엔 스코어까지 앱에 입력한다. 그렇다고 그 스코어가 매번 정확할까? 그럴 수도 없고 절대 그렇지 못하다. 더블 보기 해 놓고 보기로 입력하는 걸 모른 척 외면하고 있는 한 그 사람은 영원한 초보 골퍼다. 그러면서 오늘 라베life best score했느니 어쩌니 하는 것은 공허한 말장난에 지나지 않는다.

정말 골프 제대로 쳐볼 마음이라면, 종이 스코어 카드에 직접 자기 스코어 기록해 보시라. 골프장 경기과 가서 종이 스코어 카드 한 장 얻어서 직접 연필로 기록하는 것이 베스트 전략이다. 아니면 스코어 카드 앱 하나 다운로드받아서 활용하는 것도 방법이다. 스마트폰에 앱을 설치해 두고, 라운드 때 홀 이동 시 잠시 시간 내서 입력하면 된다. 이렇게 해서 90타를 깬다면? 스코어만으로는 완전 초보 탈출 인정이다. 이때가 중요하다. 마지막 한 가지 유혹이 기다리고 있다.

초보 탈출의 마지막 조건은 레슨질 유혹에서 벗어나는 것이다. 골프 조금 칠만하게 되면 동반자 스윙 보면서 레슨해주고 싶어 안달복달한다. 특히 왕초보 동반자에 대해서 온갖 레슨 다 한다. 그때부터 그 왕초보는 공을 치는 건지 땅을 파는 건지 모를 지경이 된다. 사실 라운드 도중에 스윙 지적질당한 황당한 추억은 초보 시절 우리가 한 번쯤 다 가지고 있다. 개구리 올챙이 적 기억하지 못하는 꼴이다. 고수들은 라운드 중 절대 레슨하지 않는다. 비록 고수가 아닐지라도 초보 벗어난 티 한번 내 보자. 라운드 중 동반자에게 레슨하고 싶은 유혹을 이겨야 진정한 초보 탈출이다. 혹 왕초보가 먼저 레슨을 청하더라도 "끝까지 공을 봐라" 한 마디로 마쳐라. 초보 탈출 만만세!

2 비즈니스 골프의 정석

비즈니스 골프에 정석이 있을까? 정석定石 하면 먼저 「수학의 정석」부터 머리에 떠오른다. 학창 시절 지겹던 수학 공부, 이 책으로 공부해서 성적 올린 사람이라면 더더욱 그럴 것이다. 정석은 말 그대로 바둑 용어인데, 흑돌, 백돌을 번갈아 놓는 바둑에서 오랜 세월을 두고 공격과 수비에 최선이라고 검증된 수순手順을 정석이라고 한다. 여기에서 유래하여 어떤일을 할 때 시행착오 없이 가장 좋은 결과를 내는 방법을 정석이라 부르고 있다.

골프가 비즈니스에 도움을 주는 것이라면, 어떻게 하는 것이 가장 좋은 효과적인 방법인지 그 답도 있지 않을까? 이름하여 '비즈니스 골프의 정석', 결국은 비즈니스와 관련된 사람과 골프할 때 어떻게 해야 최선의 결과를 얻게 될 것인가 하는 방법론이 될 것이다.

비즈니스 관련된 사람은 누구일까. 넓게 보면 골프 동반자 모두가 비즈니스와 관련 있겠지만, 여기서는 범위를 좁혀 비즈니스 거래선, 직장 상사, 직장 부하로 범위를 좁혀 보자. 아니 상사나 부하가 어찌 비즈니스 관계냐고? 세상 변했다. 주식회사도 예전엔 주주Shareholder에게만 충성하면 됐지만, 이제는 이해 관계자Stakeholder 모두에게 신경 써야 하는 세상이다. 그 회사의 주주는 물론이고 임직원, 고객까지 넓은 의미의 이해 관계자로 보고 주식회사의 모든 정책 결정을 하게 되었다. 비즈니스 골프도 마찬가지, 거래선뿐만 아니라 직장 상사나 부하와 라운드 할 때도 비즈니스 골프의 원리가 적용되는 것이다.

먼저 가벼운 얘기부터 시작해 보자. 직장 부하와 골프하는 법이다. 어떤 라운드든지 동반자를 배려하는 요체는 소위 진상 골퍼가 되지 않는 것이다. 당연히 부하와 골프 치면서 진상 상사가 되지 않아야 한다. 대표적인 진상 골퍼는 당연히 슬로우 플레이어이다. 카트에서 내려서 채도 가져가지 않고 공을 향해 느릿느릿 가서는 그때부터 캐디에게 거리 묻고 채 가져오라고 하는 상사, 이런 상사와 골프 치는 부하는 속으로 복장 두드리고 있을 것이다. 최소한의 룰도 지키지 않고 페어웨이에서 축구하듯 발로 공을 툭툭 건드리는 상사와 라운드라도 하게 되면, 참고 있는 부하의 머리에서 올라오는 김이 옆 사람 눈에도 보일 거다. 그리고 공 안 맞는다고, 퍼팅 안 들어간다고 캐디에게 신경질 팍팍 부리는 상사와 라운드하게 된다면 내가 왜 이런 사람과 골프 같이 쳐야 하나 때늦은 후회를 할 것이다.

요즘 시대의 화두는 단연 '갑질'이다. 부하와 골프 칠 때 가장 먼저 피해야 하는 것이 골프 하면서 갑질하는 것이다. 퍼팅할 때 짧은 거리 남겨둔 부하를 외면하고 모른 척 그린을 벗어났던 상사, 본인 퍼팅 때는 드라이버 하나 거리 남겨두고 스스로 김미gimmie(소위 오케이, 매치 플레이에서는 컨시드라고 한다)라고 공을 집어 든다. 상사 본인이 썩 잘 치지도 못하면서 라운드 내내 초보 부하에게 레슨한다. 아주 실전 라운드 나온 레슨 프로처럼 온갖 샷에 훈수를 두고, 심지어 하나 더 쳐보라고 지연 플레이를 유발하기도 한다. 내기라도 할라치면, 게임 중간에 본인에게 유리하게 게임룰을 바꾸자고 떼를 쓰고, 안 본다고 스코어 슬쩍 속이기도 한다. 초보인 부하에게 돈 따고도 게임 끝나고 입 싹 닦아버리는 상사도 갑질 랭킹에 들어간다. 더 심한 갑질은 라운드 내내 일 얘기하는 것이다. 하다 하다 안되면 갑질의 끝판왕이 등장한다. 아니 당신은 일도 못하더니 골프도 못 치느냐고. 부하가 골프 잘 친다 싶으면 피니시 블로finish blow를 날린다. 당신은 일은 안 하고 골프만 쳤느냐고.

이런 갑질만 하지 않으면 부하와 골프 치는 상사로서 중간은 간다. 그러면 상사와 골프 칠 때, 거래선去來先과 골프 칠 때 어떻게 쳐야 하는가. 본격 비즈니스 골프 얘기 한번 해 보자. 첫 번째 정석은 골프에서도 정직은 언제나 최선의 방책이란 것이다. 골프는 스포츠이다. 스포츠이기 때문에 룰에 따라 경기한다는 마음가짐이 기본이다.

골프라는 스포츠는 기본 네 명이 모여서 최소한 네다섯 시간은 같이 할 수밖에 없다. 플레이하다 보면 상대방에 대해서 여러 가지를 알 수 있게 된다. 라운드 전후로 식사라도 한다면 꼬박 한나절을 같이 보낸다. 그러니 뭘 꾸며서 행동한다면 그런 건 어떤 형태로든 동반자들에게 간파당할 수밖에 없다. 그런 가식적인 행동으로는 골프 한두 라운드하는 정도는 잘 버틸지도 모르겠다.

성공적인 인맥 관리를 위해 어떻게 해야 한다는 둥 그런 멘트에 속지 말라. 사실 골프만큼 인적 네트워크를 잘 만들 수 있는 스포츠는 드물 것이다. 혹 사업상 만난 골프 파트너라도 마음이 통하면 다음 골프 라운드 약속을 하게 되고, 그러다 평생의 친구가 되는 경우도 많다. 골프 동반자로 어울리는 것은 나이 차가 문제가 되지 않고, 실력 차는 더더욱 문제되지 않는다. 비즈니스 골프를 제대로 하려면, 접대 골프의 기술이니 뭐니 하는 잔재주 피울 요량은 일단 접어두는 게 좋을 것이다.

두 번째 정석은 동반자를 처음부터 끝까지 배려하는 것이다. 배려의 시작은 당연히 골프 약속 날짜를 잡을 때부터다. 요즘같이 코로나 사태로 골프장 부킹이 어려울 때는, 처음 약속 때 누가 부킹할 것인지, 대략적인 티 타임은 몇 시대^帶로 할 것인지 등등 미리 정해두는 것이 좋다. 섬some을 누구누구로 할 것인지도 매우 중요하다. '섬'은 골프에서 동반 플레이하는 사람을 말한다. 4인 1조는 foursome, 3인 1조는 threesome, 2인 1조는 twosome 등으로 표현한다. 특히 초청하는 사람이 초청받는 사람과 사전에 충분히 의논해서 정해두는 것이 결례하지 않는 방법이다. 그린 피를 포함한 골프 비용에 대해서도 사전에 누가 부담할 것인지 서로 간에 알 수 있도록 해 두는 것이 좋다. 가장 깔끔하기로는 소위 n분의 1이지만, 세상일이 그리 간단치 않은 것을 다들 안다. 내가 초청하기로 했는데도 상대방이 그린 피 내겠다고 강하게 주장한다면, 다음 번에 내도록 자연스럽게 다음 약속을 잡는 것도 좋겠다. 꿩 먹고 알 먹기 전략이다.

라운드 당일, 동반자 특히 상사나 거래선이 여유롭게 골프를 시작할 수 있는 여건을 만들어 두는 것도 좋다. 티 타임 최소 한 시간 전에 골프장에 도착하는 것은 기본이다. 클럽하우스에서 만날 시간 약속했을 때도 여유 있게 미리 도착하는 것이 좋다. 처음 가보는 골프장이라면 더더욱 일찍 가서 이곳저곳 미리 살펴두는 것이 동반자들에게 부담을 주지 않는 길이다. 골프장에 가서 허둥지둥하는 상황을 만든다면 비즈니스 골프에서는 그야말로 최악의 비상사태가 되었다는 얘기다.

이제 본격 라운드에 들어가게 되면 상사나 거래선과 어떻게 플레이해야 할까. 비즈니스 골프의 세 번째 정석은 골프 매너와 룰에 따라 최선의 플레이를 하는 것이다. 아니 상사와 골프 치는 법이니, 비즈니스 골프하는 법이니 얘기하는 전문가라는 사람들이 모두 상사나 거래선을 적당히 봐주고 기분 좋게 해주라던데, 당신은 룰대로 최선을 다해 플레이하라니 뭔 말이야 할 것이다. 그렇다. 매너를 지킨다는 것은 슬로우 플레이하지 않는다는 것이고, 룰대로 한다는 것은 상대방에게는 관대하게 나에게는 엄격하게 한다는 말이다.

그렇다고 무슨 토너먼트 시합 출전한 것처럼 온갖 룰 따지라는 얘기가 아니다. 골프의 본질은 스포츠이면서도 놀이 아니겠는가. 재미있게 플레이할 일이다. 그러면서도 최소한의 품위를 지켜 플레이한다면 다음 비즈니스를 위한 사전 투자와 마찬가지다.

그럼에도 불구하고 상사나 거래선 중에는 골프에 까탈스러운 취향을 가진 사람 꼭 있다. 드라이브 샷에 목숨 걸거나 스코어에 지고 못 사는 사람도 있다. 그럴 때 짧은 퍼팅 슬쩍 빼서 져주거나 샷 엉뚱하게 뒷땅 쳐서 져주면 상대방이 좋아할까? 잘못하면 오히려 역효과 난다. 이 친구 사람 무시하는 거 아냐 하고. 만약 상대방보다 실력이 월등하다면, 스코어 맞춰주는 가장 좋은 방법은 벙커에 집어넣는 것이다. 아이언 한 클럽 짧게 잡으면 그야말로 표시 내지 않고 완벽하게 그린 앞 벙커에 안착시킬 수 있다. 아마추어에게 벙커 샷은 어떤 경우에도 파 세이브를 장담할 수 없을 터, 최선을 다했으나 안타까운 보기로 마칠 수 있는 완벽한 방법이다.

사실 나는 한창 골프 칠 때 벙커에 무척 많이 빠뜨렸다. 상사와 골프 치면서 그런 게 아니라, 아이언 샷 자신 있다고 무조건 핀을 노리는 샷을 많이 했기 때문이었다. 조금만 덜 맞으면 벙커에 빠지게 되어 있는데, 그러다 보니 나중엔 벙커 샷에 오히려 자신감을 가질 정도가 되었다. 용불용설用不用說은 골프에서도 진리였다. 자꾸 하면 늘게 되어 있다. 페어웨이가 타이트한 곳에서 티샷할 때, 나이 든 상사나 거래선이 드라이버 빼 들었는데도 페어웨이 지키겠다고 스푼 들고 티샷하지는 마시라. 스푼으로 드라이버보다 더 멀리 보내 놓는 것보다는 차라리 드라이버로 시원하게 러프나 해저드로 한 방 보내는 것이 나을 것이다.

네 번째 정석은 라운드 도중에는 비즈니스 대화보다는 골프에 집중하는 것이다. 한 라운드를 하는 데 최소한 네 시간 이상이 소요되는데, 하다 보면 대화할 시간이 많이 생길 수밖에 없다. 카트를 같이 타고 이동하거나 페어웨이를 같이 걸으면서, 티 박스에서 앞 팀이 플레이 마치기를 기다리면서도 얘기할 기회가 있다. 이때 일 얘기, 사업 얘기를 꺼내면 골프 플레이에 온 신경을 쓰고 있는 상대방에게 큰 부담이 될 수 있다. 상대방이 혹 물어보는 것이 있으면 간단하게 답변하는 정도가 좋다. 골프한 라운드하면서 서로 교감하는 것만으로 인간적인 친밀감과 신뢰를 쌓을 수 있는 절호의 기회이기 때문이다.

일 얘기, 사업 얘기할 게 있다면, 전반 홀 마치고 그늘집에서 하거나 라운드 후 식사 자리에서 하는 게 좋을 것이다. 라운드 도중에는 가벼운 골프 얘기 정도가 좋다. 그렇다고 너무 아는 체하거나 자기 실력 자랑 잔뜩 늘어놓는 것도 부적절하기는 마찬가지다. 만사 적당한 것이 좋다.

다섯 번째 정석은 내 골프에 책임을 지는 것이다. 내 골프에 책임을 진다는 건 내 샷에 책임을 진다는 말이고, 라운드 중 내 모든 행동에 책임을 진다는 말이다. 내 샷에 책임을 지기 위해서는 평소 내 샷을 갈고 닦아 놓아야 가능한 일이다. 일정 수준의 실력을 연마해 두어야 어디 가서도 비즈니스 골프 한다는 얘기를 할 수 있지, 초보 수준을 벗어나지 못하는 골퍼가 어디 가서 비즈니스 골프 한다는 얘기를 꺼내겠는가.

거래선과 골프하면서, 퍼팅할 때 캐디에게 라인 봐 달라 했다가 들어가지 않았다고 캐디 타박하는 수준으로는 명함도 내밀지 말라는 얘기다. 적어도 퍼팅 라인 정도는 자기 스스로 볼 수 있어야 한다. 그러면서 캐디를 한 사람의 인격체로 대할 인품은 갖춰야 한다. 이게 내 골프에 책임을 지는 일이다. 이래서 골프는 끝이 없는 길인가 보다.

비즈니스 골프에서 정석보다 더 중요한 마지막 하나는 바로 즐거움이다. 즐거움을 추구하되 바르게 하는 방법만 남기고, 비즈니스 골프 정석이 무엇인지는 잊어버리자. 바둑의 고수가 되려면 정석을 익히되 잊어버리는 것처럼.

3 골프, 프로처럼 플레이하기

골프, 프로처럼 플레이할 수 있을까? 보기 플레이어들이 프로처럼 골프 친다는 건 애초 상상하기도 어렵다. 먼저 프로들의 샷을 한번 보자. 중계 방송에서 보듯 샷 트래커Shot Tracker로 추적하여 그래프로 표시해 주니 프로들의 드라이브 샷 날아가는 것을 금방 알아볼 수 있는 것이지, 현장에서 그 드라이브 샷을 맨눈으로 따라잡으려고 두 눈 똑바로 뜨고 보아도 공을 거의 보지 못할 것이다. 투어 프로들의 드라이브 샷은 주말 골퍼들과는 차원이 다르다. 프로들은 별나라 외계인이다. 프로들의 아이언 샷도 다르기는 마찬가지다. 마치 슬로우 비디오를 보듯 아주 부드럽고 천천히 샷을 한다. 그런데도 공은 총알처럼 날아간다. 일단 주말 골퍼가 프로처럼 샷을 한다는 것은 언감생심焉敢生心 감히 꿈도 꿀 수 없는 수준이다.

자, 그렇다면 어떻게 해야 프로처럼 골프 칠 수 있나. 나는 라운드 나갈 때마다 골프 장갑을 미리 체크한다. 가급적 깨끗한 장갑을 여러 장 가지고 다닌다. 프로처럼 플레이하는 첫 번째 방법, 세 홀마다 깨끗한 장갑으로 갈아 낀다. 세컨드 샷으로 온 그린이 된 홀이야말로 프로처럼 플레이할 절호의 기회이다. 이때는 퍼터를 챙겨 페어웨이 한가운데로 가슴 쫙 펴고 그린으로 향한다. 장갑을 벗어 손가락 하나하나 바르게 편 뒤 바깥으로 가지런히 보이도록 왼쪽 뒤 호주머니에 꽂는다. 프로처럼 플레이하려면 장갑 코스프레가 필수다. 완벽한 프로 포스의 완성이다.

그린에 올라선 순간이야말로 완벽하게 프로처럼 플레이할 수 있는 시간이다. 두 번째 방법은 신속하게 내 공이 만든 피치 마크를 찾아 바지 주머니에서 꺼낸 그린 수리기로 수리한다. 그리고는 그린 수리기를 호주머니에 넣고는 대신 볼 마커ball marker를 꺼낸다. 여기까지가 프로처럼 플레이하는 완벽한 모습이다.

이 시점이 중요하다. 모자에 달린 자석에 볼 마커를 붙여 놓고 그걸 떼어다가 공을 마크한다면, 아쉽게도 남자 프로 골퍼와 같은 포스는 이미 다 날려버린 거다. 세 번째 방법이 바로 볼 마커를 호주머니에서 꺼내 신속하게 내 공에 다가가서 마크하는 것이기 때문이다. 자석에 붙여둔 볼 마커 떼내서 마크하는 것은 이제 잊어버리시라. 프로처럼 플레이하기, 참 쉽지 않은가.

프로암 대회라도 참가하여 같이 한 라운드를 돈다면 프로들의 플레이를 더 자세히 관찰할 수 있을 것이다. 문제는 프로암 내회라는 게 대회 스폰서 기업이 참가 초청을 해줘야 한다는 것. 실제 프로들의 플레이 장면으로 한번 들어가 보자. 코로나 팬데믹이 오기 전 마지막으로 참가한 프로암 대회는 2019년 9월 말 〈DGB볼빅 대구 경북 오픈〉 대회였다. 남자 프로암 대회에 아주 오랜만에 참가했었다.

동반 프로는 P프로, 저팬 투어Japan Tour에서 1승을 한 선수였다. 프로 암 대회는 대회에 참가하는 프로 한 명에 초청된 아마추어 세 명이 한 조를 이루어 경기하는 게 일반적이다. 샷 건shotgun 방식으로 출발한다. 샷 건이란 말 그대로 산탄 엽총으로, 산탄 총알처럼 흩어져서 플레이한다는 뜻이다. 골프 대회 때 한꺼번에 수십 개 조가 플레이하기 위해서 18개 홀 홀마다 두세 조를 미리 배치해 두고는 사이렌을 울려 동시에 플레이를 개시하는 방법이다. 이러면 동시에 플레이를 시작하고 거의 비슷한 시간에 모두 라운드를 끝낼 수 있다. 선산 컨트리클럽 파3 8번 홀, 샷 건 첫 번째 홀이었다. 남자 프로와 하는 라운드 때는 당연히 프로는 토너먼트 티에서, 아마추어들은 화이트 티에서 플레이한다.

프로암 대회에서 플레이하는 것과 주말 골퍼들이 플레이하는 것과 가장 다른 점은 무엇일까. 코스 셋업이 다르다. 물론 우리나라에서는 토너먼트 코스 셋업에 한계가 있지만, 그래도 우리가 주말에 플레이하는 코스와는 확연히 다른 코스이다. 가장 눈에 띄는 것은 그린 스피드이다. 웬만하면 스팀프미터stimpmeter 3.5m는 될 것이다. 경험 한번 해보고 싶으면 매년 5월 초 〈매경 오픈〉 끝난 직후 남서울 컨트리클럽에서 플레이해 보시라. 당연히 러프도 평소와 다르게 기른다. 우리나라는 그나마 골프장 클로즈한 채 러프를 기를 형편이 못 되지만, PGA 투어의 경우 아예 최소 한 달은 코스 문 닫아 놓고 러프 셋업을 한다. 그래서 프로암 대회에서 프로와 같이 한 라운드 해보면 아마추어들에게는 잊지 못할 추억거리를 만들어준다.

이날 동반 플레이한 P프로는 저팬 투어 1승이 있는 베테랑 선수였지만, 대여섯 홀 지났는데도 이상하게 경기가 풀리지 않았다. 보기를 밥 먹듯 하니, 같이 치는 아마추어 동반자들이 오히려 안절부절못할 지경이었다. 중간에 그늘집에서 잠시 쉴 때 얘기를 들어보니, 그 전날 집에서 층간 소음 문제로 윗집과 분란이 있었다는 것이다. 세 살과 백일 지난 아들 둘을 두고 있다는 얘기를 듣고는 마음이 짠했다. 가정을 가진 우리 남자 프로들의 여건이 일반적으로 매우 어렵다는 걸 실감할 수 있었다.

우리나라 프로 골프 시장은 여인 천하다. 여자 선수들의 인기가 남자 선수들을 압도하다 보니 대회 수도 총 상금도 남녀 격차가 엄청나다. 나 같은 열혈 골퍼avid golfer들도 여자 선수 이름은 줄줄이 꿰면서도 남자 선수 이름을 대라면 몇몇 유명 선수를 대고 나면 금방 밑천 떨어질 거다. 남자 골프 대회 때 빠짐없이 중계 방송을 챙기는 나도 그날 동반 프로인 P선수 이름이 생소할 지경이었다.

남자 골프가 이렇게 대우받지 못하는 지금의 여건이 이해되지 않는 바는 아니다. 박세리 이후 스타 선수들이 끊임없이 배출되는 여자 골프에 비해, 남자 골프에서는 최경주 이후 그에 버금가는 스타가 등장하지 못한 면도 있다. 세계 정상급인 여자 골프에 비해 남자 골프는 세계 수준에 크게 미흡했던 것도 사실이다.

하지만 이제 이런 상황도 큰 변화를 맞고 있다. 젊은 KPGA 프로들의 기량이 엄청나게 향상되고 있다. KPGA 투어에서 출발, 저팬 투어를 거쳐 미국 PGA 투어에 진출한 임성재는 2019년 동양인 최초로 'PGA 투어 신인왕'에 올랐다. 이제 한국 투어가 미국 투어, 유럽 투어, 일본 투어에 진출하는 많은 젊은 선수를 배출하는 베이스캠프 역할을 하게 된 것이다. 우리나라 남자 골프 선수들의 수준은 이제 세계 일류 수준에 근접하고 있다. 우리 한국 투어도 미국 PGA 투어처럼 어떤 선수가 우승해도 이상하지 않을 정도로 선수층도 두껍다.

그날 동반 플레이한 P프로는 그늘집 다음 홀부터 본래의 기량을 되찾았다. 층간 소음 소란으로 잠 못 잔 이야기를 털어놓고 나서 마음의 평정을 찾았다. 골프가 이렇게 미묘하다. 남자 특유의 호쾌한 스윙과 전략적인 코스 운영, 그리고 업 앤 다운의 세기細技를 발휘하여 파와 버디를 번갈아 하기 시작했다.

여자 프로들과는 또 다른 재미였다. 사실 나도 여자 프로들과 더 많은 프로암 대회를 하였는데, 가장 인상에 남는 선수는 김세영 프로였다. 미국 진출 전이었다. 그날 토너먼트 코스 셋업을 해 놓은 코스에서 나는 버디 하나, 보기 다섯 개로 76타 4오버 파를 쳤다. 그날 주최 측에서 게임의 재미를 위해 스킨스 머니를 준비해두었다. 아시다시피 그 홀에서 가장 작은 타수를 친 사람이 그 홀의 스킨스 머니를 먹는 게임이다. 동타가 나오면 당연히 다음 홀로 이월된다.

김세영이 공을 잘 쳤기 때문에 인상적이었기도 하겠지만, 실은 재미있는 일이 하나 있었다. 열여덟 개 홀 중에서 김세영이 열일곱 개 스킨을 먹고 딱 한 홀을 내가 먹었다는 거다. 그날 김세영은 버디 일곱 개, 보기 한 개로 66타 6언더 파를 기록했다. 샷도 좋았지만, 퍼팅이 신들린 듯 들어

갔단 얘기 외에는 달리 할 말이 없었다. 그나마 내가 스킨스 한 홀을 먹을 수 있었던 것은 김세영이 유일하게 한 홀에서 보기를 했기 때문이었다. 전반 마지막 파4홀이었는데, 약간 오르막 긴 홀이었다. 김세영은 소문대로 장타자였다. 그 홀에서 김세영만 유일하게 투 온two on을 시켰다. 핀이 그린 사이드 벙커 바로 뒤에 있었기 때문에, 벙커를 피하다 보니 김세영의 공은 핀과 제법 거리가 남게 되었다. 유일한 김세영의 쓰리 퍼트 보기가 그 홀에서 나왔다. 내가 한 30yd 플랍 샷은 1.5m에 붙었고, 원 퍼트 파였다. 그런데 1m가 채 안 되는 김세영의 내리막 파 퍼트가 홀을 외면했다. 이런 일이 일어나는 게 프로암 대회다. 오랫동안 기억에 남는 장면이다.

여자 프로들과 플레이 때 좋은 점은 같은 티를 쓴다는 점이다. 주말 남자 골퍼들이 주로 쓰는 화이트 티와 블루 티 중간 정도에 토너먼트 티를 둔다고 보면 되겠다. 미국 여자 대회 LPGA 프로암 대회에서는 스크램블 포맷을 주로 쓴다. 여자 프로 한 명과 초청 인사 네 명이 샷마다 가장 좋은 공을 골라 그 공으로 다섯 명이 다음 샷을 플레이하는 방식이다.

2012년 10월 스카이72 골프 클럽 오션 코스에서 열린 〈LPGA 하나외환 챔피언십〉 프로암 대회에 갔을 때, 파5 18번 홀에서 샷 건 스타트를 했다. 나와 동반 플레이를 했던 우리나라 Y프로에 대해서는 이름을 밝히지 않겠다. 프로암에 나온 프로로서 자세가 되어 있지 않았다. 마치 자기 연습 라운드하듯 했다.

그런데 마침 바로 뒤 조에 스테이시 루이스Stacy Lewis가 있었다. 티샷하기 전에 스테이시 루이스의 사인도 모자에 하나 받았다. 사인에 "To

Paul, Stacy Lewis"라고 내 이름까지 넣어 주었다. 그리고는 내가 한 드라이브 티샷에 대해서도 "굿 샷!"을 외쳐 주었다.

　이제 프로처럼 플레이하기, 마지막 네 번째 방법이다. 나무 티로 티업 tee-up한다. 줄 달린 플라스틱 티로 한쪽 티를 잔디에 박아놓고 하는 드라이브 샷은 잊어버리시라. 멋진 드라이브 샷을 만들었다면, 그 나무 티가 뒤로 튀어 나가기라도 하면 정말 프로처럼 플레이한 거다. 뒤로 튄 나무 티는 절대로 멀리 가지 않으니 그 티 멋지게 집어 들면 정말 프로 같은 포스를 보여줄 수 있다. 혹여 앞으로 튀어 나가서 깊은 잔디 속에 박혀 보이지 않는다면, 그거 찾는다고 시간 지체 마시고 그냥 당당히 걸어 나가면 된다. 우리가 돈이 없지 '가오'가 없느냐는 어느 영화 대사처럼, 우리가 비록 샷은 프로처럼 못할지라도 품격은 프로만큼 갖출 수 있는 것 아닌가.

4 캐디 눈에 비친 내 모습은?

옛날 천으로 만든 캐디백caddie bag을 주로 썼을 때 일이다. 그때는 캐디들이 소위 원 백이니 투 백이니 하며 캐디백을 끄는 카트에 싣고 끌고 다니던 때였다. 언젠가 선배 한 분이 캐디백 덮개를 살펴보며, "아이고, 아무 표시도 없네"라고 했다. 왜 그러느냐고 물었더니, 캐디들이 소위 진상 골퍼의 캐디백 덮개에 눈에 잘 띄지 않는 표시를 해둔다는 것이다. 이 손님 모실 때 주의하라는 동업자간 일종의 비표祕標였던 모양이다. 그 말 듣고 나도 캐디백 덮개를 샅샅이 살펴봤음은 물론이다.

캐디들에게 진상 골퍼로 찍히는 것만큼 불명예스러운 일이 또 어디 있으랴. 그 후 골프장 갈 때마다 기본 매너는 물론이고 캐디들에게도 절대 무리하지 않게 잘 대하려고 노력했는데, 어느 날 보니 드라이버 기비에 핀으로 꽂는 조그마한 나비 리본이 제법 달려 있었다. 버디했다고 달아 놓은 것도 있었겠지만, 호의의 표시로 달아 놓은 것도 있지 않았을까 짐작했다.

캐디 얘기 좀 해보려 한다. 골프 배우고 처음 골프장에 가서 캐디라는 일을 하는 사람과 처음 대면했던 장면을 떠올려 보았다. 오래된 일이기도 하지만, 모든 일이 생소했기에 무엇을 어떻게 했는지 솔직히 잘 생각나지 않는다. 처음 간 골프장이 지금 생각하면 골프장이라고 말하기도 좀 거시기한, 지금은 없어진 뚝섬 경마장 나인 홀 골프장이었다.

그때만 해도 골프는 대중화되지 못했던 때라 주위에 골프 치는 사람이 많지 않았다. 솔직히 나도 사진으로만 골프장을 봤지 직접 본 것은 그때가 처음이었다. 아니 중학교 3학년 때인가, 친구 부친을 따라 대구 남산 밑 어디쯤 미군 부대 영내로 가서 스테이크를 처음으로 먹어본 적이 있었는데, 그때 창밖으로 보이던 그 잔디밭이 사실은 골프장이었다는 걸 나중에야 알았다. 뚝섬의 페어웨이(라고 할 것도 없지만)를 본 게 사실은 두 번째였다.

워커힐 골프 연습장에서 골프 연습 시작하고 6개월쯤 지나니 한번 나가보고 싶어 몸이 근질근질했다. 같이 연습했던 사무실 동료와 둘이서 뚝섬 진출을 모의하고, 어느 토요일 오후 드디어 첫 라운드에 나섰다. 골프장이라 했지만, 경마장 주로走路 내에 골프 코스를 만들어 놓았으니 홀과 홀도 붙어 있고 거리도 길지 않았다. 파3홀이 일곱 개였고, 첫 홀과 마지막 홀만 길이 270~280yd 되는 파4홀이었다. 그때만 해도 그런 골프장에도 캐디는 있었고, 2인용 풀 카트pull cart를 캐디가 끌었다. 정신없이 그렇게 생애 첫 골프 라운드가 시작되었다.

그날 첫 골프 라운드에서 겪은 황당한 일은 지금까지도 뚜렷하게 기억난다. 생애 첫 홀 그린에 공을 올리지 못해 애를 먹은 일이다. 첫 드라이브 샷은 제법 잘 쳤던 것으로 기억난다. 문제는 세컨드 샷, 얼마 남지 않은 거리에서 숏 아이언을 쳤으나 공이 그린을 맞더니 튀어서 그린 뒤로 넘어갔다. 뒤에서 친 공은 이번엔 앞쪽으로 튀어 나갔다. 이렇게 냉탕 온탕 두어 번 하니 그만 정신이 아뜩해졌다. 뚝섬 1번 홀 그린은 가로로 길쭉한 타원형의 크지 않는 포대 그린이었다. 칩샷이 뭔지도 모르던 완전 초보에게 첫 홀부터 골프의 쓴맛을 안겨 준 장면, 그때 캐디가 나에게 어떤 도움을 주었는지는 아쉽게도 기억나지 않는다.

그 후 18홀 정규 코스에 나가지 못하고 뚝섬에서 거의 3년 가까이 그야말로 무공 연마의 기간을 즐겼다. 호랑이 담배 먹던 그 시절, 회사는 암묵적으로 임원이 되어야 골프를 허許하는 판이라, 어디 감히 차장 주제에 정규 골프장엘 갈 수 있었겠나. 그러다 정규 골프장 나갈 기회가 생겼다. 어느 주말, 법인 영업 부서에서 근무하던 J선배가 한 사람 부족하니 무조건 나오라는 것이었다. 영업 핑곗거리가 확실했다.

골프 에티켓 소책자를 몇 차례나 읽고 또 읽어 놓았고, 뚝섬 골프장에서 쌓은 내공도 제법 있는지라 첫 플레이라고 그리 안절부절못하거나 어색하지 않았다. 다만 처음 가본 동서울 컨트리클럽(지금의 캐슬렉스서울 GC)은 소위 '데쿠보쿠凸凹'가 심한 코스, 오르막 홀에 가면 캐디백 두 개 실은 카트를 끌고 가는 캐디가 힘들 수밖에 없었다. 카드 손잡이를 캐디와 같이 잡고 끌어주던 J선배가 말했다.

"윤형, 싱글 치고 싶지? 싱글 치려면 필드 나가서 캐디를 잘 도와줘야 해."

이 말을 들은 즉시, 나는 오직 싱글이 되겠다는 일념으로 카트 손잡이로 달려들었다.

어느 날, 「브라보 마이 라이프」란 책을 앉은 자리에서 끝까지 다 읽게 되었다. '캐디 세상 양성 센터' 교육 이사인 이경원 씨의 책이었다. 13년간 실제 캐디를 하면서 겪은 골퍼들의 얘기를 대화체로 써놓아서 술술 쉽게 읽혔다. '필드에서 배우는 인생 수업'이란 부제副題를 달고 있었다. 사실 이 책을 접하게 된 것은 순전히 어느 페이스북 친구 덕분이었다. 내가 지난해 말 페이스북에 올린 글, "당신 캐디가 누구야?"를 보고 보내준 것이다. 릭 라일리의 책이 재미있는 읽을거리로 가득한 책이라면, 이경원의 책은 배울 것이 많은 책이었다. 지금까지 몇십 년간 골프를 친 나도, 코스 나갈 때마다 만나는 캐디들이 필드에서 내가 하는 말과 행동에 대해 어떤 생각을 하는지 궁금했던 건 사실이다.

내가 무심하게 했던 행동이나 말이 캐디들에게는 어떻게 받아들여질까? 이런 궁금증에 대한 몇 가지 해답을 책에서 볼 수 있다. 저자는 또한 골프 한 라운드 같이 쳐보면 "그 사람 됨됨이를 알 수 있다"라고 말한다. 그렇다. 네 시간 이상, 게다가 승부를 걸고 어울리다 보면 웬만한 스포츠에서도 상대방에 대해 나름대로 그 사람을 파악할 수 있게 되지만, 골프를 같이 해보면 동반자 마음까지 짐작할 정도가 된다. 플레이는 각자 따로따로 하지만 동반자가 어떻게 플레이하는지 훤히 들여다보인다. 그래서 아, 저 사람은 이런 사람이겠구나 하고 성격까지 짐작할 수 있게 된다.

특히 매너나 승부 근성, 동반자를 배려하는 마음 등 골프에 관한 것뿐만 아니라, 그 사람의 도덕성, 성품 등 인간적인 것까지 다 드러나게 되어 있다. 그런 사례가 비일비재하니, 라운드 나가서는 여러분도 부디 주의하시라. 그래도 사람과 사람 사이는 그야말로 상호 작용이다. 주는 게 있으면 받는 게 있는 법이다. 이 책에도 그런 얘기가 나온다. "공은 때린 만큼 간다"라는 저자의 말처럼, 오비를 낸 공이 어디 발이 있어 자기 스스로 안쪽으로 들어올 수 없다. 그런데 평소 매너가 좋았던 골퍼가 공을 쳐 놓고 오비가 되지 않았을까 노심초사한다. 같이 공을 찾으러 가면서 그 골퍼가 동반자 모르게 슬쩍 알까기 하나 해달라는 부탁한다. 이 부탁을 받은 캐디, 이 책의 저자는 그때 어떻게 처신했을까?

화제를 돌려 저자가 전하는 얘기 한번 들어보자. 캐디 하면서 많은 골퍼를 만나고, 그들로부터 배운 이야기다. 티잉 에리어Teeing Area에 올라 앞조가 홀 아웃하기를 기다리는데, 어느 회원분이 그린 수리기로 땅을 헤집으며 잡초를 뽑기 시작한다. 평소에도 회원이 골프장의 주인이라 말씀하시던 분. 동반자들이 뭐라 해도 잡초 뽑는 걸 즐기는 눈치다. 그러면서 큰소리로 한 마디 한다.

"주인 나리, 이리 와서 같이 하시죠. 나리 댁 아닙니까?"

라운드를 마치고 골프채 정리하는데 아까 그 회원이 책 한 권을 건넨다. 「사장으로 산다는 것」, 책 제목이 눈에 확 띈다. 아, 이끼 그 니리가 바로 나였구나. 고개를 들 수 없이 부끄럽다. 평소 사람들이 입버릇처럼 "주인 의식을 가져라" 하는데, 저자는 오히려 "주인 의식은 버려라"라고 깨닫는다. 말로만 주인 의식을 가지는 것이 아니라, 한 번이라도 주인다운 행동을 하는 것이 훨씬 낫다는 것이다. 그야말로 '필드에서 배우는 인생 수업'이란 책의 부제 그대로다.

골퍼 입장에서 보면 어떨까? 캐디 중에 정말 열심히 코스 관리하는 사람을 가끔 본다. 티잉 에리어에서 잠깐 기다릴 때도 쪼그리고 앉아 잡초를 뽑고, 페어웨이 나가서는 디봇 자국도 열심히 메운다. 정말 부지런한 캐디인 것은 알겠는데, 그럴 때 골퍼 입장인 나로서는 조금 불편하다. 그것보다는 공치는 골퍼들에게 더 집중해 주기를 바라는 것이다. 그러면서 골퍼로서 꼭 해야 할 일은 골퍼들이 해야 한다고 생각한다.

나는 옛날 캐디 도와주라던 J선배의 말을 따라, 몇 가지는 잊지 않고 지금까지 하고 있다. 페어웨이 디봇은 떨어져 나간 잔디를 주워 와 꼭 메우고 간다. 벙커에 빠진 공을 치고 나서 내 발자국 내가 깨끗하게 고른다. 이제 룰도 바뀌어 벙커 고무래를 공 치러 들어가면서 들고 들어갈 수 있으니 시간도 절약된다. 어떨 때는 온통 발자국으로 뒤덮인 벙커에 들어갈 때가 있다. 난감하다. 시간이 없으니 신속하게 최소한 내가 만든 발자국과 주위를 벙커 고무래 자국이 뚜렷하게 남도록 하고 나온다. 뒤에 오는 사람도 자기 발자국 좀 고르게 해 주십사 부탁하는 표시다.

가장 중요한 게 그린에 와서 볼 마크 수리하는 것이다. 내 피치 마크를 찾는 것은 내 공이 어디 떨어져서 어떻게 굴렀는지 알 수 있는 중요한 정보다. 숏 아이언 캐리 거리를 정확하게 알 수 있는 수단이기도 하다. 디봇 잔디 상태를 보면 내 공 자국인지 아닌지 금방 알 수 있다. 그걸 하지 않고 어프로치 샷 잘하기를 바라는 것은 연목구어緣木求魚, 나무에 올라가서 물고기 찾는 꼴이다. 하지만 요즘은 그린 수리기를 가지고 다니는 골퍼를 보기 힘들다. 어떻게 수리하는지 모른다는 데는 정말 해줄 말이 없다.

골프하러 나와서 재미있게 즐기는 게 먼저지만, 이왕이면 도와주는 캐디로부터 호감을 받을 수 있다면 금상첨화錦上添花. 캐디들에게 가장 인기 있는 골퍼는 어떤 골퍼일까? 준수한 용모와 매너까지 갖춘 골퍼 싫어할 캐디는 없을 것이다.

하지만 그것보다 더 인기 있는 골퍼가 바로 시간 낭비하지 않는 골퍼이다. 바로 항상 공칠 준비가 된, 시간 낭비하지 않는 골퍼이다. 집 나간 공이 확실한데도 미련 갖고 찾아 헤매는 골퍼, 카트에서 내려서 그냥 덜렁덜렁 공이 있는 곳으로 가는 많은 골퍼, 아니면 클럽 하나 달랑 들고 가서는 다른 클럽 달라고 소리치는 골퍼는 캐디의 호감을 얻을 수 없다. 내 지론은 세컨드 샷하러 갈 때는 클럽 세 개를 가지고 가야 한다는 것이다. 그린 올라가서 캐디에게 공 닦고 마크해 달라고 마냥 기다리는 사람은 또 어떤가. 당신이 이런 골퍼라면 캐디에게 호감을 얻기는 애초에 글렀다.

골프장 가서 가장 못난이는 누굴까? 퍼팅 놓치고 라인 제대로 못 놔서 들어가지 않았다고 캐디 탓하는 사람이다. 그에 못지않은 못난이가 불러준 거리 잘못되어서 그린에 올리지 못했다고 캐디 탓히는 직자이다. 퍼딩은 라인도 중요하지만 자기만의 강약으로 공을 보내야 홀인 되고, 그린까지 거리도 중요하지만 거리를 일관되게 보낼 수 있는 샷 능력이 있어야 온 그린 되는 것이다.

골프 코스에서는 언제나 한 타 한 타에 희비가 교차한다. 환호도 하고 실망도 하지만, 또다시 가보지 않고는 배길 수 없는 재미로 가득 차 있는 곳이 바로 골프 코스 아닌가. 내일 또 폭설 예보가 있다. 하지만 눈 녹은 3월이 오면 거기 코스가 있으니 또 거기에 나갈 것이다. 아 참,「브라보 마이 라이프」저자는, 캐디에게 알 하나 까달라고 슬쩍 부탁한 그 골퍼에게 어떤 답을 주었을까? 수풀을 헤치면서 공을 찾는 척하다가, 오비 말뚝 안에다 슬쩍 공을 놓고 돌아섰다. 그날 그 골퍼는 골프가 되지 않는 날이었다. 이래도 되지 않고 저래도 되지 않아 동반자들에게 그날따라 호구 노릇 톡톡히 하고 있었다. 피도 눈물도 있는 골프 세상, 브라보 마이 라이프, 브라보 캐디 여러분!

5 "당신 캐디가 누구야?"

　코로나로 세상이 온통 우울 모드인 2020년 연말, 방역 지침이 강화되어 이런저런 송년 모임도, 가벼운 점심 모임도 진작에 모두 취소하였다. 12월 중순, 눈길에 차가 미끄러져 한바탕 해프닝 벌어진 날이 올해 마지막 골프 약속이었다. 시간이 좀 나니 오후 몇 시간씩 사무실 나가는 날이 늘어났다. 책장을 살펴보다 책 한 권이 손에 잡혔다. 몇 해 전 뉴저지 에지워터에 있는 그로서리 한쪽 코너 서점에서 우연히 눈에 띄어 사 왔던 책, 「당신 캐디가 누구야?Who's Your Caddy?」이다. 스포츠 작가로 이름 난 릭 라일리Rick Reilly가 쓴 책이다. 한번 읽었던 책인데도 책장을 대충 넘기며 살피다 보니, 흥미로운 골프 얘기가 엄청나게 많이 눈에 띈다. 골프 좋아하는 페이스북 친구들에게 꼭 한번 소개하고 싶다는 생각이 들었다. 이 책에 나오는 스토리만 꿰어도 골프 좀 안다는 소리 들을 것 같았다. 이쯤에서 책 속으로 한번 들어가 보자.

　책에는 '위대한 골퍼, 뛰어난 골퍼, 그리고 망나니 골퍼를 위해 로프를 치다'라는 부제副題가 붙어 있다. 말이 좀 어렵다. 무슨 뜻인가? 골프 대회에 가면 홀마다 페어웨이를 따라 가장자리에 로프를 쳐서 갤러리들이 플레이를 방해하지 못하도록 해 둔 것을 볼 수 있다. 선수들과 관중과의 절대적인 경계선이다. 침범할 수 없는 경계선인 로프, 그 선 안에는 선수와 캐디만 들어갈 수 있다. 진행 요원도 들어가지 않느냐는 우문愚問은 사절한다.

릭 라일리는 그 로프 밖에서, 안쪽에서 일어나는 일을 살피는 것이 업業인 유명 스포츠 잡지의 작가writer이다. 어느 날, 로프 안에서 로프 안을 보면 어떨까 하는 생각을 했다. 잡지에 글 쓰는 사람을 흔히 기자reporter라 하는데, 필자 자신은 굳이 작가writer를 자처한다. 그 이유를 이 글을 읽는 독자들은 금방 알게 될 것이다.

로프 안에서 선수를 보려면 어떡해야 하나. 바로 캐디가 되어 선수 곁에 따라붙으면 되겠다는 생각이 났다. 하지만 정규 대회에서 어느 골퍼가 비전문 캐디를 써주겠는가. 뜻이 있으면 길이 있는 법, 여기에 릭 라일리가 스스로 작가라 하는 이유가 있다. 직접 캐디가 되자. 골프 선수들의 내막을 파헤치고 뒤집고 해석한 뒤, 그 흥미로운 얘기를 책으로 묶어 내놓을 묘책이었다. 어디 가서 듣기 힘든 정말 재미있는 얘기 몇 꼭지부터 들어보자. 스토리는 완전 소화시킨 후 누에가 실을 뽑듯 풀어낼 터이니, 책의 저작권 침해니 표절이니 너무 걱정하지 마시라. 표절 판단 '카피 킬러'로 돌려 봐도 표절 나오지 않는다.

릭 라일리는 이름만 대면 알 수 있는 유명 선수들에게 캐디해 주겠다고 오퍼를 냈다. 당시 가장 유명한 선수는 당연히 타이거 우즈, 빠뜨릴 리 있겠는가. 대답은 한결같이 "노"였다. 전설적인 골퍼 잭 니클라우스에게도 요청했는데, 정규 대회에 나가는 기회는 얻지 못했다. 하지만 이벤트 대회에 캐디로 같이 갔고, 지금 들어도 귀중한 얘기를 많이 해주었다. 존 댈리도, 데이비드 듀발도, 톰 레먼도 당연히 쉽게 허락해 주지 않았다. 그렇지만 한번 캐디를 맡은 뒤에는 오랫동안 같이 하며 여러 가지 흥미로운 그들의 세계를 볼 수 있었다. 또 한 사람, 도널드 트럼프에게도 캐디를 요청했다. 미국 대통령으로 온갖 화제를 뿌렸던 바로 그 사람이다. 당시에는 유명한 부동산 재벌, 골프장 소유주였다. 캐디 요청을 했다가 둘이서 어울려 같이 라운드를 돈 얘기도 흥미롭다.

우선 〈더 마스터스The Masters〉 참가기參加記부터 들어보자. 아시다시피 〈더 마스터스〉 출전 자격 얻기, 하늘의 별 따기다. 백방으로 뛰었지만, 그 귀중한 대회를 경험 없는 캐디에게 맡기려고 하는 선수가 있을 리 없었다. 하지만 "구하라, 그러면 얻을 것이오"였다. 당시만 해도 한번 〈마스터스〉 우승자에겐 평생 출전권을 주던 때라, 우여곡절 끝에 왕년 〈마스터스〉 챔피언의 수요일 연습 라운드 캐디로 뛸 기회를 잡았다. 대회 권위에 걸맞게 참가자에게 적지 않은 출전비를 주던 때였다. 그러다 보니 심지어 목요일 1라운드 1번 홀 티샷만 한 뒤 기권하고 가는 왕년의 챔피언도 있었다.

릭이 캐디를 맡은 선수는 컷 통과를 위해 나름대로 최선을 다했던 선수였다. 수요일 연습 라운드에 무료 캐디 제의가 주효했다. 수요일 연습 라운드를 마친 뒤, 고용해둔 캐디의 일당 하루 150달러를 대신 물어주고 목요일, 금요일까지 뛰기로 왕년 챔피언과 딜을 한 것은 그야말로 윈윈 게임win-win game. 왕년의 챔피언은 비용 한 푼 들이지 않고 거마비를 챙겼고, 대신 릭은 〈마스터스 토너먼트Masters Tournament〉 로프 안 풍경을 사흘 내내 샅샅이 훑었다.

오거스타 내셔널 CC에서 11번, 12번, 13번 세 홀을 소위 '아멘 코너'라 한다. 기도하는 심정으로 플레이한다는 의미, 이 또한 어느 골프 기자의 작명이다. 아멘 코너의 마지막 홀인 파5 13번 홀, 티 박스는 골프 코스 가장 깊숙한 곳에 있다. 홀의 별칭 진달래Azalea가 말해주듯 온통 진달래와 층층나무dogwoods에 둘러싸인 세상에서 가장 아름다운 티 박스, 이쪽에는 패트론patron이 올 수 있는 길이 없다.

〈마스터스〉에서는 갤러리를 패트론이라고 부른다. 패트론은 후원자라는 뜻인데, 5만 명 정도가 지정되어 있다. 오거스타 내셔널에서 가장 깊은 곳에 있는 13번 홀 티 박스, 진달래와 층층나무가 우거진 수풀이다. 이곳이 바로 선수와 캐디들이 '오줌 누는 수풀'the home of the 'pee bush'로 부르는 유명한 곳이다.

릭 라일리는 상상한다. 이 골프장을 만든 골프의 성인聖人 보비 존스도, 한참 뒤 샘 스니드도, 벤 호건도, 그리고 또 한참 뒤 잭 니클라우스도 여기에 슬쩍 들어와서 '오줌 한 줄기' 갈겼으리라. 라일리 자신도 드디어 역사에 동참할 수 있는 찬스를 잡았으니 이 어찌 자랑스럽지 않겠는가. 그러면서 수풀 안으로 슬쩍 들어간 것은 안 봐도 비디오.

그 대단한 〈마스터스 토너먼트〉에 이런 재미있는 코너가 있었구나. 하긴 옛날 미국 친구들과 골프 치다가 오줌 급하면 눈 한번 찡긋하며 숲을 찾아 들어갔다. 그때 그 친구들이 꼭 한마디 하며 낄낄거렸다.

"헤이, 너, 미스터 클린턴 만나려고?"

르윈스키 스캔들로 세상을 떠들썩하게 했던 클린턴 대통령, 골프 치다 한번 볼일 보러 들어갔던 일이 세상에 소문 다 나버렸다. 불쌍한 클린턴, 어쩌다 그 물건 방면으로 특별히 소문이 났을까.

앞서 말한 대로 릭 라일리는 타이거 우즈에게도 캐디 청탁을 했다. 한 번만 더 하면 백 번이나 했겠지만, 대답은 한결같이 "노"였다. 타이거의 대답은 늘 "제대로 된 캐디 도움을 받아야" 해서였다. 세계 최고의 골퍼에게 어떡하면 제대로 된 도움을 준단 말인가. 제기랄, 속으로 욕을 했지만 결국 포기했다.

그런데 어느 날 신문에서 워런 버핏이 타이거 우즈의 캐디를 했다는 기사를 보았다. 아니 내가 그렇게 부탁했는데도 들어 주지 않더니 버핏에겐 캐디를 시켰다고? 사실은 일일 자선 행사에서 버핏이 10만 달러란 거금을 내고 타이거 우즈의 캐디를 맡은 것이었다. 워런 버핏이 누구인가. 이 세상에서 부자라면 열 손가락 안에 꼽히는 전설적인 투자가, 오마하의 현인 바로 그 사람이다.

한참 후 릭 라일리는 네브라스카 어느 도시에서 열린 에이즈 기금 모금 행사에서 버핏과 마주쳤다. 타이거 우즈의 캐디를 해보니 어땠느냐고 물었더니, 딱히 타이거의 캐디를 했다기보다는 그냥 카트에 타고 있었다는 거다. 그런데 18번 홀에 갔을 때, 타이거 우즈가 내기하자고 했단다.

그것도 꽤 큰 돈을 걸고some serious money. 버핏은 까짓 백만 달러 정도는 져줄 수도 있겠다 싶어서, "아니 얼마쯤 내기를 거는 게 꽤 큰돈이야?"라고 물었다. 타이거 왈, "5달러요" 했다는 거다. 재미있단 생각에 버핏이 짐짓 어깃장을 놓았다. 그게 말이 되느냐고, 핸디캡 20인 사람이 세계 최고 골퍼와 내기한다는 게 공정하느냐고. 타이거 우즈가 말했다.

"대신 나는 무릎을 꿇고 칠게요."

내기가 성립됐다. 타이거 우즈가 무릎을 꿇더니만 260yd 빨랫줄 같은 드라이브 샷을 페어웨이로 보냈다. 보기를 한 타이거 우즈가 워런 버핏의 돈 5달러를 빼앗아 갔다. 그러자 버핏이 목소리를 가다듬더니 말했다.

"타이거, 뭐 잊어먹은 거 없어?"

타이거가 시치미를 뗐다.

"뭘요?"

버핏 왈, "10퍼센트는 나한테 주셔야지. 50센트!"

워런 버핏은 어쨌든 그날 타이거 우즈의 캐디였으니까. 10만 달러를 내고 50센트를 벌었다. 이게 버핏을 억만장자로 만든 제 몫 제대로 챙기는 방법이었다나?

존 댈리의 캐디를 하면서 24시간 내내 붙어 지낸 얘기나, 도널드 트럼프와 둘이서 한 라운드 플레이한 얘기도 매우 재미있지만, 지면 관계로 생략하자. 하지만 이 책에서 정말 흥미 있게 읽은 에피소드는 잭 니클라우스의 골프 얘기였다. 잭 니클라우스가 타이거 우즈에 대해서 한 평가도 무척 흥미롭다. 잭 니클라우스가 말했다는 전설적인 스토리, 자기는 경기에서 한 번도 쓰리 퍼트를 한 적이 없다는 스토리는 골프계界에서 유명하다. 이 말이 언제 어디서 누구에게 한 말인가 늘 궁금했었다. 맙소사, 오리지널 원전이 바로 이 책이다. 릭 라일리의 질문에 잭 니클라우스가 그렇게 답했다는 것이다. 여기까지 쓰고는 글이 길어져서 나머지 얘기는 속편續編으로 넘긴다.

2020년 마지막 날, 코로나 팬데믹 와중에 어려웠던 한 해 마지막 남은 한 페이지를 넘기고 있다. 딱 한 달 만에 해를 넘기지 않고 도착한 아이들의 크리스마스 카드, 코로나로 모든 것이 제대로 돌아가지 않는 세계를 실감나게 한다. 하지만 손녀가 제법 그럴듯하게 그린 크리스마스 트리와 삐뚤빼뚤 쓴 '메리 크리스마스!' 카드, 보는 것만으로도 마냥 행복하다. 유아원 동극童劇에서 천사로 분扮한 손녀의 모습을 유튜브로 보면서, 직접 볼 수 없는 아쉬움을 달랜다.

한 해가 이렇게 가고 있다. 이 글 올리고 며칠 있자니 페이스북에 댓글이 하나 달려 있었다.

"후편 언제 나오나요?"

페이스북 한 지도 벌써 몇 해가 되었지만, 지금까지 내 글에 달린 가장 아름다운 댓글이다. "후편 언제 나오나요?"에 용기 백 배, 새해 벽두부터 다시 얘기를 시작한다.

책 제목은 아직 잊지 않았으리라 생각하고, 바로 캐디 얘기로 직행한다. 이런 캐디 꼭 있다. 코스 속속들이 잘 알고 있는 멤버 코스 1번 홀 티잉 에리어, 매뉴얼대로 홀 설명하는 캐디가 꼭 있다.

"오른쪽 카트 길 너머는 오비고요, 왼쪽은 해저드니까 절대 그리 치시면 안 돼요."

　이런 캐디, 초보 캐디일 확률이 높다. 몸도 풀리지 않은 첫 홀에서 골퍼들 머리에 오비와 해저드 생각을 가득 채워 줘버렸다. 생각대로 공은 오비나 해저드 구역으로 날아가버린다. 아뿔싸 출근길 교통사고로구나.

　릭 라일리가 톰 레먼의 실전 캐디로 한 대회를 뛰었다는 얘기는 전편前篇에서 했었다. 앤드류란 고정 캐디 대신 한 주 내내 캐디할 기회를 얻은 것이었다. 다행히 컷 통과하였고, 마지막 날 타이거 우즈의 앞 조로 출발하게 되었다. 타이거 우즈의 앞 조가 된다는 것은 선수들에게는 죽음이다. 나도 타이거 우즈를 몇 번 갤러리로 따라다니며 경험한 적이 있다. 소위 '검은 예수님'Black Jesus을 영접하려고 우즈를 둘러싼 갤러리가 인산인해를 이룬다. 제대로 보려면 위치 선점이 중요하다. 타이거의 샷이 끝나면 그야말로 100m 달리기하듯 사람들이 뛰기 시작한다. 그러니 앞 조는 티 박스에 가도, 그린에 가도 왁자지껄 타이거 우즈 팬으로 둘러싸여 버린다.

　우즈 앞 조로 출발한 마지막 날, 14번 홀 그린에 왔을 때였다. 톰 레먼은 그 전 두 개 홀 연속으로 퍼팅이 아슬아슬 홀컵 앞에 멈춰서 버디를 놓쳤다. 14번 홀 그린에 와보니 12ft 오르막 버디 퍼팅이었다. 릭 라일리가 말했다.

　"이건 완전 스트레이트에요. 절대 짧으면 안 돼요."

　갑자기 분위기 싸해진 게 느껴졌다. 절대로 부정문否定文으로 말하지 말라는 캐디의 금기禁忌를 깨버린 것이었다. 결과는 처참했다. 버디 퍼트는 3ft 지나쳤고, 미묘한 내리막 리턴 퍼트는 홀컵을 외면했다. 그날 저녁 라일리는 톰 레먼의 캐디인 앤드류에게 전화했다. 그럴 때 어떻게 말해야 했느냐고. 앤드류 왈, 아니 그렇게 말하면 어떡하나, 그냥 "오르막이 심해요"하거나 "확실하게 쳐야 해요" 해야지. 그러면서 캐디를 하는 자기 친구 얘기를 해줬다.

조지 아처란 선수의 캐디였는데, 어느 대회에서 라운드 마치자마자 잘린 이야기였다. 어느 홀에 갔는데, 왼쪽으로 오비였고 앞에는 포어 캐디를 세워 둔 홀이었다. 아시다시피 포어 캐디란 선수들의 드라이브 샷이 떨어질 만한 곳에 서서 공이 날아오면 그 공을 봐주는 캐디이다. 포어 캐디를 세워둔 홀이라면 대개 티샷이 어려운 홀이라는 말이다. 티 박스로 향하면서 그 캐디가 조지에게 드라이버를 건네주면서 공 하나도 여분으로 손에 쥐어주었다. 그 캐디는 라운드 끝나자마자 해고되고 말았다. 부정적 말이나 행동을 하지 말라는 게 캐디로서의 절대 룰, 이걸 위반한 대가는 즉시 해고였다.

우리 같은 주말 골퍼도 이제 첫 홀 티잉 에리어에 섰을 때, "오른쪽 멀리 보이는 강아지 벙커 앞다리를 겨냥해서 치세요. 페어웨이 넓어요"라고 이렇게 설명하는 스마트한 캐디 만날 수 있었으면 좋겠다.

퍼팅 얘기 나온 김에 릭 라일리가 잭 니클라우스의 캐디를 자청하여 취재(?)한 얘기 한번 들어보자. 잭 니클라우스야말로 긍정의 화신이었다. 앞에서 내가 잭 니클라우스가 경기에서 쓰리 퍼트를 한 적이 없다고 라일리에게 말했다는 얘기를 썼었다. 이 말을 예전에 「골프 다이제스트」 잡지에선가 어디에서도 읽은 적이 있었다. 잭 니클라우스가 자기는 공식 대회에서 한 번도 쓰리 퍼트를 하지 않았다고 기자 인터뷰에서 말했다는 것이다. 골프 치면서 쓰리 퍼트 한번 안 하다니, 허풍도 그런 허풍이 없다. 어느 기자가 보충 질문을 했단다. 아니 언제 어느 대회에서 쓰리 퍼트 하지 않았느냐고. 그때 잭 니클라우스 왈, 나는 그런 기억 없다니까 했다나?

그런데 릭 라일리가 니클라우스로부터 들은 쓰리 퍼트 얘기는 보다 현실적이다. 사실 릭 라일리가 잭 니클라우스의 캐디를 맡은 라운드는 정식 시합이 아니라 니클라우스가 콜로라도에 새로 설계해서 개장한 서미트 골프 코스의 오프닝 세리머니에서였다. 동반자는 포드 전 대통령, 클럽 오너와 클럽 헤드 프로였다.

어느 홀에선가 잭 니클라우스가 15m 파 퍼트를 성공시켰다. 그때 라일리가 니클라우스에게 질문을 했다. 당신보다 래그 퍼트 더 잘하는 선수가 있었느냐고. 래그 퍼트lag putt란 긴 거리를 남긴 퍼팅으로, 꼭 집어넣으려고 하는 것보다 홀컵에 가까이 붙여서 다음 퍼트로 쉽게 마무리하려는 퍼트이다. 래그 퍼트 잘한다는 말은 쓰리 퍼트 하지 않는다는 말이다. 니클라우스 왈, 시즌 시작하면 쓰리 퍼트 한 번도 안 하고 5월 넘기거나 6월 넘겼던 게 보통이었다고. 어느 해는 〈브리티시 오픈〉 때까지 쓰리 퍼트 하나 하지 않고 갔다고. 〈브리티시 오픈〉이 7월 중순에 열리니까, 이 정도는 믿어줄 만하겠다. 결국 잭 니클라우스는 쓰리 퍼트는 아예 하지 않는다고 강한 자기 최면을 건 게 아닐까? 쓰리 퍼트 한 기억을 아예 머리에서 지워버리고, 자기는 언제나 투 퍼트로 막을 수 있다는 긍정적 마인드로 머리를 채운 것이다.

골프란 이런 것이다. 적어도 투어 레벨 선수들에게는 긍정적 마인드가 절대적이고, 마인드를 확실하게 만드는 것은 라운드를 준비할 때부터 시작된다. 티 타임 몇 시간 전에 드라이빙 레인지에 도착하여 어떤 클럽으로 어떻게 연습할 것인지, 그리고 마지막에는 연습 그린에서 어떤 퍼팅을 연습할 것인가에 이르기까지. 어찌 보면 이 모든 것이 넓은 의미의 프리샷 루틴pre-shot routine이다. 프리샷 루틴이란 샷을 하기 전 선수마다 하는 일정한 동작을 말하지만, 사실은 경기 중 무의식적으로 하는 모든 행동을 일컫는 말이기도 하다.

톰 레먼은 일요일 마지막 라운드에서 크리스 디마르코와 한 조였다. 파3홀 티잉 에리어에서 일어난 일이다. 티 마커는 땅에 박아 놓은 야디지 동판에서 약 1yd 뒤에 있었다. 디마르코가 양쪽 티 마커 사이에 서더니, 한 걸음 앞으로 나가면서 보폭으로 거리를 쟀다. 재미있다는 생각이 든 릭 라일리가 물었다.

"아니, 크리스! 1yd를 보폭으로 거리를 재나요? 2ft 11inch라서 클럽 바꾸시려고?"

디마르코가 활짝 웃으며 말했다.

"이 친구들, 멋있잖아요?These guys are good!"

주위 갤러리들의 웃음보가 터졌다. 사실 이 말은 PGA 투어의 슬로건이었다.

다시 잭 니클라우스 얘기로 돌아가 보자. 니클라우스는 골프 코스 디자이너이자 건축가로 이름을 날리고 있었다. 전 세계에 걸쳐 2백 개가 훨씬 넘는 코스를 디자인했고, 미국에서만도 소위 100대 코스에 들어가는 코스만 30여 개를 디자인했다니 사업가 소질도 타고난 사람이었다. 콜로라도 베일이란 곳에 더 써미트 코스를 건설하고 그랜드 오픈 시범 라운드에 잭 니클라우스의 캐디로 갔었다는 얘기는 앞에서 한 바 그대로다. 그랜드 오픈 전날 저녁, 만찬장에서 릭 라일리가 잭 니클라우스에게 돌직구를 날렸다.

"타이거 우즈가 역사상 가장 위대한 골퍼라고 사람들이 말할 때 당신은 모욕감을 느끼나요?"

우즈에 대한 잭 니클라우스의 얘기다.

"글쎄, 난 당신을 포함한 많은 사람이 타이거 우즈에게 너무 일찍 왕관을 씌워주려고 하는 거라고 봐요."

그날 잭 니클라우스는 타이거 우즈에 대해 이런저런 얘기를 꽤 많이 했다. 아직은 역사상 가장 위대한 선수라 하긴 너무 이르다는 것이었다. 그 나이대에서 최고는 될지언정. PGA 투어 73승에 메이저 18승을 한 자기의 기록과 43년에 걸친 행복한 결혼 생활에 대한 자부심이 대단했다. 특히 다섯 명의 아들, 딸과 열두 명의 손자, 손녀를 거느린 대가족을 자랑스러워했다. 게다가 그 많은 가족이 플로리다에서 1마일 이내에 같이 모여 사는 것을 더욱 자랑스러워했다. 그러면서 타이거 우즈가 진정으로 역사상 최고의 골퍼가 되려면 행복한 가정을 가져야 하고, 부상당하지 않아야 한다고 했다.

이 말은 먼 훗날 예언처럼 들어맞아버렸다. 결혼 생활에 어려움을 겪으면서 타이거의 성적은 곤두박질쳤고, 부상에 시달리면서 타이거는 정상적 경기력을 유지할 수 없었다. 그런 와중에 기적적으로 타이거는 부활했고, 얼마 전 아들과 함께 이벤트 대회에 출전하는 모습을 보니 가정도 어느 정도 안정된 것 같다. 잭 니클라우스의 말대로 골프 역사상 최고의 골퍼가 될 수 있는 필요 충분 조건을 갖추게 된 것이다. 몇 가지 기록을 추가하여 골프 역사를 바꿨으면 하는 바람은 나만 가지고 있는 게 아닐 터. 타이거 우즈의 멋진 피날레를 기대한다.

조금 유치한 질문 하나. 당신은 잭 니클라우스가 최고라고 생각하는가, 아니면 타이거 우즈가 최고라고 생각하는가? 지난 신정 연휴 때 골프 채널을 돌리다가 〈디 오픈 챔피언십〉 녹화 중계 방송을 하나 보고 깜짝 놀랐다. 아니 니클라우스와 우즈가 언제 〈디 오픈〉에서 직접 격돌했나? 있을 수 없는 일인데? 자세히 보니 '세기의 대결'이란 타이틀의 가상 대결이었다. 세인트 앤드류스 올드 코스, 17번 홀에 이르러 니클라우스가 극적인 버디로 한 타 앞서기 시작, 결국은 한 타 차로 잭 니클라우스가 타이거 우즈를 이긴다는 설정이었다.

사실 니클라우스도 세 번의 〈디 오픈〉 우승 중 두 번을 세인트 앤드류스 올드 코스에서 했고, 타이거 우즈도 세 번의 〈디 오픈〉 우승 중 두 번을 거기서 했으니 얼마나 많은 영상이 있었겠는가. 그 장면들을 골라 편집하니 깜빡 속을 만큼 진짜 대결 같았다.

나에게 묻는다면? 물론 타이거 우즈가 최고라고 생각한다. 내가 타이거 우즈의 광팬임을 자처하고 있으니, 팬심fan心 아니냐고? 이 책의 한 구절로 대답을 대신하고자 한다.

"만약 니클라우스가 타이거 우즈와 맞붙었더라면, 메이저 18승이 아니라 1승도 건지기 어려웠을지 몰라."

브래드 팩슨이란 선수의 얘기다. 잭 니클라우스의 시대보다 타이거 우즈의 시대가 얼마나 치열한 경쟁을 해야 했는지 단적으로 표현하는 말이다. 타이거 우즈의 시대가 되면, 프로 골퍼의 숫자뿐만 아니라 기량도 월등해져서 그야말로 군웅할거의 시대였다. 불운하게도 우즈와 같은 시대에 태어난 쟁쟁한 선수들의 좌절감을 우리는 숱하게 눈으로 보았다.

릭 라일리의 「당신 캐디가 누구야?」에는 골프 에피소드로 가득하다. 심지어 드웨이라는 이름의 당대 최고 골프 도박사의 캐디를 한 얘기도 나온다. 마지막까지 읽어주신 독자를 위해 대박 팬 서비스로 마무리하고자 한다. 그 도박사는 캐디백에 그리스와 바셀린, 챕스틱을 챙겨 다녔다. 무슨 포르노 영화 찍을 소품이냐 오해하실 독자가 있을지 모르겠다. 드웨이가 릭 라일리에게 드라이버 페이스에 그리스를 바른 뒤 쳐보라고 했다. 몇 개 쳐보았더니 대박, 평소보다 드라이버는 50yd 더 멀리 나갔고 칠 때마다 슬라이스 나던 공이 거의 똑바로 날아갔다. 이건 사실이다.

얼마 전 유튜브 '심짱골프'를 보다가 깜짝 놀랐다. 스윙 머신으로 페이스에 립밤 바른 드라이버 테스트를 보여주었는데, 그냥 친 드라이브 샷보다 30m 더 멀리 나갔다. 슬라이스 설정해 놓고 쳐도 거의 슬라이스도 나지 않고 똑바로 간다. 그렇다고 라운드 나갈 때 립밤 챙기진 마시길. 이건

엄연한 규칙 위반이니까.

이 글을 쓰고는 오후 느지막이 바깥 나들이를 나갔다. 2020년 1월 어느 날, 양재천은 꽁꽁 얼어붙어 있었다. 젊은 아빠가 어린아이 손을 붙잡고 썰매가 되어 끌어준다. 행복한 모습, 보기 좋다. 친구들과 어울려 하루 종일 얼음지치기하던, 어릴 적 아득한 옛 추억이 그립다.

6 진정으로 이기는 길, 내기의 미학美學

올여름 필라델피아에 와서 혼자 골프장 갔다가, 우연히 선배 세 분과 조인했다는 얘기를 한 적이 있다. 그 선배들은 매주 화요일 골프 치면서 가벼운 내기를 하는 친구 사이였다. 여기를 떠날 시간이 다가오자 고교 서클 선배였던 L선배가 평소와 다른 코스에서 한번 라운드하자고 했다. 킴버톤Kimberton GC이란 코스였다. 조금 일찍 가서 체크인을 하고 스코어 카드와 야디지북을 챙겼다.

스코어 카드를 살펴보니 조지 파지오George Fazio가 디자인한 코스였다. 귀에 익은 이름 '파지오', 그렇다. 미국에서 골프 코스 설계자architect로 유명한 파지오 패밀리의 원조元祖인 조지 파지오였다. 1960년대 미국에서 골프 코스 설계로 이름을 떨쳤던 그가 바로 필라델피아 사람이었다. 파지오 패밀리 중 가장 유명한 설계자는 톰 파지오인데, 조지 파지오의 조카이고 짐 파지오의 동생이다. 미국에서 수많은 일류 코스를 설계하였지만, 다른 나라에서 설계한 코스는 손으로 꼽을 정도라고 한다. 이번에 도쿄 올림픽 골프 대회가 열렸던 가즈미가세키 컨트리클럽 이스트 코스가 바로 톰 파지오가 이번 올림픽을 위해 리노베이션한 코스이다. 우리나라에서는 여주에 있는 트리니티 클럽이 톰 파지오 주니어가 설계한 코스이고, 이천에 있는 사우스 스프링스 골프 클럽이 형 짐 파지오가 설계한 코스이다. 두 코스 모두 코스 디자인과 레이아웃이 뛰어나다. 톰 파지오 주니어는 이름과는 달리 짐 파지오의 아들이다. 삼촌인 톰 파지오의 이름값 제대로 누리려는 것 아니겠는가. 우리나라에는 톰 파지오가 직접 설계한 코스는 없다. 들리는 얘기로는 원주에 있는 O 컨트리클럽에서 독점 설계 계약을 했지만 결국 코스를 완성하지는 못했다고 한다.

파지오 패밀리는 코스 디자인을 하면서 그 코스가 들어앉을 장소의 자연 환경미를 그대로 살리는 것으로 유명하다. 킴버톤이 바로 그런 코스였다. 필라델피아 근교는 완만한 구릉에 목장meadow이 많은데, 이 코스도 그 지역의 평탄한 지대와 가볍게 물결치듯 흐르는 구릉을 그대로 살려 코스를 조성하였다. 저지대는 자연스럽게 고인 물이 군데군데 있었고, 고지대는 흘러내리는 언덕을 그대로 살려 두었다. 코스를 조성한 지 오래되다 보니 페어웨이 양쪽을 따라 큰 나무들이 숲을 이루고 있었지만, 가만히 보면 나무를 듬성듬성 심어 두었기 때문에 설령 공이 숲속으로 들어가도 온갖 트러블 샷으로 빠져나오는 재미를 느낄 수 있었다.

킴버톤 골프 클럽은 미국에서는 흔한 평범한 동네 골프장이라 할 수 있다. 그날 마주친 많은 골퍼가 다들 그렇게 골프 즐기는 동네 아줌마, 아저씨들로 보였다. 와서 골프 한 라운드 돌고 마치면 클럽 바에서 같이 한 잔하면서 즐기는 장소, 농구나 야구 중계 보며 같이 응원하는 스포츠 바도 겸하는 그런 장소였다. 골프 게임만 해도 재미있는데 이렇게 동네 사람들이 같이 어울리는 게 얼마나 즐거운 일인가. 게다가 골프에서 가벼운 내기로 재미를 더하는 경우도 흔하다. 그야말로 가벼운 내기 없이 하는 골프는 앙꼬 없는 찐빵.

예전에 혼자 라운드 나갔다가 조인해서 같이 친 여기 사람들을 보면 흔히 가벼운 내기를 했다. 둘이 나와서 쿼터quarter(25센트짜리 동전) 내기 홀 매치하는 경우도 봤다. 부부끼리 또는 부자끼리 나와서 동전 하나씩 서로 주고받으며 아웅다웅하는 모습은 보는 사람까지 미소 짓게 했다. 이런 게 골프 내기다. 골프에서 내기하는 것은 어디까지나 양념이지 주식主食은 아니지 않는가. 메인 디시는 어디까지나 골프라는 게임이다. 내기가 지나쳐서 라운드 끝난 후에도 뒤끝이 남아서는 안 된다.

그런 면에서 선배 세 분의 1달러짜리 스트로크 내기는 딱 적당하게 재미있는 것 같았다. 서클 선배는 나한테도 내기에 들어오라고 권했지만, 나는 완곡하게 거절하였다. 솔직히 스트로크 내기하기 좋은 핸디캡 차이는 아니었다. 핸디캡 차이를 조정하려면 장기간 같이 플레이해 보면 좋겠지만, 몇 게임 하지 못하고 떠나야 할 내 처지에 아무래도 부담스러웠다. 아무리 핸디캡을 준다고 해도 몇 달러 땄다가 다시 다 돌려주고 와야 할 처지가 될 게 뻔하였다. 그러함에도 내기에 들어갔다 하면 일단 전투 모드 돌입하는 나를 스스로 제어할 자신도 없었다.

골프 내기라면 아마도 우리나라 골퍼들이 세계 최강일 것이다. 골프를 스포츠 아닌 명랑 운동회로 만들어버린 주범主犯이 바로 내기라고 생각될 정도다. 한때 유행했던 '라스베가스'는 파트너에게 민폐 끼칠까 봐 그나마 끝까지 최선을 다해 플레이하는 척 흉내라도 낸다. 대한민국 골프 내기를 평정한 '뽑기'라는 게임을 하다 보면, 누가 나와 파트너가 될지 모르니 플레이하다 삐꾸하면 에라 될 대로 되라 하고 아예 개판 치기도 한다.

유구한 역사와 전통을 자랑하는 '스킨스 게임'에서 '조폭 게임'을 창조해내고, 기상천외한 'OECD 가입'까지 시켜버리는 우리나라 골퍼들의 창의성 하나는 알아줄 만하다. 골프가 명랑운동회가 되지 않고, 골프의 본질을 제대로 즐기면서도 재미까지 더할 내기 방법은 없을까? 그러면서 그 내기에서 내가 이길 수 있다면 금상첨화錦上添花일 터이다. 그래서 나는 골프를 제대로 즐기고 싶은 골퍼, 소위 '시리우스 골퍼'serious golfer(진지한 골퍼)가 되고 싶다면 크지 않은 액수로 스트로크 내기하라고 말한다. 홀마다 스코어를 끝까지 다 적고, 그 타수 즉 스트로크 차이에 따라 작은 액수의 내기를 한번 해 보시라. 사실 우리나라에서는 쉽지 않을 수 있다. 끝까지 홀 아웃하기도 어렵고, 룰대로 플레이하기도 쉽지 않다. 왜냐고? 바로 매일매일 라운드에서 직접 겪고 있지 않으신가?

나도 한국에서 누가 1만 원짜리 스트로크 내기하자고 하면 웬만하면 하지 않았다. 동반자들이 아무렇지도 않게 온갖 룰을 위반하는 모습이 보지 않으려 해도 보이기 때문이다. 다들 그렇게 하니 뭐라 할 수노 없다. 그걸 지적하면 분위기 완전 이상해진다. 그걸 참고 있으려니 평정심을 유지할 수 없다. 그래서 웬만하면 스트로크 내기하지 않았다.

그런데 딱 한 팀의 예외, 옛 직장 선후배 사이인 포섬foursome이 있었다. 블루헤런 컨트리클럽에서 주로 내기를 했었기에, 블루헤런 친구들로 자칭했다. 스트로크 액수는 1만 원짜리가 아닌 1천 원짜리로. 그러고는 로컬 룰을 미리 정해 두었다. 스코어는 있는 그대로 끝까지 카운트한다. 첫 홀 올 파는커녕, 첫 홀부터 소위 양파해서 천 원짜리 핸디캡 미리 준다고 뻥(?)치는 친구도 있었다. 페어웨이에서 디봇에 들어간 공은 윈터 룰처럼 10cm 이내 옮긴다. 벙커에서 인위적인 발자국에 들어간 공은 구제를 받는다. 퍼팅 김미gimmie는 이제 시니어이니 퍼터 길이로 기준을 조금 완화한다. 흔히 컨시드라고 우리가 잘못 부르는 것이 김미이다. 이번에 필라델피아에서 만난 선배들도 거의 유사한 로컬 룰을 적용했는데, 퍼팅 김미를 퍼터 그립 이내로 하여 더욱 어려운 룰이었다. 지난번 얘기한 적 있지만, 60cm 조금 넘긴 퍼팅 실패가 한 라운드에 두세 개 이상 나오는 게 조금도 이상하지 않다. 우리의 블루헤런 친구들 포섬에서 사실 내 승률이 대략 80%쯤 되었던 것 같다. 라운드 끝난 뒤 내가 늘 점심을 샀다. 우리 룰의 마지막 조항은 단 1천 원이라도 이기는 그날의 승자가 점심을 산다는 것이었다. 승자의 명예, 특권이었다.

내기, 어떤 내기를 하더라도 사람들은 지는 것을 싫어한다. 내기에서 지지 않는 법이 있을까? 없다. 절대 지지 않으려면 아예 내기하지 않으면 된다. 소소한 내기의 재미를 아예 포기해버리면 세상 편한 법. 얘기했던 대로, 이왕 골프 내기하려면 조그만 금액의 스트로크 내기를 하면 어떨까? 골프 실력도 키우고, 스포츠로서의 골프의 묘미를 제대로 즐길 수 있다. 이왕이면 내기에서 이기고 싶다. 특별한 노하우가 없을까? 제갈 량諸葛亮의 비단 주머니 세 개라도 있다면 얼마나 좋을까. 스트로크 내기에서는 대부분 실력 차가 정직하게 반영되기 때문에 하수가 고수를 이기기는 어렵다. 하지만 이길 순 없다 하더라도 좀체 지지 않을 방법은 있다.

이거 하나는 알고 넘어가자. 홀별 핸디캡 인덱스이다. 우리나라에서는 스트로크 내기를 할 때, 대다수 골퍼는 핸디캡 차이만큼 고수高手가 하수下手에게 돈을 미리 주고 시작한다. 핸디캡 5 차이라면, 스트로크당當 1천 원 내기에서는 5천 원을 미리 주는 식이다. 필라델피아에서 만난 선배들의 내기는 스트로크 내기의 정석 플레이였다. 미리 핸디캡 차이를 돈으로 주는 게 아니라, 홀별 핸디캡 인덱스를 적용하여 핸디캡 차이를 보정했다.

스코어 카드를 보면 홀마다 핸디캡이 적혀 있다. 사람들은 흔히 이 숫자를 그 홀의 난이도難易度로 알고 있다. 핸디캡 1번 홀이 그 코스에서 가장 어려운 홀이고, 핸디캡 2번 홀은 그 다음으로 어려운 홀, 이렇게 순서를 매겨 놓았다고 생각한다. 절반은 맞고 절반은 틀렸다. 홀별 핸디캡 순서가 대략적으로 어려움의 순서인 것은 맞다. 하지만 홀별 핸디캡의 목적이 딴 곳에 있기 때문에 그 순서 배열에도 숨은 뜻이 있다.

홀별 어려움의 순서가 대략적으로 맞다 한 것은, 순서 부여 방법이 다음과 같기 때문이다. 즉, 싱글 디지트 핸디캡 골퍼와 하이 핸디캡 골퍼가 같은 홀에서 플레이했을 때 두 그룹의 평균 스코어 차이가 가장 많이 나는 홀에 핸디캡 1번을 부여하고, 그 차이 순으로 홀의 핸디캡을 붙여 나가기 때문이다. 절반은 틀렸다고 한 것은, 매치 플레이 때 핸디캡 차이를 보정하는 기능이 핸디캡 인덱스의 1차적 역할이고, 그 목적에 맞게 다시 배열해 주기 때문이다.

홀별 핸디캡을 부여하는 데도 일정한 룰이 있다. 전반 9홀에는 1, 3, 5, 7, 9 홀수 번호 핸디캡을, 후반 9홀에는 2, 4, 6, 8, 10 짝수 번호를 붙여서 핸디캡 인덱스를 분산시켜 두는 것이다. 다만 핸디캡 첫 번째, 세 번째 홀은 가급적 전반 9홀의 뒤로 가지 않게 하고, 마찬가지로 핸디캡 두 번째, 네 번째 홀도 후반 뒤쪽으로 가지 않도록 조정한다. 그래야 하수들이 핸디캡 홀을 제대로 찾아 먹지도 못하고 매치 플레이가 끝나버리는 불상사를 막을 수 있다.

그렇게 홀별 핸디캡 인덱스를 정해 두었지만, 핸디캡이 낮은 홀이 하이 핸디캡 골퍼들에게 어려운 것만은 변함이 없다. 홀별 핸디캡이 꼭 난이도를 가리키지 않는다는 것을 킴버톤 골프 클럽의 핸디캡 1번 홀인 파4 3번 홀(374yd)이 잘 보여주고 있다. 나에게는 핸디캡 2번 홀인 파4 11번 홀(445yd)이 훨씬 더 어렵게 느껴졌다. 페어웨이 오른쪽은 티샷 떨어지는 지점에 큰 나무 몇 그루가 시야를 가리고, 왼쪽으로는 코스 경계 지역을 따라 큰 나무가 숲을 이루고 있는 긴 파4홀이다 보니, 드라이브 샷이 페어웨이 한가운데로 잘 가고 세컨드 샷을 우드로 잘 쳐야만 파 찬스가 생긴다. 드라이브 한 샷 삐끗하거나 세컨드 샷으로 우드 샷 삐끗하면 긴 러프에 공이 파묻혀 파가 불가능해지니 무척 어렵게 느껴졌다.

이에 반해 핸디캡 1번 홀인 파4 3번 홀은 훨씬 편했다. 딱 하나 문제는 오른쪽으로 심하게 굽은 도그레그 홀인 데다 페어웨이가 꺾어지는 지점에 엄청나게 큰 나무 한 그루가 서 있어서 시각적으로 매우 위협적이었다. 그 나무로부터 페어웨이 오른쪽은 끝까지 숲으로 막혀 있어 티잉 에리어에서는 페어웨이 절반과 그린이 보이지 않았다. 티샷 때 그 나무를 피하려고 왼쪽으로 드라이브 샷을 보내려다 잘 맞으면 페어웨이 왼쪽을 막고 있는 숲속으로 소위 막창이 나기 십상이다. 페어웨이 한가운데로 잘 보내려면 그 나무 왼쪽을 약간만 벗어나게 똑바로 보내야 한다.

드라이브 샷 레인지가 정말 좁은 홀이었다. 이날 선배들과 플레이할 때 첫 번째 라운드에서 내 티샷은 예의 그 나무 끝부분을 약간 스치면서 속도가 조금 죽었지만, 그래도 페어웨이에 안착했다. 나가서 보니 그린 바로 앞까지 폭이 70~80yd 되는 연못이 있었다. 그 홀의 난도難度를 높인 게 바로 그 연못이었다. 내 세컨드 샷은 핀을 지나쳤지만, 버디 퍼팅이 약간 세어서 아쉽게 홀을 타고 넘었다. 파를 잡자, 대학 3년 선배인 H박사가 이 홀은 파 하기가 정말 쉽지 않다며 축하해줬다. 세 선배 모두 더블 보기 이상 스코어였다.

이처럼 홀별 핸디캡은 매치 플레이를 할 때 공정하게 플레이할 수 있도록 도와주는 지표index이다. 매치 플레이에서 핸디캡의 차이를 핸디캡 순順으로 차이만큼 접어준다면, 실력 차가 있는 골퍼끼리 공정한 게임이 되는 것이다. 이와 마찬가지로 스트로크 내기를 할 때도 핸디캡 차이만큼 홀별 핸디캡을 집어주면 된다. 핸디캡 5 차이라면, 1, 2, 3, 4, 5번 핸디캡 홀에 동그라미 쳐 놓고, 그 홀에서 한 타 접어주면 되는 것이다. 시작하기 전에 핸디캡 차이 맞춘다고 돈을 미리 주고받는 촌스러움, 한번 벗어나 보면 어떨까.

스트로크 내기에서 이길 수 있는 법, 제갈 량의 비단 주머니를 한번 꺼내 본다. 내기에서 절대 지지 않을 방법은 내기하지 않는 것이다. 이왕 내기한다면 이기는 방법은 오직 하나, 실력을 길러야 한다. 특히 숏 게임이나 퍼팅 등 점수를 만들 수 있는 스킬을 평소에 집중 연마해 두어야 하는 것은 당연하다. 하지만 무슨 일에나 단방單方 비결祕決은 있다.

첫 번째 파란 비단 주머니를 열어본다. "골프는 멘탈 게임이다. 마음의 긴장을 풀고, 자신감으로 무장하라"라는 쪽지가 나온다. 골프가 멘탈 게임이라는 사실을 모르는 골퍼는 없다. 문제는 한 타가 아쉬운 내기 상황에 내몰리면 나도 모르게 머리가 하얘진다는 것이다. 극복해야지 하는데도 맘먹은 대로 되지 않으니 환장할 노릇이다. 나는 이럴 때 속으로 끊임없이 노래를 흥얼거린다. 노래만큼 감정을 편안하게 풀어주는 게 없다. 또 하나는 자신감이다. 무슨 샷이든 마음으로 결정하면 자신 있게 질러버려야 한다. 그 한 샷, 그 한 퍼팅에 세상 망하지 않는다는 심정으로.

그날 처음 갔던 킴버톤의 핸디캡 1번 홀인 파4 3번 홀에 갔을 때, 이 코스에서 경험 많은 H선배가 홀을 설명해 주었다. 오른쪽 커다란 나무를 스치듯 지나가면 페어웨이 한가운데라고. 내기 게임하던 세 선배가 언제나 먼저 치고 나는 맨 나중에 치기로 해두었던 터라, 세 사람이 티샷하는 걸 관찰할 수 있었다. 그러면서도 나는 속으로 끊임없이 노래를 흥얼거렸다. 그날 떠오른 노래는 백지영의 '잊지 말아요'. 무슨 의미가 있어서가 아니라 조금 느리고 차분하고 비감한 노래로, 감정을 다스리기 좋은 노래였기 때문이다.

세 선배의 티샷은 모두 좋지 않았다. 셋 중 고수인 H박사는 너무 안전하게 왼쪽으로 가서 건너편 러프인 것 같았고, 동향 선배는 오른쪽으로 밀려 숲으로 갔다. 고교 같은 서클 L선배는 시야를 가리는 큰 나무를 너무 의식하다 소위 '쪼루'를 냈다. 그런 상황에서 그래도 골프 좀 친다는 내가 할 일은 홀을 잘 아는 선배들이 말하는 방향으로 공을 똑바로 보내주는 게 아닌가 생각했다. 긴장하지 않기 위해 "같은 하늘 다른 곳에 있어도, 부디 나를 잊지 말아요"라는 노래 가사를 흥얼거리면서. 공은 다행히 큰 나무 끝부분 무성한 잎을 살짝 스치고 지나가서 페어웨이에 안착하였다.

두 번째 노란 비단 주머니를 열어본다. "골프는 확률의 게임, 내가 성공할 수 있는 샷을 하라"라는 쪽지가 나온다. 예의 킴버톤 3번 홀, 1달러 내기에 심각 모드인 세 선배가 플레이하는 모습을 보니 전혀 전략적 샷을 하지 않고 있었다. 이 홀은 핸디캡 1번 홀이라 당연히 두 사람은 셋 중 고수인 H박사에게 한 타를 받는다. 이때 하수가 고수를 이기려면, 드라이브 샷을 웬만큼 보내 놓고 난 뒤 세컨드 샷은 아이언으로 안전하게 연못 앞 페어웨이에 보내 놓는다. 거기에서 핀까지 남은 거리는 1백yd 이내, 써드 샷으로 그린에 올리거나 그린 프린지 근처에 갖다 두면, 결과는 잘하면 보기요 못해도 더블 보기이다.

페어웨이 왼쪽 러프에 공이 간 H박사는 어떨까? 거기에서는 우드 샷이 잘 맞아도 거리상 그린에 올리기 쉽지 않을 듯했다. 하지만 여기 러프가 어떤 러프인가. 쓰리 온 작전이면 훌륭할 것 같은데, 러프에서 실수하여 결국 포 온이 되었다. 고수 H박사의 결과는 더블 보기. 하수들이 이길 수 있는 확률이 최소 50%에서 최대 100%까지 될 수 있는 홀이 바로 어려운 홀인 것이다.

그런데도 그 홀에서 오히려 하수들이 내기 돈을 바치고 있었다. 샷을 할 때는 평소 내가 성공할 확률이 최소한 70%는 되는 샷만 하면 된다. 요행을 바라는 샷은 돈을 잃는 지름길이다. 또한, 스트로크 내기 동반자 네 명 중 내가 두 번째나 세 번째 정도 핸디캡이 낮다면, 이때는 당연히 보험회사 전략을 써야 한다. 내가 할 수 있는 샷만 안전하게 하여 보기로 막고 기다리면, 누군가는 무리하게 휘두르다가 보험회사가 되어 나 대신 고수에게 내기 돈을 지불하고 있을 것이다.

세 번째 빨간 비단 주머니를 열어본다. "골프는 포기란 단어가 없는 게임, 끝날 때까지 끝난 게 아니다"란 쪽지가 나온다. 포기하지 않는 것, 이 말은 내기에서도 진리이다. 특히 골프에서는. 그런데도 너무 쉽게 잊어버린다. 노란 비단 주머니 얘기를 쉽게 잊어버리는 것과 똑같다. 평소 성공확률 70% 이상은 되는 샷을 해야 하는데, 파란 비단 주머니에서 자신 있게 샷을 하라 했다고 그냥 내지른다. 한번 실수로 그쳤으면 좋으련만 연속 실수로 폭망爆亡 해버리는 것이다.

킴버튼에서 필라델피아 선배들과 그날 두 번째 라운드할 때이다. 파4 8번 홀(374yd)에서 였다. 아 참, 그날은 36홀을 했다. 18홀 마치니 오후 두시 40분쯤 되었다. 헤어지기 아쉬웠던지, 대학 선배가 36홀을 하자고 했다. 오전 10시 45분에 첫 라운드를 시작했으니 대략 네 시간 걸렸다. 고교 서클 선배와 대학 선배는 풀 카트를 끌었고, 동향 선배와 나는 각각 전동 카트를 탔다.

H박사가 프로샵에 가서 다시 플레이 하겠다고replay 신청했다. 바깥에서 L선배가 직접 준비한 꿀맛 같은 단팥빵으로 간단히 점심을 때우고 있었는데, 프로샵 직원이 나와서 희소식을 전했다. 오후 세 시 6분에 플레이 나가면 된단다. 게다가 완전 공짜라는 거다.

"You need no further charge."

이렇게 하여 두 번째 라운드를 하게 되었다. 8번 홀(374yd)은 핸디캡 3번 홀이었다. 오른쪽으로 약간 도그레그인 데다, 세컨드 샷 지점에서는 약간 오르막이었다. 유틸리티 19도 세컨드 샷은 잘 맞았다 싶었는데 조금 당겨져서 그린 왼쪽 벙커 행行이었다. 만약 내가 스트로크 내기 상황이었다면 어떻게 쳤을까? 무조건 벙커를 빠져나올 수 있도록 쳤을 것이다. 하지만 내기와 상관없는 상황이라 그냥 원 퍼트 가능 거리에 붙여서 파 세이브해 보고 싶었다.

약간 딱딱한 모래 덕분에 얇게 뜨려던 벙커 샷을 두 번이나 실패하고, 세 번 만에 원 퍼트 거리에 붙인 뒤 그 퍼트를 성공시켰다. 사실 쉽지 않은 퍼트였지만, 꼭 성공시키겠다는 간절한 마음이 골신神에게도 통했으리라. 미련한 짓이라도 내기가 아닌 상황이니 가능한 재미였다. 골프 사전에 포기란 없는 단이이다. L선배가 한마디했다. 벙커에서 세 번 만에 나온 사람과 자기가 어찌 스코어가 똑같느냐고.

필라델피아에서 만난 세 선배는 하루에 두 라운드를 돌면서도 마지막 홀까지 내기를 했다. 세상에서 가장 재미있는 1달러 스트로크 내기, 이

게임의 진수를 보여주었다. 마지막 36번째 홀, 2라운드를 시작한 지 약 세 시간 20분 후 18번 홀 그린에 올랐다. 서클 L선배와 대학 H선배는 36 홀을 걸었다. 드디어 마지막 홀이다. 드라이브 샷과 세컨드 샷이 모두 잘 맞아 투 온, 핀과의 거리는 다섯 걸음 약 3.5m. 대학 선배가 핀 맞은편 나보다 조금 먼 거리, 비슷한 라인에서 먼저 퍼팅했다. 약간 미치지 못 했지만 직선 라인이란 걸 확실히 보여줬다. 왼쪽을 조금 보려고 했던 처음 생각을 고쳐먹고 퍼팅을 했다. 버디였다. 필라델피아 마지막 골프 라운드는 이렇게 유종의 미有終의美로 끝났다.

어둑어둑해질 무렵, 캐디백을 차에 먼저 실어둔 뒤 킴버톤 클럽하우스에 들어섰다. 골프를 마친 사람들이 삼삼오오 바에 모여 서서 왁자지껄 맥주잔을 부딪치고 있었다. 그렇구나, 내기에서 이기는 길은 돈 몇 푼 따는 그런 게 아니었구나. 진정으로 내기에서 이기는 길은 바로 이렇게 즐겁고 행복하게 어울릴 수 있는 친구를 얻는 것이었구나.

제5장

영원한 우상,
타이거 우즈

1 타이거 우즈의 귀환Tiger Woods Comes Back

2018년 9월 〈투어 챔피언십〉에서 타이거 우즈가 우승했다. 전성기 우즈의 우승 방정식 그대로 풀어냈다. 1라운드부터 타수 차를 벌려 놓고 마지막 날 이름 그대로 타이거의 포효咆哮에 상대 선수들이 제풀에 나가떨어지는 익숙한 장면, 다시는 못 볼 것 같았지만 드디어 옛날 모습 그대로 컴백했다.

지금까지 타이거 우즈가 세 타 차 이상으로 파이널 라운드에 들어선 스물세 차례 PGA 투어 대회에서 스물세 차례 모두 우승으로 마무리 지었는데, 이번 우승으로 그 기록이 스물네 차례로 더 늘어났다. 생애 80승 달성은 어쩌면 덤이었는지도 모른다. 5년 만에 우승한 자체가 더 큰 뉴스였기 때문이다. 타이거가 돌아왔다는 타이틀로 골프 기사마다 도배해 놓았지만 전혀 어색하지 않다.

TV 중계로 우승 장면을 보면서, 몇 해 전 주위 지인들에게 했던 내 예측이 맞아떨어진 것도 기뻤다. 당시 사람들은 허리 부상과 가정 문제로 타이거 우즈의 재기는 불가능에 가깝다는 예상을 많이 했다. 하지만 나는 타이거가 돌아올 것이고, 우승을 추가할 거라는 얘기를 하고 다녔다.

TV로 보는 타이거 우즈의 모습도 옛날 그대로였다. 파3 15번 홀에서 아슬아슬하게 겨우 물을 넘긴 티샷을 하고도 표정 하나 바뀌지 않고 앞을 보며 걸어 나갔다. 수많은 갤러리가 손 내밀어 하이 파이브를 청했다. 일일이 하이 파이브에 응하고 손을 흔든다면 그건 타이거 우즈가 아니다. 마지막 홀 그린에 들어올 때만 손 흔들어야 타이거 우즈지. 역시 이번에도 눈길 한번 주지 않고 앞만 보며 지나간다. 오직 게임에만 집중하고 좌우로 눈길 한번 주지 않는 모습, 예전에 직접 봤던 타이거 우즈 그대로다.

2005년 뉴저지의 발투스롤 컨트리클럽Baltusrol Country Club에서 열렸던 〈PGA 챔피언십〉에서의 카리스마 넘치는 걸음걸이 그대로다. 그때 18홀 내내 따라다니며 느꼈던 그 포스가 생중계 화면으로도 그대로 전해진다.

이번 대회 우승으로 우즈는 PGA 투어 통산 80승을 달성했다. 어마어마한 우승 숫자이다. 잭 니클라우스의 생애 통산 73승을 밀어내고 다승 2위로 올라선 지는 벌써 오래전이다. 우리가 잘 알고 있다시피 PGA 투어 최다 우승 기록은 샘 스니드의 82승이다. 이 기록은 물론 대단하지만, 샘 스니드의 기록은 1930년대 중반부터 1960년대 중반까지의 기록이다. 그때는 프로 골프의 경쟁 상황이 지금처럼 치열하지 않을 때였다.

샘 스니드와 거의 같이 한 시대를 풍미風靡했던 바이런 넬슨, 벤 호건의 기록을 살펴보면 이해가 될 것이다. 넬슨은 1945년 11개 대회 연속 우승을 포함, 그 해에만 모두 18승을 했다. 그 해 샘 스니드는 제2차 세계대전 참전으로 대회에 참가하지 못했다. 한편 벤 호건은 1946년에 13승을,

1948년에 10승을 했다. 1950년엔 샘 스니드가 한 해 11승을 했고, 1952년에도 10승을 했다. 지금으로서는 상상도 할 수 없는 일이다. 이렇게 엘리트 프로 몇 명이 승리를 휩쓸어가던 시대였다.

골프 역사는 20세기 잭 니클라우스 이전과 이후, 21세기 타이거 우즈 이전과 이후로 나누어진다. 20세기 골프 황제는 누가 뭐래도 잭 니클라우스였다. 20세기 말, 1997년 드디어 타이거 우즈가 프로 골프 세계에 뛰어들었고, 본격적인 타이거 우즈의 시대가 열렸다. 타이거 우즈의 등장은 미국 골프 지형을 송두리째 바꿔 놓았고, 미국에서 형성된 골프 붐은 전 세계로 퍼져 나갔다. 세계적인 선수들이 미국 투어에 몰려들었고, PGA 투어의 선수층은 예전 어느 때보다 두꺼워졌다. 골프 시장도 덩달아 폭발적으로 커졌다. 선순환의 바퀴가 굴러가기 시작했다. 한 시즌에 2승 이상 다승자多勝者가 몇 명 나오지 않을 정도로 경쟁도 치열해졌다. 그 와중에 쌓은 타이거 우즈의 80승이다. 샘 스니드의 82승과 타이거 우즈의 80승이 가치가 다르다는 말이다.

이제 42세의 타이거 우즈가 샘 스니드의 기록을 뛰어넘을 것은 분명해졌다. 샘 스니드는 60세가 넘어서 한 우승도 있다. 타이거 우즈도 기자들에게 말했다. 샘 스니드가 앞서고 있지만, 자기 느낌으로는 스니드보다 앞서갈 기회가 분명히 생길 거라고. 그러면서 자기는 운이 좋았다고 말한다. 경추 아랫부분 디스크를 융합해서 붙여 놓고 있는 타이거 우즈로서는 접합 부분이 터지지 않기만을 바라야 할 처지, 주위에 체계적으로 도와주는 팀이 있으니까 잘 관리하면 다시 우승 기회를 만들 수 있을 것이다.

메이저 기록은 어떻게 될까. 메이저 14승에 멈추어 서 있는 타이거 우즈, 메이저 18승의 잭 니클라우스를 넘어설 수 있을까? 내 예측을 말하자면, 아마 어렵지 않을까 조심스럽게 전망한다. 잭 니클라우스가 46세에 마지막으로 〈더 마스터스〉를 우승하였기 때문에, 산술적으로는 타이거 우즈에게 몇 년의 시간이 남아 있다. 하지만 아무리 희망적으로 전망해도 1, 2승 추가에 그칠 것 같다. 〈디 오픈〉과 〈더 마스터스〉, 이 두 대회에서 추가 우승 가능성이 높을 것으로 예측한다. 비록 메이저 추가 우승을 못하더라도 타이거 우즈가 위대한 골퍼라는 위상은 조금도 흔들리지 않는다. 잭 니클라우스 시대와 타이거 우즈 시대의 경쟁 상태가 엄청나게 다르기 때문이다. 나는 골프 역사상 가장 위대한 골퍼는 타이거 우즈라고 생각하는 사람이니까, 독자들이 뭐라 해도 이 주장을 철회할 마음은 추호도 없다.

타이거 우즈, 젊은 시절 힘들었던 가정 문제도 이제 조금씩 극복하고 있는 것 같다. 역시 세월이 약이다. 고질적 허리 부상도 많이 좋아진 것으로 보인다. 무엇보다 반가운 것은 그의 스윙이 쉽고 편안하게 보인다는 것이다. 젊을 때 온몸을 쓰던 그 스윙이 아니다. 드디어 천하의 호랑이, 타이거 우즈가 돌아왔다. 타이거 있는 세상, 또 다른 재미가 있는 세상이다.

(이 글은 2018년 9월 페이스북에 게시했던 글이다. 그 이후 2019년 4월 제83회 〈더 마스터스 토너먼트〉에서 타이거 우즈가 275타 13언더 파로 우승하였다. 11년 만에 메이저 1승을 추가하여, 생애 메이저 대회 15승을 달성했다. 그리고 2019년 10월 〈조조 챔피언십〉에서 우승, 드디어 PGA 투어 82승을 달성하여 샘 스니드와 다승자 공동 1위로 올라섰다.)

2 잭 니클라우스와 타이거 우즈, 43세 그들의 이야기

이번 주 미국의 현충일이라 할 메모리얼Memorial Day 주간에 오하이오주
州에 있는 뮤어필드 빌리지 골프 클럽에서 〈메모리얼 토너먼트〉[1]가 열리
고 있다. 어제 3라운드 출발 때 우리 이경훈 선수가 선두여서 잔뜩 기대
했는데, 아쉽게도 타수를 줄이지 못했다. 타이거 우즈도 출전했다. 이 대
회는 잭 니클라우스가 초청하는 대회라서 우즈가 웬만하면 참석하려고
하는 대회이다. 소위 A급 대회이지만, 타이거 우즈가 출전하면 대회의 격
이 달라진다. 게다가 우즈가 PGA 82승 타이 기록에 도전하고 있어서 더
욱 주목을 받았다. 날이면 날마다 장날일 수는 없는 법, 우즈는 결정적
실수 몇 방으로 타수를 다 까먹고 중위권에서 마지막 라운드 출발을 앞
두고 있다.

---

1 2019 the Memorial Tournament 2019.6월 Muirfield Village GC(우승 패트릭 캔틀레이 269타 19언
더 파)

잘 알다시피 PGA 투어 최다승 기록은 샘 스니드의 82승, 하지만 그가 활약했던 1940~50년대의 경쟁 상황은 지금과 비교할 수 없을 정도로 선수층이 얇았다. 샘 스니드의 기록은 말 그대로 깨기 어려운 대단한 기록인 것만은 맞지만, 이제는 누구라도 타이거 우즈가 이 기록을 넘어설 것으로 믿고 있다. 이번 대회에서 보니 우즈의 실력은 녹슬지 않았다. 딱 하나 아쉬운 점이 스크램블링scrambling, 그린을 놓치고도 파 세이브 하는 능력이다. 특히 결정적 순간의 퍼팅이 아쉽다. 과거 전성기 우즈는 그런 클러치 퍼트를 놓치는 법이 거의 없었다. 퍼팅은 집중력과 자신감인데 이제 그도 나이를 먹었나 보다.

퍼팅에 관한 일화 하나. 예전에 어느 기자회견에서 잭 니클라우스는 자기는 공식 대회에서 한 번도 쓰리 퍼트three putt를 하지 않았다고 한 적이 있는데, 또 다른 기자회견장에서 그보다 더 흥미로운 질문과 답변을 했다. 만약 10ft(3m) 퍼트를 두고 당신의 목숨을 걸어야 한다면, 누구에게 그 퍼팅을 맡기겠느냐고. 잭은 주저 없이 타이거 우즈를 선택했다. 골프의 신이라 불리는 보비 존스도, 당시 퍼트의 달인으로 소문났던 밴 그랜쇼도 아니었다. 정신력이 결국 퍼팅의 성공을 보장한다는 믿음 때문이다. 극도의 압박감을 받는 상황에서 타이거 우즈 만이 퍼팅 집중력을 유지할 수 있다고 잭 니클라우스는 생각했던 것이다. 그런 평가를 받던 타이거 우즈, 이제 우즈는 퍼팅에서도 집중력이 떨어진 것이 눈에 보인다.

타이거 우즈는 43세가 된 올 시즌, 지금까지 평균 드라이버 거리 299yd, 잭 니클라우스는 43세이던 1983년, 266yd를 기록했다. 이는 당연히 장비의 발전에 따른 것이다. 대략 그때보다 평균 10퍼센트 정도 더 멀리 친다. 타이거 우즈가 데뷔했던 1990년대 후반, 타이거 우즈가 투어 드라이버 거리 1위를 할 때 평균이 298yd였으니, 우즈도 장비 혜택을 보고 있는 터. 그러면 299yd의 타이거 우즈는 투어에서 몇 위일까? 올 시즌 투어 55위에 불과하다. 잭 니클라우스의 266yd는 당시 투어 25위였다.

드라이버 정확도는? 거리가 짧을수록 당연히 높다. 잭 니클라우스의 페어웨이 적중률은 67%로 투어 5위였는데, 타이거 우즈는 63%로 잭보다 낮다. 아이언 샷의 정확도에 있어서도 이 위대한 골퍼들은 아직 녹슬지 않은 실력을 보이지만, 투어 최상위는 아니다. 정해진 타수 이내에 그린에 올리는 온 그린 비율greens in regulation ratio은 잭 니클라우스 63%, 타이거 우즈 67%로, 두 사람 모두 투어 10위권에 머물렀다.

퍼팅 숫자는 자료를 찾지 못했다. 두 사람이 43세 같은 나이일 때, 드라이브 샷과 아이언 샷 통계로만 봐서는 당시 투어 최상위 성적은 아니었다. 하지만 여전히 투어 최상위 성적을 유지하는 이유는 무엇일까. 평균 스코어를 한번 보자. 잭 니클라우스 70.88타, 타이거 우즈 69.77타이다. 두 사람의 성적이 뛰어난 것은 골프 스코어 만들기의 네 가지 요소, 즉 드라이브 샷, 아이언 샷, 칩샷 그리고 퍼팅을 골고루 잘 했기 때문이다.

타이거 우즈는 말한다.

"나는 (필드에 나가서) 다른 선수들이 어떻게 치는지 전혀 신경 쓰지 않는다. 오직 어떻게 하면 내가 최선을 다할지 그것만 생각한다."

반면 잭 니클라우스는 말한다.

"나는 언제나 (필드에서) 나보다 더 잘 치는 선수들이 있다고 믿는다. 그리고 나는 그들을 이기기 위해 더 연습이 필요하다고 생각한다. 나보다 더 잘 치는 가상의 선수를 머리에 두고라도, 나는 언제나 그 선수를 이기려고 노력했다."

올해 43세가 된 타이거 우즈는 앞으로 몇 승을 더할 수 있을까? 1983년 43세였던 잭 니클라우스가 그 후 PGA 투어 몇 승을 더 보탰는지 알아보자. 불과 2승을 추가하는 데 그쳤다. 46세에 메이저 대회 〈더 마스터스〉 우승이 포함된 숫자이다. 타이거 우즈도 43세인 올해 메이저 대회인 〈더 마스터스〉에서 1승을 올렸다.

지금 추이를 보면 메이저 대회를 포함해서 몇 승 더 추가하는 것은 가능할 것 같다. 잭 니클라우스 시절에 없었던 콘셉트 하나가 있기 때문이다. 바로 타이거 우즈가 도입한 피지컬 트레이닝. 타이거 이전에는 체계적 피지컬 트레이닝은 없었다. 이제는 골프에 최적화된 몸을 만드는 건 골퍼들이 당연히 하는 것으로 받아들이게 됐다. 타이거 우즈가 잭 니클라우스보다 선수 수명을 조금이라도 더 연장하게 될 거라고 전망하는 이유이다. 하지만 과거 샘 스니드가 했던 우승 퍼레이드, 82승 중 43세 이후 16승을 올렸던 화려한 쇼는 더 이상 있을 수 없는 일이 되었다.

잭 니클라우스가 전성기 타이거 우즈에게 덕담했었다. 타이거 우즈는 자기가 기록한 메이저 18승을 뛰어넘을 유일한 선수가 될 것이라고. 다만 조건을 달았다. 화목한 가정을 이루어 정신적인 안정감을 가질 수 있어야 하고, 불의의 사고로 인해 골프를 할 수 없는 상황만 없다면 말이다.

타이거 우즈는 두 가지 다 충족하지 못했다. 하지만 가정 문제는 세월이 지나면서 그럭저럭 잘 수습한 것 같다. 아이들과의 행복한 모습을 종종 보여주고 있는 걸 보니. 사고는 당하지 않았지만, 허리 수술로 잭 니클라우스가 내건 조건을 충족 못한 거나 다름없었다. 그래도 엄청난 정신력으로 잘 버티고 있다. 그래서 타이거 우즈가 잭 니클라우스의 두 가지 조건을 미흡한 대로 어느 정도 충족한 거나 마찬가지라고 썼었다.

이 글을 처음 썼던 2019년 여름 이후, 엄청난 사고가 있었다. 바로 2021년 봄, 타이거 우즈가 로스앤젤레스에서 자동차 사고를 당한 일이다. 과연 투어 복귀가 가능할 것인지, 모두들 불가능하다고 전망한다. 나는 언제나 타이거의 광팬, 꼭 다시 복귀하기를 빌어본다. 이 글 앞부분에서 쓴 것처럼 2019년 〈메모리얼 토너먼트〉 파이널 라운드, 중위권으로 출발한 타이거 우즈는 무려 다섯 타를 줄여 토탈 9언더 파 공동 9위로 경기를 마쳤다. 포기란 절대 없는 타이거 우즈이다.

3 앙꼬 없는 찐빵, 우즈 없는 베스페이지 블랙코스

101회 〈PGA 챔피언십〉[2]이 뉴욕 파밍데일에 있는 베스페이지 블랙 코스에서 열리고 있다. 오늘이 파이널 라운드, 마지막 날 갤러리로 현장에 와 있는데 춥지도 덥지도 않은 쾌적한 날씨이다.

예전 2005년, 발투스롤 로어 코스Baltusrol Lower Course에서 열렸던 〈PGA 챔피언십〉에서 마지막 날 우승을 다투던 타이거 우즈를 첫 홀부터 마지막 홀까지 따라다닌 적이 있었다. 이번에도 타이거 우즈를 직접 따라다닐 계획을 세웠다. 마지막 날 우즈를 보려고 일요일 티켓을 오래 전에 예매해두었다.

하지만 예상과는 달리 타이거 우즈가 깃cut을 딩하는 바람에 우즈 볼 일이 없어졌다. 단 한 타 차로 컷이 된 타이거 우즈, 메이저 대회에 특히 강한 우즈의 입장에서도 실망을 금하지 못했으리라. 사실 올해 4월 〈더

---

2 101th PGA Championship Tournament 2019. 5월 Bethpage Black Course(우승 브룩스 켑카 272
타 8언더 파)

마스터스〉에서 우승했고, 2002년 여기에서 열렸던 〈유에스 오픈〉에서 우승했던 타이거 우즈인지라 이 대회가 시작될 때 미디어의 집중 조명을 받고 있었다.

하지만 나이가 든 타이거 우즈에겐 코스 길이가 결국 부담이 되었다. 파70에 7,459yd인 블랙 코스는, 2002년 이 코스에서 타이거에게만 언더 파를 허용했던 그때 치욕을 되돌려 준 꼴이었다. 타이거 우즈 대신, 젊은 장타자 브룩스 켑카, 더스틴 존슨, 로리 맥길로이와 조던 스피스에게는 우승과 상위권을 줄줄이 허용했다.

타이거 우즈가 유일하게 언더 파로 우승했던 그 대회는 코스 길이 7,214yd로, 올해 7,459yd보다 245yd나 짧았다. 그때 타이거 우즈가 3언더 파 우승, 필 미켈슨이 이븐 파 2위였다. 불쌍한 필 미켈슨, 여기저기서 2위를 하다 보니 〈유에스 오픈〉 우승 트로피가 없어서 아직 생애 그랜드 슬램을 하지 못하고 있다. 타이거 우즈 없는 베스페이지 블랙, 마지막 날 나 같은 열혈 갤러리의 재미 하나를 확실히 **빼앗아** 가버렸다.

21세기 들어 PGA 투어 대회는 타이거 우즈가 출전하는 대회와 타이거 우즈가 출전하지 아니하는 대회로 나누어진다. 타이거가 컷을 당한 대회도 바람 빠진 풍선 꼴이 되는 것은 마찬가지다. 오늘이 파이널 라운드인데도 타이거가 없으니 구름 관중이 타이거를 따라다니는 장면을 볼 수 없다. 아쉽다.

그래도 명색이 메이저 대회이고, 티켓은 진작 매진되었을 테니 마지막 날 관중은 여전히 많다. 홀마다 분산되어 있지만 그래도 엄청난 숫자의 갤러리이다. 이럴 땐 작전 계획을 잘 세우는 게 중요하다. 꿩 대신 닭이라고나 할까. 필 미켈슨이 어디 있는지 찾아본다. 필은 벌써 15번 홀에 가 있었다. 이번 대회 필의 성적도 좋지 못해 마지막 날 일찍 출발한 탓이다. 16번 홀 티잉 에리어에서 필 미켈슨을 따라잡았다. 비록 이번 대회 성적이 시원찮은 필 미켈슨이지만 그래도 엄청난 인파와 같이 16번 홀로 들어선다. 남은 홀이 세 홀밖에 없지만 그래도 밀착 팔로우 태세를 갖춘다.

파3 17번 홀, 갤러리들 환호 속에서 내 옆에 서 있던 어떤 젊은 녀석이 자기 친구에게 얘기한다.

"이 친구, 두 번째로 인기 있는 친구니까, 그치?(He's the second most popular guy, uh?)"

가장 인기 있는 선수는 물론 타이거 우즈지만, 오늘 이 자리에 없으니까. 여기 갤러리들은 응원도 참 잘한다. 어딜 가나 "필! 필!"을 외치는 팬들로 둘러싸인 필 미켈슨, 그까짓 성적이 하위권으로 좀 처졌으면 어때 하고 당당하게 18번 홀 그린을 떠난다. 필 미켈슨을 따라 클럽하우스까지 돌아와서 우선 점심을 먹고 본격 갤러리 짓 채비를 했다. 우즈 없는 오늘은 일관되게 꿩 대신 닭 작전, 우승 예약 브룩스 켑가 내신 우리 강성훈 선수를 첫 홀부터 맘먹고 따라나서기로 했다.

강성훈은 2언더 파 공동 12위로 파이널 라운드를 출발했다. 블랙 코스, 내가 가장 좋아하는 코스이다. 스코어 잘 나와서 좋아하는 코스가 아니라, 스코어 내기가 정말 어렵기 때문에 좋아하는 코스였다. 첫 홀부터 강성훈의 플레이를 한 샷 한 샷 보면서, 2003년 5월 이 코스 화이트 티(파71, 6,684yd)에서 79타를 기록했을 때 내가 했던 샷과 비교해 보는 재미도 있었다.

그날 나는 이 코스에서 파 열두 개, 보기 네 개, 더블 보기 두 개로 8 오버 파, 79타를 쳤었다. 여태 그 스코어 카드를 가지고 있다. 스코어 카드를 보니 화이트 티에서 코스 레이팅 73.8, 슬로프 레이팅 135였다. 그때만 해도 블랙 코스는 2002년 〈유에스 오픈〉 셋업을 거의 그대로 유지하고 있었지만, 화이트 티 길이가 그리 길지 않았기에 슬로프 레이팅이 아주 높지는 않았던 것 같다. 그래도 슬로프 135는 여전히 어려운 코스, 러프를 제대로 길러 놓은 코스라서 어려웠던 기억이 새삼스럽다.

파이널 라운드에서는 브룩스 켑카가 12언더 파, 일곱 타 차 선두로 출발했다. 2위 더스틴 존슨과 타수 차이가 크다 보니, 켑카의 우승을 의심하지 않는 분위기였다. 브룩스 켑카의 출발 전 루틴은 조금 독특한 것 같았다. 선수들은 보통 드라이빙 레인지에서 샷 연습을 하고, 대개 1번 홀 티잉 에리어 근방에 있는 연습 그린에 와서 10분, 많아야 20분 정도 퍼팅 연습을 한다. 그리고 나서 곧 바로 1번 홀로 향하는 것이다. 연습 그린에 출발 선수들이 일정하게 들어왔다가 곧 1번 홀로 옮겨가는 모습을 볼 수 있었다.

그런데 브룩스 켑카는 출발 한 시간 전에 연습 그린으로 올라왔다. 다른 대회에서도 그러는지, 아니면 메이저 대회인 이 대회에서만 그러는지 모르겠다. 그러는 사이 선두 그룹의 출발이 시작되었다. 챔피언 조가 출발하기 한참 전에 우리 강성훈 선수를 뒤좇아 1번 홀 페어웨이 로프를 따라 걷기 시작했다. 블랙 코스 1번 홀은 챔피언 티든 화이트 티든 거리 차이가 없다. 아 참, 그래도 챔피언 티인데 1yd라도 길게 한다. 그래서 챔피언 티 430yd, 화이트 티 429yd다.

페어웨이가 약간 오른쪽 도그레그인지라, 옛날 여기에서 드라이브 샷을 페어웨이 꺾어지는 지점 왼쪽 러프로 보내고 말았다. 러프는 공이 보이지 않을 정도로 장난 아니었고, 샌드웨지로 겨우 페어웨이로 빼내고는 쓰리 온three on을 할 수밖에 없었다. 운 좋게도 핀 가까이 잘 보냈고, 그 퍼트를 성공시켜 행운의 파를 잡았다. 강성훈은 드라이브 샷으로 오른쪽 코너를 가로질러 가려고 했지만, 완전히 넘기지 못하고 러프에 빠지고 말았다. 이렇게 언뜻언뜻 떠오르는 옛날 내가 했던 샷을 회상해 가면서 강성훈과 동반자 리키 파울러의 플레이를 따라가는 것도 또 다른 재미가 있었다.

오늘 타이거 우즈가 플레이했다면 당연히 처음부터 따라나섰겠지만, 브룩스 켑카 우승이 불을 보듯 뻔하고 타이거 우즈도 없는 상황이라 강성훈 프로 추적 작전은 꽤 잘 세운 전략이었다. 잘하면 강성훈 프로가 3위까지 도약할 수 있겠구나 하고 있었는데, 정말 골프란 녀석은 어떤 조화를 부릴지 알 수 없는 녀석 아닌가. 후반 나인 홀에 접어든 파4 10번 홀, 오후 들어 불기 시작한 바람 때문인가. 샷이 흔들리기 시작했다. 메이저 대회 마지막 날이란 중압감도 내리누를 것이다. 10번 홀에서 트리플 보기triple bogey로 벌어 놓은 타수를 까먹어버렸다.

그러는 사이, 뒤따라오고 있는 챔피언 조에서도 엄청난 변화가 일어나고 있었다. 곳곳에 세워 둔 대형 스코어판板 위에 상위권 선수들의 스코어 숫자가 드라마틱하게 바뀌고 있었다. 브룩스 켑카는 오히려 그 어려운 10번 홀에서 버디를 잡아 13언더 파가 되어 독주 체제를 굳히는가 싶더니, 그 후 연속 네 홀에서 보기를 쏟아내었다.

강성훈을 따라다니다가 이거 심상찮구나 싶어서 브룩스 켑카를 기다렸다. 15번 홀에서 마지막 조를 만났을 때 켑카는 9언더 파로 내려앉아 있었다. 더스틴 존슨은 착실히 타수를 줄여서 이제는 7언더 파. 네 홀 남겨두고 두 타 차가 되니 승부는 그야말로 오리무중五里霧中, 앞이 보이지 않는 안개 속으로 들어가버렸다. 일곱 타 차가 이렇게 좁혀질 수도 있구나. 파4 15번 홀에서 더스틴 존슨이 버디를 잡자 드디어 한 타 차 승부가 되었다.

하지만 이날 승부의 신은 결국 브룩스 켑카에게 미소를 보냈다. 한껏 신바람을 내던 존슨이 그 다음 홀에서 보기를 하여 스스로 승부에 찬물을 끼얹은 것이었다. 브룩스 켑카는 소위 메이저 대회의 사나이라는 별명을 가지고 있다. 메이저 대회처럼 어려운 코스 셋업을 한 대회에서 유독 강하다. 대단한 장타자는 아니지만 장타에다 방향성이 좋은 드라이브 샷을 가지고 있고, 무엇보다 스크램블 능력이 뛰어나기 때문이다. 짧은 거리 퍼트를 놓치는 법이 없다. 전성기 우즈를 보는 듯하다.

지난해 시네콕 힐스에서 열렸던 118회 〈유에스 오픈〉에서 극적으로 우승했던 브룩스 켑카였다. 그날 18홀 메인 스탠드에서 그 우승 장면을 지켜보면서 수많은 갤러리 속에서 나도 같이 열광했었다. 지난해 2018년 6

월 메이저 우승과 오늘 2019년 5월 메이저 우승 장면, 장소와 대회는 다르지만 드라마틱한 우승 순간만은 묘하게 오버랩된다.

타이거 우즈 없는 베스페이지 블랙 코스, 메이저 대회에서 그를 볼 수 없다는 것은 슬픈 일이었다. 2002년 〈유에스 오픈〉에서 우승했을 때 타이거 우즈의 스코어는 토탈 3언더 파로, 당시 언더 파가 불가능하리라는 일반적 예측을 뛰어넘은 스코어였다. 오늘 브룩스 켑카의 우승 스코어는 8언더 파, 선수들의 기량이 더 좋아진 결과일까? 2002년 언더 파 스코어는 타이거 우즈가 유일했고, 2019년 오늘 언더 파 스코어는 모두 여섯 명이었다. 강성훈 프로는 오늘 2오버 파를 쳤지만 토탈 이븐 파로 당당히 단독 7위로 경기를 마쳤다.

숫자만 보면 선수들의 기량 향상 때문일 거라 생각할 수 있지만 그렇지 않다. 똑같은 베스페이지 블랙 코스에서 열렸지만, 〈유에스 오픈〉과 〈PGA 챔피언십〉 간의 코스 셋업 차이가 일단 크다. 당시만 해도 〈유에스 오픈〉에서는 언더 파를 칠 수 없는 코스를 만들었다. 그런 코스에서 언더 파를 친 타이거 우즈가 대단한 것이다. 베스페이지 블랙 코스에서 타이거 우즈를 보지 못한 날, 이 대단한 코스를 오랫동안 기억하고 싶은 마음에서 18번 홀 표시 깃발 하니를 기념품으로 사 왔다.

4 타이거 우즈, PGA 투어 82승 달성하다

일본에서 열린 미국 PGA 투어 대회인 〈조조 챔피언십〉[3]에서 조금 전 타이거 우즈가 우승을 차지했다. 이 우승으로 역대 다승多勝 1위 샘 스니드Sam Snead의 82승과 타이를 만들었다. 어제 일요일 마지막 라운드가 일몰로 중단되었다가 월요일 아침 재개된 경기에서다. 골프 선수로서는 치명적인 허리 부상과 설상가상 가정 문제를 극복하고 다시 투어에 복귀한 타이거 우즈의 '인간 승리'이다. 지금부터 타이거 우즈가 우승하면 그대로 기록이 된다.

타이거의 빅 팬big fan 열혈 팬인 필자가 감히 단언컨대, 타이거 우즈 아닌 다른 선수가 82승 추월하는 일은 앞으로도 나오지 않을 것이다. 샘 스니드 시대와 타이거 우즈 시대는 세계 남자 골프 경쟁 상태가 완전히 다르다. 샘 스니드 시절 미국 프로들 특히 몇몇 엘리트 프로가 주도하던 투어와, 타이거 우즈 등장 이후 전 세계에서 몰려온 일류 선수들이 피 터지

---

3 the Zozo Championship 2019. 2019. 10월 Accordia Golf Narashino CC Composite Course, Japan (우승 타이거 우즈 261타 19언더 파)

게 경쟁하는 PGA 투어는 차원이 다른 투어이다. 샘 스니드 시대는 몇몇 일류 선수가 한 시리즈 우승만 10승 이상이 나올 정도로 독주했던 시대였지만, 타이거 우즈 시대는 시합에 나가는 어떤 선수가 우승해도 이상하지 않을 정도로 경쟁이 치열한 시대이다.

메이저 15승을 이룬 우즈가 설령 니클라우스의 메이저 최다승 기록을 깨지 못한다 해도 타이거 우즈가 골프 역사상 가장 위대한 골퍼라는 위상은 조금도 흔들리지 않는다. 우즈는 2000년 6월 〈유에스 오픈〉 우승을 시작으로 그해 7월 〈디 오픈〉, 8월 〈PGA 챔피언십〉에서 우승하고, 2001년 4월 〈더 마스터스〉를 우승함으로써 골프 사상 처음으로 메이저 대회 4연속 우승을 차지하였다. 사람들은 이것을 '타이거 슬램'Tiger Slam이라고 불렀다. 그랜드 슬램Grand Slam(한 해 동안 4개 메이저 대회에서 모두 우승하는 것)에 빗대어 '타이거 슬램'이라고 명명한 것이다. 이와 같은 4연속 메이저 대회 우승도 더 이상 나오기 어려울 것이다.

〈더 마스터스〉를 창설한 골프의 성인 보비 존스가 이룩한 그랜드 슬램, 당시 〈유에스 오픈〉과 〈유에스 아마추어 오픈〉, 〈브리티시 오픈〉과 〈브리티시 아마추어 오픈〉을 한 해에 모두 우승하여 달성한 그랜드 슬램은 당시 메이저로 여겨지던 대회에서 한 해에 우승했으니 그랜드 슬램이 맞긴 하겠다. 역사에는 신화도, 전설도 필요한 법이니 보비 존스의 그랜드 슬램은 그냥 그대로 전설의 페이지에 남겨두기로 하자.

불편한 진실 하나 얘기해 보자. 샘 스니드의 PGA 투어 82승 기록과 타이거 우즈의 PGA 투어 82승 기록은 과연 같은 기준으로 카운트한 기록일까? 결론을 말하자면 같은 기준으로 카운트한다면 타이거 우즈는 샘 스니드의 82승을 뛰어넘은 지 이미 오래 전이었고, 〈조조 챔피언십〉 우승으로 투어 최다승 타이tie를 이룬 현재 타이거 우즈는 투어 통산 96승을 거두었다는 것이다.

왜 이런 일이 발생했고, 그런데도 왜 공식 우승 회수를 같다고 하는가. 「골프 다이제스트」 2019년 5월호에 따르면, 우승 산정 기준이 다를 수밖에 없었던 스토리가 나온다. PGA 투어는 1968년 당시 PGA of America에서 분리되어 공식 출범했다. 내가 어디선가 한번 얘기한 적 있지만, PGA of America는 USGA 및 PGA 투어와 함께 미국의 3대 골프 단체이다. 산정 기준이 달랐다는 얘기는 어쩌면 당연한 얘기이다. 투어 공식 대회 성립 기준도 세월에 따라 달라지게 마련인데, PGA 투어 이전에는 지금 기준으로는 공식 대회로 인정되지 않는 대회가 많았다. 그런 대회가 샘 스니드의 우승 기록에 다수 포함되어 있다.

심지어 스니드의 우승 기록에 포함되어 있는 1946년 〈월드 챔피언 오브 골프World Champion of Golf〉 대회는 단 네 명이 참가해서 36홀로 치러진 이벤트 대회였다. 이보다 더한 사례도 있었다. 1937년 〈빙 크로스비 프로암Bing Crosby Pro-Am〉(오늘날의 페블비치 프로암)에서 샘 스니드는 단 18홀을 돌고 우승자가 되었다. 그때는 날씨 때문에 18홀로 끝났지만, 정식 우승으로 인정했다. 오늘날은 최소 54홀을 끝내지 못하면 우승 기록으로 인정하지 않는다.

반면에 타이거 우즈 초청 대회인 〈히어로 월드 챌린지Hero World Challenge〉 대회는 세계 최고 골퍼 20명을 불러서 4라운드 대회로 열리고, 세계 골프 랭킹 포인트도 부여받는 대회지만, PGA 투어 공식대회가 아닌 이벤트 대회로 취급된다. 참가 선수 20명은 타이거 우즈가 멋대로 초청하는 것이 아니라 세계 랭킹에 따라 초청하는데도 말이다. 이 대회에서만 타이거 우즈가 다섯 차례나 우승했다.

이렇게 산정 기준에 대한 논란이 있자 1980년대 후반, 당시 PGA 투어 총재가 골프 역사가 패널panel of golf historian을 구성하여 샘 스니드의 기록을 82승으로 확정지었다. 바로 위에서 얘기한 대로 샘 스니드에게는 상당히 후한 기준이었다. 이 기준을 타이거 우즈에게 그대로 적용하면 타이거 우즈는 통산 96승이 된다는 얘기다.

타이거 우즈는 미국 PGA 82승을 포함하여 프로 공식 대회 총 110회 우승을 기록 중이다. 이벤트 대회를 제외한, 세계 골프 랭킹이 포인트를 계산하는 각국 공식 투어에서 우승한 숫자이다. 영국을 포함한 유럽 대회인 유로피언 투어에서도 타이거 우즈는 41승을 했는데, 유로피언 투어 역대 다승자 3위에 랭크되어 있다. PGA 투어와 유러피언 투어에는 메이저 대회 등 동시에 각 투어의 공식 대회로 인정하는 대회가 있다. 미국 PGA 투어에서 현역 중 우즈의 82승 다음인 49세 필 미켈슨이 현재 44승인 것을 보면, 타이거 우즈의 82승이 다시는 나오기 힘든 숫자임을 쉽게 짐작할 수 있다.

월요일 아침, 타이거 우즈가 PGA 투어 대회 82승을 달성하는 장면을 생중계로 본다. 마침 일본에서 열리고 있는 대회라 리얼 타임으로 시청하고 있다. 골프 역사의 한 페이지에, 한 사람의 시청자이지만 타이거 우즈의 광팬으로서, 작은 점 하나 찍는 마음으로 지켜보고 있다.

5 타이거 우즈의 '빅 미스'와 화려한 부활

타이거 우즈가 골프 커리어 최대 위기를 맞았다. 2021년 2월 23일, 이번 주 화요일 아침 이른 시각 로스앤젤레스, 우즈가 손수 운전하던 SUV 차량이 내리막길에서 중앙 차선을 넘어 도로 바깥으로 굴러떨어졌다는 거다. 보도에 의하면 부상의 정도가 심각하다. 주로 다리 부상을 당했는데, 특히 오른쪽 정강이뼈 부상이 심각하다고 한다. 골프를 다시 하기 힘들 거라는 의사 소견도 보도되고 있다. 타이거 우즈의 빅 팬을 자처하는 나에게는 우울하기 그지없는 뉴스였다. 타이거 우즈의 골프 기록 책Golf Record Book은 이 사고로 마지막 페이지를 닫아야만 할 것인가.

2009년 사고로 사람들이 우즈는 이제 끝났다고 했을 때, 나는 타이거 우즈의 재기에 베팅했다. 자동차 사고로 드러났던 우즈의 가정 불화, 그리고 잇따른 허리 수술로 타이거 우즈의 골프 커리어는 이제 끝났다고 모두들 얘기했었다. 그때까지 우즈가 쌓은 승수勝數는 PGA 투어 71승, 메이저 대회 14승. 당시 현역 선수 누구도 꿈꿀 수 없는 어마어마한 기록이었지만, 샘 스니드의 PGA 투어 82승과 잭 니클라우스의 메이저 대회 18 승에는 한참 모자라는 상황이었다. 기회 있을 때마다 골프의 역사를 다시 쓰기 위해 플레이한다고 했던 타이거 우즈지만, 이혼으로 마음의 평정도 흔들리는 데다 허리 부상까지 겹치니 재기가 쉽지 않을 거란 전망이 대세였다.

하지만 나는 타이거 우즈에게 새로운 기록 달성을 기대해 보기로 마음먹었다. 우즈의 나이와 지금까지 기록과 우승 추이, 교통사고로 거의 죽다 살아난 벤 호건이 재기에 성공했던 사례 등등 나름 고려할 수 있는 여러 변수를 따져 본 뒤 내린 결론이었다. 솔직히 내 개인적 희망을 덧붙인 결론임을 부인하지 않겠다. 그리고는 주위 친구들에게 예언 아닌 예언을 했었다.

"타이거 우즈는 재기할 것이고, PGA 대회 최다승을 달성할 것이다. 다만 메이저 승수는 15 내지 16승에 그쳐 잭 니클라우스의 기록을 깨지 못할 것이다."

그러면서 PGA 투어 최다승을 달성한다면 비록 메이저 최다승을 하지 못하더라도 타이거 우즈는 잭 니클라우스를 뛰어넘는 가장 위대한 골프 선수로 인정받을 것이라 얘기했던 것이다.

왜 타이거 우즈가 다승 기록을 경신하리라고 봤는가. 내가 가장 기대한 것은 타이거 우즈의 정신력이었다. 우즈를 오랜 기간 살펴보니, 그가 경기에 나가는 유일한 동기動機는 우승이었다. 전성기 우즈는 한 시즌 동안 세 경기에 한 번 꼴로 우승할 정도로 승률이 높았고, 심지어 메이저 대회에서도 네 경기에 한 번 꼴로 우승했었다. 그 전성기 타이거 우즈를 갤러리로 몇 차례 따라다녀 보았는데, 구름 갤러리가 타이거를 연호連呼하는데도 눈길 한 번 주지 않고 앞만 바라다보았다.

지금도 2005년 발투스롤에서 열렸던 〈PGA 챔피언십〉 마지막 라운드, 8번 홀 세컨드 샷을 기다리며 앞을 응시하던 타이거의 강력한 눈빛이 기억난다. 타이거 우즈 특유의 모습이었다. 카리스마 넘치던 그 모습에서 우승에 대한 열망과 정신력을 보았다면 좀 오버한 걸까? 아니다. 나는 타이거 우즈의 정신력에 방점을 찍고 싶다. 최고의 기량이 뒷받침되었기 때문임은 물론이다.

타이거 우즈의 전성기를 함께 했던 코치 행크 헤이니가 말했다. 타이거의 타고난 재능 중 하나는 냉정해질 필요가 있을 때 전기 스위치 끄듯 감정을 배제해버리는 것이라고. 또한 우즈가 시합에서 했던 숱한 고난도 샷이 닥치고 공격하는 소위 '닥공 골프'에서 나온 것이 아니라, 샷의 확률을 따져서 가장 안전한 샷, 확률이 높은 샷을 치밀하게 계산해서 한 것이라고. 그랬던 타이거 우즈, 이번 자동차 사고로 인해 그의 골프 인생이 그야말로 '빅 미스'The Big Miss로 끝날 위기에 처했다.

「빅 미스The Big Miss」는 우즈의 전성기 6년긴올 고치로 있었던 행크 헤이니가 작심하고 쓴 타이거 우즈 이야기이다. 철저하게 베일에 가려져 있던 타이거 우즈의 훈련과 사생활의 단면을 들추어낸 책이기도 하다. 책의 타이틀 「빅 미스」는 선수나 캐디들의 은어이다. '큰 실수' 즉 더블 보기 이상 큰 점수를 만드는 실수mistake를 일컫는 말이다. 라운드 중 한 홀에서 이런 큰 점수가 나오면 졸지에 우승을 향한 모멘텀도, 샷 자체에 대한 확신도 사라져버린다. 잭 니클라우스나 벤 호건이 이런 빅 미스를 저지르지 않아서 위대한 골퍼가 된 것처럼, 타이거 우즈도 이런 빅 미스를 피하고 싶어 했다는 것이다.

그런데 골프에서 빅 미스가 아니라, 이번 자동차 사고가 바로 우즈의 골프 인생에서 빅 미스가 되지 않을까 걱정된다. 행크 헤이니는 「빅 미스」에서 타이거 우즈라는 골프 선수의 진면목을 잘 보여주고 있다. 한 마디로 말하면 위대함greatness이다. 그 위대함은 타고난 것이 아니라 연습에 의한 것이었다. 지독한 연습 벌레 타이거 우즈, 그는 "챔피언은 타고 나는 것이 아니라 만들어지는 것이다"라고 믿었다.

타이거 우즈의 독특한 연습법, '나인 샷'Nine Shots을 한번 살펴보자. 요즘은 사람들이 흔히 나인 윈도우 드릴Nine Windows Drill이라고 부르면서 따라하는 우즈의 독특한 연습법이다. 아홉 가지 구질球質의 샷을 자유자재로 구사하기 위한 연습법인데 사실 아마추어로서는 흉내도 낼 수 없는 방법이다. 우즈는 드라이버를 제외한 모든 클럽으로 연습했다. 언제나 샌드웨지로 시작하여 캐디백 안의 모든 클럽을 섭렵했다 하니 아이언뿐만 아니라 우드도 그렇게 연습했을 것이다.

아홉 가지 구질은 세 가지 커브와 세 가지 탄도의 조합이었다. 그야말로 아홉 가지 창문이다. 세 가지 커브는 내가 짐작한 대로 스트레이트straight, 오른쪽에서 왼쪽으로draw, 왼쪽에서 오른쪽으로fade 휘어지는 공이다. 탄도는 낮게low, 중간으로middle, 높게high 치는 것이다. 이렇게 커브와 탄도를 조합하면 아홉 가지 구질의 샷이 나온다. 타이거는 이런 차별

화된 연습이 다른 선수보다 더 잘하기 위한 방법이라고 생각했다. 이 나인 샷 연습법이 타이거에게 예술적인 샷 능력을 만들어 주었고, 모든 시대를 통틀어 최고의 아이언 샷 플레이어로 만들었다고 행크 헤이니는 생각했다.

타이거 우즈가 우승하는 데 기여한 것은 평소 연습만이 아니었다. 우승을 위해서 보여준 우즈의 집념 또한 대단했다. 언젠가 〈도이치 뱅크 챔피언십〉에서 비제이 싱에게 세 타 뒤진 상태에서 3라운드를 마쳤다. 마침 집안일로 행크 헤이니가 대회에 같이 가지 못했는데, 타이거 우즈가 전화를 걸어 왔다. 잘 되지 않았던 샷을 설명하며 무엇을 연습해야 하는지 물었다. 녹화된 타이거의 샷을 다시 보고 난 뒤 행크 헤이니가 전화했다. 호텔 방의 거울 앞에서 어떠어떠하게 백 스윙 연습을 30분 정도하고, 다운 스윙 연습도 어떠어떠하게 30분 정도 하라고 일렀다. 우즈가 다음 날 아침 전화를 다시 했는데, 전날 저녁 잠자기 전에 두 시간, 새벽 두 시 화장실 가려고 잠에서 깼다가 한 시간 반, 그리고 아침에 일어나서 한 시간, 합해서 네 시간 반을 거울 앞에서 연습했다는 것이다. 결과는? 전반에만 29타, 파이널 라운드 63타로 비제이 싱을 오히려 세 타 차로 제치고 우승을 하였다. 행크 헤이니의 책 「빅 미스」에 나오는 얘기이다.

이번 주 내내 타이거 우즈의 자동차 사고 후일담이 계속 기사로 나오고 있다. 과연 재기할 수 있을 것인가 하는 물음에 대해 의학적 판단만으로는 부정적 시각이 더 많은 듯하다. 기사에 나온 우즈의 오른쪽 다리

엑스레이 사진을 보니 다리뼈가 거의 산산조각이 나 있었다. 이런 걸 복합 골절이라 하는가 보다. 이걸 보고 다시 골프할 수 있다고 누가 쉽게 생각할 수 있을까. 나에게 묻는다면, 나는 아직도 긍정적이다. 타이거 우즈의 정신력을 믿고, 현대 의술을 믿는 까닭이다. 다시 한번 투어에 복귀해서 PGA 투어 최다승 기록을 꼭 달성해 주었으면 하는 바람을 담고 있다는 게 더 솔직한 내 마음이다. 그와 전성기를 함께 보내고, 허리 부상과 수술을 반복하는 긴 슬럼프 초입에서 6년간의 코치 생활을 끝냈던 행크 헤이니의 마지막 말이 울림을 주기 때문이다.

"어떤 골퍼나 운동 선수도 타이거 우즈보다 어려움을 더 잘 타개해 나간 선수는 없다. 가장 큰 실수가 만들어졌다면 이는 타이거에게 가장 큰 회복을 할 수 있는 기회를 주는 것이다. 이런 일이 생긴 것도 타이거 우즈의 위대함에 걸맞은 그의 운명이다. 그가 잘되기를 빈다."

토요일 오후 나가 본 양재천은 따뜻한 햇빛 속에 빛나고 있었다. 길가에는 지난 주까지 보이지 않던 보랏빛 자그마한 꽃들이 앙증맞게 피어 있었다. 봄까치꽃이라 한다. 까치가 울면 귀한 손님이 온다는데, 봄까치꽃이 피면 봄이 온단다. 양재천에 봄이 오고 있다. 타이거 우즈에게도 따뜻한 봄날이 어서 왔으면 좋겠다.

＊ 타이거 우즈의 화려한 부활
사실 이 글을 덧붙여 쓸 수 있게 된 현실이 쉽게 믿어지지 않는다. 2021

년 12월 초 어느 날, 3초짜리 짧은 동영상 하나가 이곳저곳 뉴스에 올라왔다. 타이거 우즈 동영상이었다. 우즈가 드라이빙 레인지에서 아이언 풀 샷을 하고 있는 3초짜리 동영상, 앙상한 다리 특히 검은색 타이즈를 신은 앙상한 오른쪽 다리가 눈에 띄었다. 그런데도 상체 볼륨을 예전처럼 유지하고 있었고, 샷도 무리 없이 자연스러웠다.

그리고 나서 며칠 뒤, 타이거 우즈 초청 이벤트 대회인 〈히어로 월드 챌린지〉에 호스트로 등장했다. 비록 대회에 참가하지는 못했지만, 이번에는 드라이빙 레인지에서 페어웨이 우드 샷을 선보였다. 지난번 아이언 샷과 마찬가지로 짧은 비디오 클립이었지만, 우드 샷이다 보니 훨씬 큰 몸 동작을 무리 없이 소화하고 있었다. 타이거 우즈가 다시 스윙하기 시작한 것이다. 반가운 소식이 아닐 수 없다. 타이거 우즈에게 재기의 희망이 없었던 10개월 전, 그때 썼던 내 예측이 절반은 맞아 들어가고 있다.

그러던 차 더욱 반가운 소식이 날아들었다. 〈PNC 챔피언십〉에 타이거 우즈가 출전하겠다고 한 것이다. 이 대회는 우리가 흔히 '아버지와 아들의 도전'the Father/Son Challenge으로 부르고 있는 이벤트 대회이다. 아들 찰리 우즈를 위해 출전을 결심했을 것이다. 타이거 우즈의 아들 사랑은 대단하다. 그렇지만 타이거 우즈가 이벤트 대회 2라운드를 돌겠다고 한 것만으로도 골프 애호가에게는 엄청난 뉴스였다.

그리고 〈PNC 챔피언십〉이 열리는 날이 왔다. 우즈의 걸음걸이는 약간 불편한 듯 보였고, 이동 중에는 전동 카트를 탔다. 하지만 아이언 샷이나 칩샷은 물론이고 드라이브 샷을 할 때도 거의 정상적인 샷을 할 만큼 몸 컨디션은 회복되어 있었다. 특히 오른쪽 다리가 산산조각날 정도로 부상을 당했는데 가히 기적적 회복이라 할 만했다.

아들 찰리와 함께 이틀간 25언더 파를 작성, 참가한 20팀 중 2위를 했다. 특히 2일째 경기에서 7번 홀부터 17번 홀까지 버디를 연속 열한 개 하고, 15언더 파를 기록한 것은 무척 인상적이었다. 경기 방식은 스크램블 포맷Scramble format, 아들 찰리와 아버지 타이거가 각각 친 공 중에서 좋은 공을 골라 다음 샷을 하는 방식이었다. 아들과 아버지가 서로 보완하여 작성한 스코어지만, 타이거 우즈의 어프로치 샷, 칩샷이나 퍼팅은 전혀 녹슬지 않았음을 잘 보여 주었다.

우즈는 인터뷰에서 투어에 나선다면 72홀을 걸을 수 있는 체력이 있어야 해서 아직 갈 길이 멀다고 했다. 그러면서도 재활하는 동안 하루도 쉬지 않고 운동했다고 한다. 이제 시작이고, 시작이 절반이다. 이제부터 타이거 우즈의 정신력을 지켜볼 차례다. 다시 한번 정규 투어에서 경쟁력을 보여 줄 날이 오리라고 생각한다. 골프 역사에서 새로운 페이지를 쓰겠다는 타이거 우즈의 강한 의지를 믿는다.

제6장

프로 골프의 세계, KPGA & PGA 투어즈

1 다시 뛰자 KPGA, 새로운 꿈을 향해

2020년 2월 14일, 한국프로골프협회KPGA 신임 회장 취임식이 코엑스 인터콘티넨탈 호텔에서 열렸다. LS그룹 구자철 회장이 18대 회장으로 취임하는 자리였다. 프로 골퍼 출신이 아닌 기업인으로서는 이번이 세 번째라고 한다. 스포츠 단체의 회장은 어찌 보면 '명예'이면서 한편으로는 '명에'가 될 수 있다. 남자 골프 투어를 책임져야 하는 KPGA 회장은 특히 그렇다. 한국 남자 골프 시장이 너무나 열악하기 때문이다. 특히 여자 프로 골프의 흥행 성공과는 아주 극명하게 대비되는 상황이라, 남자 골프에 대한 열정과 각오 없이는 웬만해서 쉽게 맡겠다고 나서기 어려운 자리였다.

신임 구 회장은 "2020년은 KPGA 도약의 원년이 될 것"임을 선언하며 회장에 취임하였다. 사실 나도 오늘 그 자리에 'KPGA 투어'의 이사Board Member 자격으로 참석하였다. 신임 회장의 'KPGA호'에 조그마한 도움이라도 되었으면 하는 마음이 간절하였다. 그야말로 골프 애호가로서, 남자 골프 발전을 위해 미력이나마 힘을 보태고 싶어 맡은 무보수 명예직이었다.

    그날 취임식 행사를 지켜보면서, 한편으로는 새로운 출발을 축하하면서 다른 한편으로는 남자 골프가 처한 상황에 대해 많은 생각을 하였다. 우리 남자 골프가 부진한 원인은 여러 가지이겠지만, 결국은 선수들이 맘껏 실력 발휘할 수 있는 골프 대회golf tournament가 많지 않다는 것이 가장 큰 이유이다. 대회가 많아져야 당연히 선수 수입이 많아지고, 선수의 기량도 향상되고, 선수층도 두터워지는 선순환이 일어나게 된다. 그렇게 되려면 남자 골프 팬이 많아야 하고, 그렇게 되면 그 많은 팬을 고객으로 끌어들이기 위해 대회 스폰서를 희망하는 기업이 많이 생겨날 것이다.

    나 자신 평소 남자 골프의 어려운 상황을 늘 안타깝게 생각했는데, 결국 기업과 프로 골프계가 윈윈win-win할 수 있는 관계를 만들어 타개해야 한다는 생각을 가졌기 때문이었다. 골프 산업의 전후방 연관 효과를 생각할 때, 국가 경제에 미칠 영향이 대단하다. 특히 남자 골프가 발전하면 국내 골프 산업은 현재보다 엄청나게 더 커질 수 있을 것이다. 그래서 기업인 출신 신임 회장의 어깨가 더욱 무거울 수밖에 없겠구나 하는 마음으로 취임사를 들었다.

    우리 남자 프로 골퍼들의 전반적인 수준은 우리가 생각하는 것보다 훨씬 더 뛰어나다. 기량이 뛰어난 훌륭한 선수가 많음에도 그 기량을 맘껏 발휘할 무대가 부족한 것이 안타깝다. 이 말이 믿기지 않은 분들은 골프 채널에서 중계 중인 이번 주 미국 PGA 대회와 LPGA 대회를 한번 보시라. 타이거 우즈 초청 대회인 〈제네시스 인비테이셔널〉(현대자동차 스폰서 대회)에서 우리 남자 프로들인 이경훈, 임성재, 강성훈, 김시우 등등이

상위권에서 우승을 다투고 있다. 그 기량이 타이거 우즈 못지않다. 물론 LPGA 대회에서도 박인비가 선두를 달리고, 많은 한국 선수가 선두권을 차지하고 있다.

유심히 보면 남자 선수와 여자 선수의 골프 기량에는 엄청난 차이가 있음을 알 수 있다. 이 재미를 한번 느껴보면 여자 대회와는 차원이 다른 골프의 맛을 느껴볼 수 있을 것이다. 남자들의 호쾌한 샷뿐만 아니라 정교한 테크니컬 샷과 상상을 초월하는 트러블 샷까지, 그 새로운 골프 세계에 한번 빠져보시라. 아직 한겨울 추위의 뒤끝이 남아 있는 2월 어느 날, 힘차게 새 'KPGA호'의 닻을 올리는 신임 회장과 새 집행부에 마음으로 큰 응원을 보낸다.

세상일 호사다마好事多魔인가. 좋은 일에 왜 이리 마魔가 끼는가. 신임 회장 취임식을 마치고 야심차게 새 시즌을 준비하고 있는데, 코비드–19 팬데믹이 본격적으로 덮쳐오기 시작했다. 우리나라도 모든 것이 우왕좌왕 뒤죽박죽이 되었다. 골프 대회 스폰서를 포기하는 기업이 속출하니 시즌 전체를 걱정하는 상황으로 내몰렸다. 그 와중에 신임 회장의 고생은 또 얼마나 심했겠는가. 초인적인 노력으로 2020년 시즌은 뒤늦게나마 출발하게 되었다.

2020년 7월 3일, 드디어 남자 골프 개막전이 시작되었다. 〈우성종합건설 아라미르 CC 부산경남 오픈대회〉[1]이다. 코로나 사태로 어려움을 겪

---

1 우성종합건설 아라미르 CC 부산경남 오픈대회 2020. 7월 아라미르 골프 앤 리조트 미르코스(우승 이지훈 267타 21언더 파)

는 대회 스폰서 기업들의 사정과 맞물려 스타트는 늦어졌지만, 그 동안 대회를 기다리며 갈고 닦은 선수들의 기량은 대단한 수준이었다.

오전 조 시작하자마자 재미있는 얘깃거리가 쏟아진다. 양용은, 김경태 선수와 한 조를 이룬 최호성 선수가, 그 유명한 '낚시 스윙'을 유감없이 휘두르며 단독 선두로 올라섰다. 최 선수는 첫 홀부터 이글, 두 번째 홀 버디로 힘을 내기 시작하더니, 17번 홀을 마친 뒤에는 9언더 파를 기록하여 코스 레코드에 도전하는 상황이 되었다. 마지막 홀에서 3m 정도 핀에 잘 붙인 세컨드 샷, 아쉽게도 버디 퍼팅이 아슬아슬하게 홀을 지나쳤다. 그 와중에도 특유의 몸 개그 동작으로 시청하는 팬들을 웃겼다.

생중계 화면을 보고 있노라니 오후 들어 바람이 상당히 부는 것 같았다. 골프에서 최대의 적은 바람, 바람, 바람. 오전 조가 거침없이 스코어를 낮춘 것과는 달리 선수들이 스코어 만들기에 어려움을 겪는 것 같다. 그럼에도 프로선수회 대표인 홍순상 선수는 15홀 현재 6언더를 치고 있다.

홍순상 선수는 나와 같이 투어 이사회 멤버이다 보니 아무래도 더 응원하게 된다. 생중계 화면으로 홍 선수가 15번 홀 파3에서 홀을 가로질러 28.5m 버디 퍼트를 성공시키는 장면이 나온다. 대단하다, 단숨에 7언더 파가 되었다. 첫 날 홍순상 프로는 코스 레코드인 10언더 파를 쳤다. TV 생중계로는 홍순상 선수기 피3 15번 홀에서 긴 거리 버디 퍼팅을 성공하는 장면을 끝으로 방송이 마무리되어버렸다. 그 후 KPGA 홈페이지를 보니, 파4 17번 홀 버디, 파5 18번홀 이글로 단숨에 세 타를 줄여 합계 10언더로 경기를 마친 것을 알 수 있었다. 코스 레코드였다.

유튜브 〈KPGA TV〉를 통해서도 KPGA 대회를 생중계로 볼 수 있다.

아직 얼마 되지 않아 당장에는 시청자도, 구독자 수도 당연히 많지 않다. 시작이 반이라 하지 않는가. 그동안 출발과 동시에 항구에서 발이 묶여 있던 새 'KPGA호'도 큰 뱃고동을 울리며 만천하에 출발을 알렸다. KPGA, 이제 다시 시작이다. 새로운 꿈을 향해!

2 "이 친구들은 멋지다"

   마지막 순간까지 승부를 예측할 수 없는 접전, 후반 서너 홀을 앞두고도 우승자는 그야말로 오리무중이었다. 18번 홀 그린 옆에 서서 선수들의 경기 장면을 보노라니 PGA 투어에서 20년 이상 사용했던 슬로건이 생각났다. "These Guys Are Good." 이 친구들은 멋지다. 태안 솔라고 컨트리클럽에서 펼쳐지는 이 멋진 승부야말로 이 슬로건에 딱 맞아떨어지지 않는가. 폭우가 쏟아질 거란 일기예보를 비웃기라도 하듯, 태안 솔라고 CC의 날씨는 선선한 바람과 비 한 방울 내리지 않는 쾌적함 그 자체였다.

   2020년 〈KPGA 오픈 with 솔라고 CC〉의 피날레는 멋진 사나이들의 경연장답게 그야말로 화려한 피티였다. 피4 18번 홀 그린으로 들어오는 신수 중 누가 우승할지 예측 불가의 상황, 먼저 김한별 선수가 +50으로 끝내고, 곧이어 이수민 선수도 동타로 홀 아웃했다. 이제 남은 선수는 10대 돌풍을 일으키고 있는 만 19세의 김민규 선수, 파5 17번 홀에서 세컨드 샷을 핀 1.1m에 붙여 놓은 장면이 생방송 중계로 나오고 있었다. 결정적이었다. 현재 스코어 +48, 이글을 한다면 단숨에 +5점을 획득하여 우승이다. 하지만 아쉽게도 그 이글 퍼팅은 홀을 맞고 튀어나왔다. 버디에 그쳤다. 두고두고 아쉬운 순간이었다. 결국 세 선수가 +50점, 스트로크 플레이로 단순 환산하면 25언더 파 스코어이다. 이 친구들은 대단하다. 멋지다.

"김영희 씨, 스코어는 오리까지야, 알죠?"
"그럼요. 유치원 좋은 델 못 나와서 기러기는 몰라요. 하하."

아마추어들이 골프장에 나가서 1번 홀 티잉 에리어에서 흔히 캐디와 나누는 얘기이다. 첫 홀 '올 파' 불문율不文律도 이제는 거의 헌법 수준인데, 한술 더 떠서 트리플 보기 이상을 하더라도 스코어 카드에는 더블 보기, 즉 '2'로만 적어 달라는 딜deal이다. 아라비아 숫자 2가 마치 오리처럼 보이고, 3은 기러기처럼 보여서 이런 은어가 생긴 것이다. 이러다 보니 요즘 아마추어 골퍼들의 스코어 카드에서는 3이나 4라는 숫자를 찾아보기 어렵다.

그런데 정식 프로 골프 대회에서 트리플 보기 이상은 아예 적지도 않고 더블 보기로만 적어내는 일이 있을 수 있다. 오늘 파이널 라운드가 진행되고 있는 〈KPGA 오픈 위드 솔라고 CC〉가 바로 그런 대회다. 변형 스테이블포드 방식Modified Stableford Play으로 열리는 첫 대회였다. 소위 '닥치고 공격'을 유도하는 골프 경기 방식인데, 남자 선수들의 공격력을 최대한 이끌어내 공격적 선수들에게 유리할 수 있다.

이번 대회에서는 남자 프로들의 호쾌한 장타와 과감한 어프로치 샷을 맘껏 보여주었다. 스코어별로 점수를 부여하여 그 점수의 합산으로 순위를 가린다. 공격적 플레이를 유도하기 위해 버디에 +2, 이글에 +5 등 큰 점수를 부여한다. 반면 보기에 −1, 더블 보기부터는 아무리 망쳐도 똑같은 −3만 부여하여 공격 포인트를 유도한다. 국내 남자 프로 대회에서 이 방식으로 열리는 첫 번째 대회이다.

예상치 못한 코로나 사태로 대회 타이틀 스폰서를 포기하는 기업이 속출하자, 올해부터 새로 한국프로골프협회KPGA를 맡은 구자철 회장이 남자 골프 발전을 위해 사재私財를 출연하여 새로 만든 대회였다. 플레이 방식도 과감히 새로운 방식을 도입했다. 재미없는 골프는 가라, 당초 의도대로 공격적인 남자 골프의 진수를 보여주는 멋진 대회가 되었다. 우리가 늘 보는 골프 대회는 '스트로크 플레이'라는 경기 방식이다. 매 라운드 매 홀 타수打數를 합산하여 순위를 정하는데, 오늘날 가장 흔하게 보는 방식이다. 어찌 보면 골프의 원형은 '매치 플레이'라 할 수 있다. 골프 코스 18홀 경기를 하는데 홀마다 경기 상대자와 스트로크를 비교해서 이기고 지는 방식이다.

그러나 매치 플레이는 1:1로 신행하는 경기 특성상 참가 선수 숫자가 제한적일 수밖에 없다. 게다가 다수 선수가 참가한 대회라면 승부를 가리는 데 엄청 많은 시간이 필요하다. 현대에 와서 매치 플레이는 라이더컵이나 프레지던트컵 등 단체 대항전이나 일부 PGA 투어에서만 적용하게 되었다.

백오십 명에 가까운 선수가 참가해서 단 나흘 만에 승부가 나는 스트로크 플레이가 골프 대회의 대세가 된 것은 당연했다. 하지만 골프도 스포츠인데 재미가 빠지면 앙꼬 없는 찐빵, 스테이블포드니, 포볼이니, 포섬이니 재미있는 방식으로 프로 대회도, 아마추어 경기도 할 수 있다. 재미를 추구하는 건 아마추어의 특권, 다음 번 골프장에 나가거든 동반자 중 라이벌 한 사람 정해서 둘이 홀 매치라도 한 번 해보시라. 매 홀 짜릿한 재미와 더불어 스코어까지 몇 타 줄이는 멋진 매직이 일어나 있을 것이다.

연장전은 세 선수의 서든 데스sudden death였다. 앞서 얘기한 대로 김한별, 김수민 선수가 +50으로 공동 1위가 되어 기다렸다. 파5 17번 홀에서 이글 오퍼튜니티를 아깝게 놓친 김민규가 합세하여 3인의 결투가 시작되었다. 우리가 흔히 버디 찬스니 이글 찬스니 하는 것을 원어민들은 열이면 열 찬스chance 아닌 오퍼튜니티opportunity라 했다. 굳이 구별하자면 찬스는 우연히 얻은 뉘앙스가 강하고, 오퍼튜니티는 적절한 상태를 만든 기회라는 뉘앙스가 강한 탓이리라.

잠시 옆길로 샜지만, 파4 18번 홀에서 벌어진 1차 연장전은 또 다른 드라마였다. 이수민의 3번 우드 티샷이 오른쪽 벙커로 들어갔다. 페어웨이 벙커에서 친 세컨드 샷을 핀 4m 거리에 붙였다. 김한별 선수의 세컨드 샷은 핀에서 불과 1.2m 정도 될까? 더 잘 붙였다. 마지막 김민규 선수의 세컨드 샷, 핀 30cm에 완벽하게 붙여버렸다. 멋지다. 최소한 재연장을 피할 수 없을 것 같은 예감.

하지만 이 스토리는 반전을 준비하고 있었다. 이수민은 어려운 중거리 버디 퍼트를 넣었고, 김한별은 꼭 넣어야 하는 짧은 버디 퍼트를 실패, 2차 연장전 참여도 물 건너갔다. 2차 연장전에서는 우리가 결과를 알다시피 이수민의 극적인 버디 퍼트 성공, 우승이었다. 김민규는 정규 홀에서 17번 홀 이글 퍼트를 놓쳐 승리할 기회를 날려버렸고, 2차 연장전 18번 홀 짧은 버디 퍼트를 놓쳤다. KPGA 첫 승에 대한 압박감이 이런 결과를 낳은 것 같다.

쓰고 있던 KPGA 흰 모자에 김민규의 사인 하나를 받아와서 나중에 라운드 나갔을 때 동반자에게 솔라고 경기 얘기하면서 선물했다. 그 모자를 받은 골프 팬 한 사람이 김민규를 기억할 것이다. 연장 패배가 이 선수에게 쓴 약이 될 것이다.

나흘간의 〈KPGA 오픈〉도 이렇게 막을 내렸다. 변형 스테이블포드란 새로운 방식 도입도 멋지게 성공했다. 여자 골프와는 본질적으로 다른, 남자 골프의 공격 본능을 맘껏 뽐냈다. 오늘도 278m 파4 5번홀에 갔을 때, 드라이버 샷으로 두 선수가 원 온을 시켜 놓았다. 그중 한 선수가 허인회 선수, 언제나 유쾌한 허인회 선수는 보는 사람에게도 긍정 에너지를 뿜어낸다. 지난주 우승한 김주형 선수는 이번 대회에서 다소 주춤한 모습을 보였지만, 파4 3번홀 티잉 에리어에서 마주친 김주형은 전혀 주눅 들지 않고 씩씩힌 모습이있다. 젊은 신인 선수와 투어 중견 선수들이 어울려 화끈한 경기력으로 마무리한 올해 세 번째 대회, 코로나 팬데믹 와중에도 무관중 경기로 잘 마무리했다. 〈KPGA오픈 with 솔라고CC〉도 대단원의 막을 내렸다. KPGA의 슬로건과 함께. "다시 뛰자! KPGA!"

3 젊은 꿈의 비상, 내일을 향해 쏴라

〈KPGA 군산 CC 오픈〉[2] 마지막 날, 마지막 홀 그린으로 올라오는 김주형 선수의 모습은 제법 내리는 빗속에서 당당한 걸음걸이였다. 볼 피치 마크를 수리하는 김 선수의 모습에서 여유가 묻어난다. 파이널 라운드 2언더 파, 합계 16언더 파 우승이다. 만 18세를 지난 지 한 달도 되지 않은 이 날 우승으로, KPGA 최연소 우승 기록을 갈아치웠다고 한다. 기록은 깨기 위해 존재하는 것. 언젠가는 또 다른 선수가 이 기록을 분명히 갈아치울 것이다. 아마추어 시절 고교생으로 1988년 〈한국 오픈〉에서 우승한 김대섭 선수의 17세 2개월 기록도 누군가는 또 깰 것이다. 젊은 프로들의 도전이 더욱 빛을 발하는 이유이다.

김주형은 파4 16번 홀에서 드라이버 티샷을 페널티 에리어에 빠뜨려 1벌타를 받고도 써드 샷을 핀에 붙여 멋지게 파 세이브에 성공했다. 우승의 분수령이었다. 두 타 차로 뒤좇아 오던 한승수 선수도 만만찮았다. 한승수는 파3 17번 홀에서 완벽한 티샷으로 공을 핀에 붙이고 버디 퍼트

---

2 2020 KPGA 군산 CC 오픈 2020. 7월 군산 컨트리클럽 (우승 김주형 268타 16언더 파)

성공, 김주형에게 한 타 차로 따라붙었다. 순식간에 승부를 예측할 수 없는 상황이 되었다.

하지만 그 상황에서 우승 경쟁 중압감을 느낀 쪽은 오히려 한승수 선수였다. 18번 홀 티잉 에리어Teeing Area에 선 한승수 선수, 그렇게 잘 치던 드라이버 티샷이 밀려 처음부터 오른쪽 페널티 에리어로 가버렸다. 한 타 차 승부를 원점으로 돌려 보겠다는 지나친 긴장감이 드라이브 샷 미스를 부른 건 아닐까? 그 한 번의 티샷 실수로 추격은 만사휴의萬事休矣, 모든 것이 티샷한 공과 함께 날아가버렸다. 어쩌면 김주형이 16번홀 드라이버 티샷 미스를 멋지게 리커버리recovery한 것이 오늘 승부의 하이라이트가 아니었을까.

오늘 김주형 프로의 우승으로 한국 남자 골프 스토리 북에는 또 하나의 얘깃거리가 추가되었다. 승부 세계에서는 언제나 짜릿한 얘깃거리가 필요하다. 이 겁 없는 어린 선수는 일찍이 태국 등 아시아 프로 골프 투어에서 잔뼈가 굵었다. 벌써 지난해 17세 때 아시아 프로 골프 투어 〈파나소닉 오픈〉에서 프로 첫 우승을 차지한 실력자다. 한국 남자 프로 투어를 거쳐 아마도 다음 스테이지는 미국 PGA를 목표로 하고 있을 것이다. 충분한 가능성이 있다. 올해 초, 우리 임성재 선수도 드디어 PGA 첫 승을 알리지 않았는가. 임성재 프로 같은 젊은 신수를 롤 모넬 삼아, 미국 진출을 기대해 본다.

김주형 프로가 롤 모델 삼을 만한 임성재 선수, 사실 지난 3월 PGA 투어 첫 승을 만들어 내었다. 젊은 한국 선수들이 PGA 투어에서도 이곳저곳 우승 소식을 전해오고 있다. 코로나 팬데믹으로 인해 엉클어진 스케

줄 속에서 〈혼다 클래식〉³이 2020년 3월 플로리다에서 열렸다. 이 대회에서 임성재 선수가 우승한 것이다. 임성재의 본격 질주가 시작될 것인지 자못 기대가 되는 모멘텀이 아닐 수 없다.

임성재는 아시아계 선수 최초로 2019년 시즌 PGA 투어 '신인왕'Rookie of the Year을 차지한 선수다. 페덱스컵의 사나이라고도 불리며 대단한 성적을 올렸지만, 우승 없는 신인왕이라는 얘기도 듣던 차였다. 이번에 우승하여 그간의 아쉬움을 시원하게 날려버렸다. 그의 본격 질주를 기대하는 것은 이 대회가 끝난 얼마 후 만 22세가 되었기 때문이다. 요즘은 모든 스포츠가 그렇지만, 젊은 나이에 두각을 나타내는 선수들이 대성할 확률이 높은 것은 당연하다. 임성재에게 큰 기대를 거는 이유이다.

지금까지 PGA 투어에서 우승한 한국 선수는 최경주K.J.Choi를 필두로 여섯 명이다. 드디어 임성재가 일곱 번째 우승자가 되었다. 통산 8승의 최경주 선수를 비롯하여 양용은, 배상문, 강성훈, 노승열 선수 모두 한국 또는 일본 투어에서 뛴 후 뒤늦게 PGA 투어의 문을 두드린 경우이다. 김시우 선수는 처음부터 PGA 투어에 뛰어들어 21세 첫 우승, 22세 때 2017년 제5의 메이저라 불리는 〈더 플레이어스 챔피언십〉에서 우승하여 팬들의 기대를 한 몸에 받았다. 하지만 허리 부상으로 최근 부진하다. 그런데도 김시우가 앞으로 더 많은 승수를 쌓아나갈 선수임을 믿지 않는 팬은 아무도 없을 것이다.

---

3 the Honda Classic 2020. 3월 PGA National Resort & Spa, Champion Course (우승 임성재 274타 6언더 파)

지금까지 PGA 투어에서 뛴 한국 선수들의 성과 중에는 최경주 선수의 성과가 단연 압권이다. 2002년 뉴 올리언즈에서 열린 〈컴팩 클래식〉에서 첫 우승을 한 후, 2011년 〈더 플레어스 챔피언십〉에서 우승하여 통산 8승을 쌓았다. 물론 메이저 대회인 〈PGA 챔피언십〉에서 우승한 양용은도 있지만 꾸준하지는 못하였다.

　　한국에서의 평가와는 달리 미국 골프계에서 최경주에 대한 평가는 대단하다. 당연히 최경주의 성과를 박세리나 박인비의 성과보다 한 수 위로 본다. 나는 최경주 선수의 골프 업적이 국내에서 박세리보다 과소 평가받는 점을 늘 아쉬워했다. 2004년경에 〈더 플레어스 챔피언십〉이 열리는 플로리다의 티피시 쏘그래스TPC at Sawgrass Golf Club에 간 적이 있다. PGA 투어 본부가 이곳에 있다. 거기 매니저에게 내가 한국에서 왔다고 했더니 대뜸 K.J.Choi를 아느냐고 먼저 물었다. 그러면서 자기가 최경주 선수를 직접 만나본 것을 자랑스럽게 얘기했다.

　　임성재는 2015년 KPGA 투어에서 프로로 데뷔한 토종 한국 선수다. 일본 투어를 거쳐 PGA 2부 투어에서 두각을 나타낸 뒤 작년부터 본격적으로 PGA 투어를 뛰었다. 작년에 한 대회도 빠지지 않고 전 대회에 참가했다니, 젊은 선수라고는 하지만 너무 무리하게 대회에 참가하다 보니 피로가 쌓여 우승하지 못하는 게 아닌가 하고 아쉬웠다.

　　〈혼다 클래식〉에서 한 첫 우승은 임성재로서는 여건도 좋았다. 그야말로 우승 오퍼튜니티가 아니었나 생각된다. 먼저 3라운드까지 선두에 세 타 뒤져 있었기 때문에 챔피언 조(3라운드까지 성적이 가장 좋아 4라운드에 마지막으로 나가는 조)로 나가지 못했다. 대신 우승에 대한 심리적 압박이 덜한 뒤에서 세 번째 조로 플레이하였다. 오늘 시합에서 챔피언 조에서 뛰었던 우승 경험 없는 토미 플릿우드와 브렌든 스틸은 우승 중압감을 이기지 못해 둘 다 1오버 파를 쳤다. 임성재가 마지막 베어 트랩Bear Trap(황금 곰이란 별명을 가진 잭 니클라우스가 경기 흥미를 높이기 위해 홀을 어렵게 설계하였다는 세 개 홀. 파3 15번 홀, 파4 16번 홀, 파3 17번 홀) 세 개 홀에서 배짱 좋게 승부를 걸 수 있었던 것도 우승 중압감을 느끼지 않고 플레이했기 때문이다.

이번 우승은 임성재에게 상당한 자신감을 주었을 것이다. 그의 샷은 향후 롱런을 위해 큰 무리 없는 샷인 것 같다. 다만 퍼팅은 오늘처럼만 되면 좋겠는데, 아직은 결정적 순간에 믿음을 주지 못해 아쉽다. 결국은 퍼팅이 말한다. 타이거 우즈가 그렇게 많이 우승한 것은 전성기 그 어떤 선수보다 퍼팅도 잘했기 때문이다. 오죽했으면 어떤 기자가 잭 니클라우스에게, 목숨을 걸어야 하는 3m짜리 퍼팅을 남겨 두고 있다면 누구에게 그 퍼팅을 맡기겠느냐고 질문했을 때, 잭이 서슴없이 타이거 우즈를 픽업했겠는가.

퍼팅에 관해서 임성재가 매우 귀한 경험을 얻은 대회가 아니었을까 생각한다. 우리 젊은 선수들이 이렇게 우승을 쌓아가는 모습을 보는 것은 언제나 즐겁다. 김주형의 첫 우승도 그렇고 임성재의 첫 우승도 그렇다. 임성재의 첫 우승 장면은 새벽 실시간 중계로 보지 못하고 녹화 중계로 보았다. 3월 어느 월요일 아침 우승 소식을 속보로 접했지만, 일부러 내용을 알아보지 않고 녹화 중계를 보았다. 피트니스 센터에 가서 끝까지 녹화 중계를 보느라고 한 시간 30분간 트레드밀에서 걸었다. 우리 남자 프로들, KPGA 투어에서도, PGA 투어에서도 젊은 프로들의 비상飛上을 응원한다. 유쾌한 한 편의 서부 활극처럼, 내일을 향해 쏴라!

4 PGA 토너먼트와 메이저 대회 참가 자격

이번에는 최경주K.J.Choi와 타이거 우즈Tiger Woods를 같이 볼 수 있을까? 제118회 〈유에스 오픈the U.S. OPEN〉[4]을 한 달 남짓 앞두고 대회 마지막 날 입장 티켓이 도착했다. 오랜만에 시네콕 힐스 골프 클럽에서 2018년 6월 셋째 주에 열린다. 4월 말 손자가 태어나서 온 집안이 들떠 있을 때 기다리던 티켓도 왔다. 금년 초부터 계획했던 대로 모든 일정이 순조롭게 진행되고 있었다.

14년 전인 2004년, 〈유에스 오픈〉이 시네콕 힐스에서 열렸을 때 아쉽게도 마지막 날 갤러리를 가지 못했다. 입장 티켓Ground Ticket을 거의 1년 전에 예매해 놓고 기다렸는데, 공교롭게도 출장 일정과 겹치는 바람에 갈 수 없었다. 거금을 투자하고도 직접 갈 수 없어서 실망이 컸다. 대신 갔던 딸애가 시네콕 힐스 로고 모자에다 '최경주' 사인을 받아왔다. 너무 많은 갤러리가 몰리는 바람에 타이거 우즈 사인은 도저히 받을 수 없었

---

4 the 118th US Open Championship 2018. 6월 Shinnecock Hills Golf Club (우승 브룩스 켑카 281
타 1오버 파)

다고 못내 아쉬워했다.

올해는 시간도 충분하여 여유 있게 기다리고 있는데, 마지막 날 과연 두 선수가 같이 나올 수 있을까 그것이 문제였다. 타이거 우즈가 〈유에스 오픈〉에 출전하는 것은 확실하지만 컷을 통과할지는 미지수였고, 최경주는 이번 〈유에스 오픈〉에 출전할 수 있을지 아직은 알 수 없었다. 출전 자격 때문이다.

〈유에스 오픈〉을 비롯한 4대 메이저 대회에는 참가 자격을 얻기가 무척 어렵다. 〈유에스 오픈〉에는 최종적으로 156명이 참가한다. 까다로운 참가 자격이 정해져 있다. 지금까지 확정된 선수는 54명이다. 여기에 타이거 우즈와 우리의 호프 김시우S.W. Kim가 포함되어 있다. 참가 자격을 한번 알아보는 것도 재미있을 것 같다. 참가 자격이라 했지만, 사실은 예선 면제다. 영어로는 'exemption'이라 한다. 먼저 과거 10년간 〈유에스 오픈〉 우승자에게 준다. 그리고 메이저 대회인 〈더 마스터스Masters〉, 〈디 오픈The Open〉, 〈PGA 챔피언십PGA Championship〉의 과거 5년간 우승자에게 자격을 준다. 내일 새벽 마지막 4라운드를 하는 〈더 플레이어스 챔피언십 The Players' Championship〉은 3년간 우승자에게 출전권을 준다. 김시우가 출전하는 것은 바로 지난해 이 대회 우승자이기 때문이다. 그 외에 〈유에스 아마추어 챔피언십〉 등 아마추어 우승자들에게도 출전권을 주고, 〈시니어 유에스 오픈〉 우승자, 1년 이내 투어 우승자나 세계 랭킹 60위 이내 등등 이런저런 자격을 가진 선수들에게 출전권을 준다.

지금까지 중복 선수를 제외한 52명이 확정되었고, 여기에 주최 측,

USGA가 초청한 선수 두 명을 포함하여 54명이 확정되었다. 주최 측 초청 선수가 누구일까? 올해는 어니 엘스와 짐 퓨릭이었다. 한때 필드를 주름잡았던 역전의 용사이다. 나머지 102명은 선발 진행 중이다. 1차로 지역 예선Local Qualifying을 통해 선발한다. 무려 9천 명 가까이 지역 예선 참가하였는데, 이 중에서 500명을 선발한다. 5월 말 6월 초에 최종 예선 Final Qualifying을 치른다. 이때는 기라성같은 프로들도 함께 참가한다. 골퍼라면 누구나 한 번 출전해 봤으면 하는 지상 최대의 골프 대회이기 때문이다. 예선 면제받을 자격이 없는 최경주가 올해 시네콕 힐스에 오기가 쉽지는 않겠다.

이처럼 4대 메이저 대회와 〈더 플레이어스 챔피언십〉은 참가 자격, 즉 예선 면제에 무척 까다로운 조건을 정해두고 있다. 그렇다면 일반 PGA 투어에 참가할 수 있는 투어 카드는 어떻게 받을 수 있을까. 첫 번째는 정규 PGA 투어에서 페덱스컵 포인트 125위 안에 들어야 한다. 두 번째가 2부 투어를 통한 투어 카드 획득이다. 2부 투어인 콘 페리 투어의 시즌 포인트 25위까지 투어 카드를 준다. 우리가 흔히 알고 있듯 PGA 투어에 진출하는 관문인 소위 지옥의 '큐-스쿨'Q-School 제도는 오래 전에 없어졌다. 지금은 2부 투어를 통해서 투어 카드를 주고 있다.

2부 투어를 콘 페리 투어Korn Ferry Tour라 부른다. 로스앤젤레스에 있는 콘 페리 컨설팅 회사가 2019년부터 10년간 스폰서하고 있다. 2부 투어는 매 시즌 20여 개 대회에 시즌 마지막 결선 대회Finals 세 개를 더한 어엿한 독립 투어다. 대회별 상금도 최소 75만 달러이고, 파이널 3개 대회는 150

만 달러에 달한다. 세 번째가 콘 페리 투어 파이널스 대회 순위 25위까지 투어 카드를 준다. 콘 페리 투어 파이널스는 3개 대회로 치러지는데, 이 파이널스 3개 대회에 콘 페리 투어 순위 26위에서 75위까지, 그리고 페덱스컵 포인트 126위부터 200위까지 참가 자격을 준다. 다음 시즌 투어 카드를 받지 못한 프로들의 패자 부활전인 셈이다. 이렇게 선발된 175명이 기본적으로 다음 시즌 투어 카드를 받는다.

여기에 더해서 메이저 대회나 일반 대회 우승자 등 일정 자격이 있는 선수에게 당연히 투어 카드를 준다. 성격에 따라 출전 우선 순위를 정해 두는 것은 당연하다. 기본적으로 이 선수들이 대회에 참가한다, 대회 참가 숫자field size는 어떻게 정하나? 기본적으로 계절에 따라 다르게 한다. 낮 길이에 따라 다르다는 의미다. 주로 144명이 참가하지만, 156명이 될 수도 있다. 낮이 짧으면 132명이 된다.

초청 대회는 당연히 제한된 숫자가 적용된다. 월드 골프 챔피언십 대회 4개 대회 중 세 개는 78명을 초청하고, 매치 플레이로 치르는 한 대회는 당연히 64명만 초청한다. 한 가지 흥미로운 사실은, 이런 대회에 초청받지 못하는 선수를 위해 병행 대회Opposite Field Event를 연다. 이때 참가 선수는 120명이다. 소위 인비테이셔널invitational이 붙은 초청 대회도 주로 120명이다. 한 마디로 부럽다. 이렇게 많은 대회에다 큰 상금까지 주는 PGA 투어다.

부럽다고 마냥 넋 놓고 침만 흘리자니 투어에 출전한 선수들의 곤혹스러움이 생각나서 한편으로는 안쓰럽다. 출전만 하면 선수들 앞에는 꽃길만 펼쳐져 있을까. 전혀 아니다. 어떤 대회든지 절반이 넘는 출전 선수는 2라운드를 마치고 짐을 싸야 한다. 말 그대로 투어tour를 뛰는 프로들의 숙명이다. 골프 대회가 장소를 옮겨 열릴 수밖에 없는 것이라 투어는 프로 골퍼의 숙명이기도 하다. 투어Tour는 라틴어 'tornus'에서 왔다고 하는데, 영어로 'turn'이니 돌아다니는 것은 주어진 팔자다.

그런데 이곳 뉴욕 롱 아일랜드의 동쪽 끝, 시네콕 힐스까지 와서 컷오프당하고 짐을 꾸려야 하는 프로들의 심정은 얼마나 쓰라리겠는가. 게다가 험난한 코스에서 힘 한 번 써보지 못하고 나가떨어진 그 기분을 이해할 수 있을까. 코스 셋업 어렵기로 소문난 〈유에스 오픈〉 아닌가. 황량한 벌판 같은 '링크스 코스'에서, '짐승' 같은 코스라고 소문난 곳에서 컷 당하고 뉴욕 JFK 공항까지 먼 길 되돌아 나올 대다수 프로를 생각해 본다. 투어 프로의 숙명이다. 그러면서도 마지막 날 일요일 오후, 타이거 우즈와 최경주를 그곳에서 보고 싶다. 타이거 우즈가 컷을 통과하고, 최경주가 예선 면제 자격을 꼭 얻기를 바라는 이유이다.

5 갤러리 짓의 정석, 윙드 풋에서

윙드 풋Winged Foot, 말 그대로 날개 달린 발을 말한다. 발에 날개가 달리다니? 신화에서나 있을 법한 얘기다. 바로 그리스 신화에 나오는 메신저의 신 헤르메스가 신고 다녔다는 신발을 말한다. 아니 신발이 아니라 그냥 발목에 날개가 난 것인지도 모른다. 윙드 풋 골프 클럽Winged Foot Golf Club의 로고에 딱 그렇게 그려져 있다.

이번 주 목요일, 윙드 풋에서 120회 〈유에스 오픈The U.S. Open〉[5]이 시작되었다. 매년 6월 셋째 주에 열리던 대회가 코비드-19 팬데믹으로 인해 9월 셋째 주에 지각 개최된 것이다. 사실 올해 6월 〈유에스 오픈〉은 꼭 직접 가서 보고 싶었다. 14년 전 직접 가서 갤러리로 보았던 것과 얼마나 달라졌을까 궁금하기도 했다. 어렵기로 소문난 윙드 풋이 이번 〈유에스 오픈〉 코스 셋업으로 어떻게 달라졌을까 궁금했고, 타이거 우즈가 이번에는 마지막 날 나올까 하는 기대도 있었다. 그래서 금년 초에 일찌감치 마

---

5 the 120th US Open Championship 2020. 9월 Winged Foot GC West Course (우승 브라이슨 디 섐보 274타 6언더 파)

지막 날 일요일 입장권을 예매하고 기다렸지만, 코로나 사태로 미국에 갈 수도 없게 되었다. 한창 코로나가 유행하여 6월에 대회도 열지 못하니 만사휴의萬事休矣. 이것저것 모든 것이 헛일이 되었다. 그나마 9월에 무관중 대회로 열린다니 반갑다.

　미국 PGA 투어에서 갤러리 즉 관중으로 골프 경기를 직접 보려면, 특히 〈유에스 오픈〉처럼 인기 있는 메이저 대회라면 미리미리 서둘러야 한다. 1년 전부터 티켓 발매를 기다렸다가, 주최 측에서 티켓 판매 오픈하자마자 예약해두는 게 좋다. 주말 그라운드 티켓Ground Ticket은 메이저 대회의 경우 대략 120달러 정도 한다. 가장 싼 티켓이 그라운드 티켓, 즉 다른 혜택이 없는 기본 입장권이라 보면 된다. 이런 티켓을 미리 구해두지 못했다면, 인터넷에 상당히 비싸게 내놓은 암표를 구해야 하는 불상사가 생긴다. 세상일에 마지막 찬스라는 게 없을 수 없다. 당일 현장에 가면 싸게 떨이하겠다는 암표상을 운 좋게 만날 수 있을 것이다. 그러다 그런 행운을 영 못 만날 수도 있으니 그야말로 팔자소관.

　윙드 풋 골프 클럽은 그야말로 역사와 전통을 자랑하는 명문 코스이다. 1923년에 오픈한 이래 수많은 골프 대회를 열었다. 〈유에스 오픈〉만 6회나 개최한 곳이다. 코스를 디자인한 사람은 20세기 초반 미국의 전설적인 골프 코스 건축가 틸링하스트A. W. Tillinghast이다. 틸링하스트는 2015년 월드 골프 명예의 전당에 헌액獻額된, 그야말로 20세기 초 미국의 독보적 골프 코스 아키텍트architect이다. 골프 역사에서 그를 제외한다면 20세기 초반 미국 골프 역사는 상당 부분 공백으로 남겨두어야 할 것이다.

2006년 6월 〈유에스 오픈〉[6]당시 윙드 풋 GC 서 코스는 소위 '유에스 오픈 코스 셋업'을 하여 상상을 뛰어넘는 어려운 코스가 되었다. 마지막 날 직접 발로 밟아 본 코스 난도難度는 일류 프로들에게도 거의 죽음이었다. 코스 길이는 길었고 러프는 깊었다. 페어웨이 폭은 조금 과장하면 뱀이 기어가는 것처럼 좁고 길게 보였다. 실제로 파이널 라운드에서 필 미켈슨을 따라다니며 이 홀 저 홀 페어웨이를 건널 때 발걸음으로 재보니, 페어웨이 폭이 스무 걸음을 넘는 곳이 없었다. 20yd가 채 안 된다는 얘기다. 게다가 러프도 장난 아니었다. 사실 윙드 풋의 러프는 예전부터 깊고 억세기로 정평이 나 있었다. 얼마나 러프가 깊었던지, 1974년 〈유에스 오픈〉에서 리 트레비노가 했다는 농담이 믿거나 말거나 전해지고 있다.

"내 캐디가 러프에 떨어진 공을 찾으려고 캐디백을 러프에다 내려놓았어. 그런데 공도 찾지 못하고 캐디백도 그만 잃어버렸지 뭐야. 아니 어떤 때는 그만 캐디도 찾을 수 없더라고."

리 트레비노가 했다는 농담처럼, 1974년 〈유에스 오픈〉 때 윙드 풋의 코스 셋업이 극단적으로 어려웠었다는 것은 기록을 보아도 알 수 있다. 당시 컷오프 스코어는 무려 13오버 파였고, 헤일 어윈의 우승 스코어는 7오버 파였다. 그때는 프로들의 경쟁 상황이 지금보다 치열하지 않았다 하더라도, 코스 자체가 엄청나게 어려웠다는 것을 부정하기 어렵다. 딕 쉬

---

6 the 106th US Open Championship 2006. 6월 Winged Foot GC West Course (우승 제프 오길비
   285타 5오버 파)

압이란 스포츠 기자가 '윙드 풋의 대학살'Massacre at Winged Foot이라는 헤드라인을 뽑았는데, 오랫동안 그 말이 사람들의 입에 오르내렸다. 간단히 비교해 보자. 2006년 컷오프 9오버 파 대 1974년 컷오프 13오버 파, 2006년 우승자 제프 오길비의 5오버 파 대 1974년 우승자 헤일 어윈의 7오버 파라는 기록을 보아도 1974년 코스 셋업에 '대학살'이란 이름을 붙인 스포츠 기자가 빈말한 것은 아니었다.

USGA의 〈유에스 오픈〉 코스 셋업 방침은 2019년 중요한 전환점을 맞았다. 작년 페이스북에서 한 번 언급한 적이 있는데, 지난해 페블비치 GC에서 열렸던 〈유에스 오픈〉부터 방침을 바꾸어 코스 난도難度를 지나치게 높지 않게, 적절하게 조절하겠다고 발표한 바 있다. 그 후 페블비치 GC 〈유에스 오픈〉은 상대적으로 쉽게 설정한 것이 분명했지만, 어느 정도 난도였는지 가늠할 비교 대상이 없었다. 그래서 나는 리트머스 시험지가 바로 올해 윙드 풋 대회가 될 것이라고 그 글에다 썼다. 그런 관점에서 올해 윙드 풋 대회를 꼭 직접 보고 싶었다.

코로나로 결국 직접 가보지는 못하고, TV 중계로 이번 코스 셋업과 선수들의 스코어를 유심히 지켜보았다. 과연 어떻게 되었을까? 목요일 1라운드 하루 동안 모두 21명이 언더 파 스코어를 기록했다. 2006년에는 4라운드 동안 총 열두 번(1라운드 당 평균 세 명)만 언더 파 스코어를 기록했었다. 이번에는 1라운드 하루에만 21명이 언더 파를 쏟아냈다. 이번 대회 코스 셋업이 상대적으로 어렵지 않았다는 것을 알 수 있다. 확실히 USGA가 변한 것이다. 당장 오늘 새벽 끝난 2라운드 후 컷오프 스코어를 단순 비교해 보아도 그렇다. 이번 대회 컷오프는 6오버 파였다. 여기서 열린 1974년 13오버 파, 2006년 9오버 파에 비해서 확실히 줄어든 것이다. 물론 그 중간 1984년 대회에 7오버 파 컷오프는 당시 비가 와서 그린이 느려져서 생긴 예외 케이스이다.

이번 대회에 직접 가보지 못해서 러프와 페어웨이 조성 상태를 정확히 알 수 없지만, TV 중계로 보면 2006년보다 페어웨이도 좀 더 넓은 듯 보였고, 러프도 그때보다 무성하지 않은 듯했다. USGA가 2019년 〈유에스 오픈〉 운영 책임자를 존 보덴하머로 바꾸면서 코스 셋업을 극단적으로 어렵게 조성하지는 않겠다는 방침을 정했는데, 이번 대회를 통해서 확실하게 보여준 게 아닌가 한다. 2018년까지 〈유에스 오픈〉 코스 셋업 책임을 직접 맡았던 USGA의 CEO 마이크 데이비스가 "USGA가 코스 셋업을 어렵게 하는 것은 세계 최고 골퍼들을 골탕 먹이려는 것이 아니다. 최고의 골퍼를 확실히 구별해내기 위한 것이다"라고 한 말이 빈말이 되지 않아 다행이다.

잠시 2006년 6월 윙드 풋 골프 클럽 서 코스West Course로 가보자. 그날 〈유에스 오픈〉 파이널 라운드의 마지막 장면은 한 편의 드라마였다. 파4 18번 홀 주위는 구름 같은 갤러리로 뒤덮여 기꺼이 접근할 수 없다. 챔피언 조 필 미켈슨을 따라 종착역 18번 홀에 도달했다. 우승 향방이 오리무중이라 서둘러 18번 홀 그린 쪽으로 이동했다. 그린 가까이는 갈 수 없으니, 이럴 땐 그린과 페어웨이를 동시에 조망할 수 있을 만한 지점이 있는지 재빨리 파악하는 게 위치 선점의 요체, 그린 못 미쳐 오른쪽 페어웨이 끝 약간 높은 곳에 갤러리 틈을 비집고 앉아 필 미켈슨을 기다렸다.

뉴욕의 6월 중순은 가끔 엄청 더울 때가 있는데, 이날이 바로 그날이었다. 가뜩이나 무더운 날씨에 경기 열기와 갤러리들의 체온까지 더해서 주위는 찜통처럼 후끈했다. 그 열기 속에 벌어진 이 날 파이널 라운드, 마지막 승부의 순간은 지금 생각해도 짜릿하다. 필 미켈슨이 티샷을 한 상황은 미리 그린 쪽에 와 있던 내가 볼 수 없었다. 두 조 앞에서 플레이하던 콜린 몽고메리가 토탈 4오버 파 공동 선두 상황에서 세컨드 샷을 왼쪽 벙커에 빠뜨렸다. 18번 홀 그린사이드 벙커 샷을 그린 넘겨 왔다 갔다하더니 더블 보기를 하여 토탈 6오버 파로 경기를 마쳤다. 직접 보고 있는 내가 다 안타까울 지경이었다.

챔피언 조 바로 앞 조인 제프 오길비가 마지막 홀에서 극적인 칩 인 파를 하여 토탈 5오버 파로 마쳤다. 마지막 조 필 미켈슨, 파이널 라운드 18번 홀 티잉 그라운드에 섰을 때 토탈 4오버 파 단독 선두였다. 은근히 필미켈슨이 우승했으면 하고 응원하고 있던 나는, 이제 드디어 마지막 홀파만 하면 된다고 두 손을 모았다. 그때까지 〈유에스 오픈〉에서 2등만 다섯 번인가 여섯 번을 한 필 미켈슨, 생애 그랜드 슬램을 위해서 오직 〈유에스 오픈〉 타이틀만 남겨두고 있었던 것이다.

나중에 알았지만 필 미켈슨은 18번 홀 티샷에서 드라이버를 빼 들었다. 페어웨이가 좁고 러프가 길어 많은 선수가 스푼으로 티샷했다. 미켈슨도 거리보다 페어웨이를 지켜야 하지 않았을까? 하긴 마지막 홀에서 스푼으로 티샷하고도 공을 오른쪽 러프에 빠뜨린 파드릭 헤링턴을 보면뭐가 답인지 모르겠다. 도중에 러프에서 세컨드 샷 준비를 하고 있는 헤링턴을 지나쳤는데, 움직이지 못하고 한참이나 지켜보자니 그 세컨드 샷을 러프에서 빼내지 못하였다. 이런 상황이니 우드 티샷이라고 더 낫다는 보장도 없을 터였다.

멀리서 보니 18번 홀 페어웨이 왼쪽에 자리 잡은 코퍼레이트 텐트(스폰서 기업이 초청 고객에게 편의 제공을 하기 위해 설치해 둔 대형 텐트) 앞쪽에서 갤러리들이 우르르 몰려드는 모습이 보였다. 왼손잡이인 필 미켈슨의 드라이버 샷이 슬라이스가 나버렸다. 천하의 필 미켈슨이 슬라이스를 다 내다니. 어처구니없는 슬라이스 샷, 공은 텐트 지붕을 맞고 앞쪽으로 튀어 갤러리들이 밟아 놓은 잔디에 떨어졌다. 우승을 유혹하는 악마가 그에게 세컨드 온을 시도하라고 부추겼을까? 왜 그 상황에서 만용을 부린 걸까?

골프에서는 언제나 비겁함이 용감함을 이기는 법. 듬성듬성한 나무 사이에서 의도적 슬라이스로 그린을 직접 노린 미켈슨의 용감한 세컨드 샷은 바로 앞 나무에 맞아 더 큰 재앙을 불러들였다. 비겁하게 돌아갈 방법은 없었을까? 페어웨이로 빼놓고 써드 샷으로 그린에 올린다면 잘하면 파, 못해도 보기는 할 것이다. 잘하면 우승, 못해도 공동 선두로 연장전. 나 같은 아마추어는 그런 상황에서 그린에 올리려는 무모함보나 비섭하게 꼬리를 내렸을 것이다. 하지만 천하의 필 미켈슨이 아닌가.

나무 사이에서 친 써드 샷은 아쉽게도 핀 바로 옆 왼쪽 벙커에 빠졌다. 불행은 한 번으로 끝나지 않는다. 벙커에 떨어진 공은 에그 프라이였다. 빠져나올 순 있겠지만 컨트롤은 어려운 상황, 결국은 홀을 지나쳐 반대편 러프로 들어갔다. 윙드 풋의 악명 높은 러프, 골프의 여신이 있다면 오직 그 은총만을 구해야 하는 처지에 빠져버렸다. 그림 같은 칩 인 보기가 절실한 상황이었지만 끝내 골프의 여신은 필 미켈슨을 외면했다. 더블 보기로 토탈 6오버 파, 한 타차 역전으로 필 미켈슨은 또 하나의 〈유에스 오픈〉 2위 기록을 보태야만 했다.

2020년 윙드 풋에서의 드라마는 현재 진행형이다. 필 미켈슨은 토탈 13오버 파로 컷오프되었다. 타이거 우즈도 2라운드에서 7오버 파를 기록, 토탈 10오버 파로 컷을 통과하지 못했다. 2006년에도 우즈는 컷오프되었는데, 사실 그때 우즈가 컷오프된 것은 아버지 얼 우즈가 한 달 전에 세상을 떠나는 바람에 대회 준비를 제대로 할 수 없었기 때문이었다. 어제 타이거 우즈의 2라운드 경기를 보고 있노라니 이젠 그도 나이가 들었음을 실감할 수 있었다. 전성기 때보다 퍼팅 집중력이 현저하게 떨어진 것이 눈에 보였다. 퍼팅을 힘으로 하는 것도 아닌데, 나이 들었다고 퍼팅이 예전 같지 못하다. 정말 웃기는 일이지만 그게 사실이다. 2라운드 파4 18번 홀(10번 홀에서 출발한 타이거 우즈에게는 9번 홀)에서 세컨드 샷을 멋지게 그린에 떨어뜨렸지만, 핀보다 조금 짧게 떨어진 공은 백 스핀을 먹고 뒤로 구르더니 경사면을 타고 그대로 그린 밖으로 흘러내렸다. 무려 30yd가량 굴러떨어졌다. 불운이었지만, 윙드 풋을 설계한 틸링하스트가 출제한 의도에 말려든 결과였다.

14년 전 우승했던 제프 오길비는 출제자의 의도대로 세컨드 샷이 그린에 맞고는 뒤로 한참이나 굴러떨어졌지만, 그 샷을 칩 인 파로 마무리하여 우승컵을 거머쥐었다. 거의 비슷한 자리에서 오길비는 칩 인으로 우승을, 우즈는 투 퍼트 보기로 컷오프되고 말았다. 실력에다 운까지 따라야 멋진 결과가 만들어지는데, 결정적 순간에 행운의 여신은 타이거 우즈를 외면해버렸다. 이것이 골프다.

3라운드 경기가 현지에서 시작되었다. 또다시 TV 앞에 앉아서 생중계 방송을 따라갈 준비를 한다. 오늘은 임성재 프로의 플레이에 집중하기로 한다. 타깃을 정해야 보는 재미도 커진다. 현재 토탈 5오버 파 공동 33위이니 오늘만 잘하면 선두권으로 치고 올라갈 수 있다. 그러면서 코스 곳곳이 14년 전과 어떻게 달라졌는지 돋보기를 갖다 댄다.

윙드 풋이 얼마나 어려운 코스인가는 강성훈 선수가 2라운드에서 16오버 파를 기록한 것만 봐도 알 수 있다. 우리처럼 평범한 아마추어들도 16오버 파를 치면 때려치고 집에 가고 싶을 것이다. 플레이하다가 집에 가고 싶은 경우는 가끔 발생해도, 갤러리하다가 집에 가고 싶은 경우는 한 번도 없었다. 그날의 타깃을 정하고, 그날의 코스와 출전 선수들에 대해서도 사전에 많은 정보를 확보해 둔다. 그러면서 모바일 앱도 켜서 현장 상황을 리얼 타임으로 따라갈 준비를 한다. 이게 갤러리의 즐거움이다.

언젠가 윙드 풋에서 다시 〈유에스 오픈〉이 열릴 것이다. 그때는 사랑하는 손녀와 손지를 데리고 갈 깃이다. 비장의 무기가 하나 있다. 만 17세 미만 청소년은 유효한 티켓을 보유한 어른이 무료 동반할 수 있다. 현장 입구에서 티켓을 발급해 준다. 이거야말로 PGA 투어가 흥하는 이유 아니겠는가. 갤러리의 정석은 그날의 토너먼트에서 즐길 수 있는 모든 것을 즐기는, 재미의 무한추구無限追求다.

6 발투스롤의 결투, 타이거 우즈와 플레이오프

2016년 마지막 메이저 대회인 제98회 〈PGA 챔피언십〉[7]이 11년 만에 발투스롤Baltusrol Golf Club에서 다시 열렸다. 이번엔 토요일 3라운드에 필 미켈슨을 보러 갔다. 2005년 이 대회 마지막 날, 이곳에서 구름 같은 갤러리를 몰고 다녔던 주인공은 단연 타이거 우즈와 필 미켈슨이었다. 11년이 지난 오늘, 타이거 우즈는 보이지 않고 미켈슨은 여전히 건재하다. 필 미켈슨은 비록 이날 성적이 하위권으로 처졌지만, 여전히 구름 관중이 그를 따라다녔다.

오는 길에 근처에 와서 차가 많이 막히는 바람에 필 미켈슨을 보겠다는 계획이 빗나가버렸다. 코스에 들어왔을 때 필 미켈슨은 이미 18번 홀에 있었다. 서둘러 18번 홀 티잉 에리어로 갔지만, 구름 갤러리에 막혀 멀리 보이는 필 미켈슨을 더 이상 따라잡을 수 없었다. 할 수 없이 바로 옆 5번 홀 그린에서 최경주 프로를 기다리기로 했다. 11년 전 〈PGA 챔피언

---

7 the 98th PGA Championship 2016. 7월 Baltusrol Golf Club Lower Course (우승 지미 워커 266타 14언더 파)

십〉에 출전했던 최경주K.J. Choi와 양용은Y.E. Yang, 이번 대회에서 양용은은 컷당했고, 최경주는 주말 플레이를 늠름하게 하고 있었다.

5번 홀 그린 주위 갤러리 몇몇이 "K.J."를 연호한다. 11년 전과 달라진 최경주의 위상을 실감한다. 그 당시 최경주를 응원하는 현지 갤러리는 거의 없었다. 큰 소리로 "케이 제이 파이팅! 잘하세요!"라고 소리친 사람은 용감(?)한 우리 집사람이었다. 주위에 있었던 어떤 젊은 청년이 옆 친구에게 나름 통역이라도 하듯, "K. J. Will you marry me?(케이 제이, 나와 결혼할래요?)"란 뜻이야 하면서 낄낄거렸다. 이번에는 내가 "케이 제이 파이팅!"하고 소리쳤다. 다음 홀로 이동하던 최경주 선수가 돌아보며 가볍게 손을 들어 준다.

한참 최경주를 따라다니다가, 근처 스낵바에 들어가서 늦은 점심을 먹기로 했다. 햄버거와 콜라로 더위를 식히고 있는데 요란한 사이렌 소리가 울린다. 나쁜 날씨로 인해 경기 중단을 예고하는 사이렌이다. 조금 있으니 비가 쏟아지기 시작한다. 여름철 이곳의 전형적인 날씨이다. 시원한 소나기 한줄기에다 번개 천둥까지 우르릉 쾅쾅 뒤따른다.

머천다이즈 텐트Merchadise Tent에서 발투스롤 골프 클럽의 이런저런 사진을 보면서 경기 속게를 기다렸다. 발투스롤 골프 클립은 120여 년이나 된 역사가 깊은 골프장이다. 당시 맨해튼의 금융인이 중심이 되어 만든 골프 클럽이다. 18홀 코스를 두 개 갖춘 골프 클럽으로는 미국 최초라고 한다. 우리나라에서 3·1운동이 일어날 즈음에 코스 리노베이션을 했는데, 그게 오늘날 이 골프 코스의 기본 디자인이다. 그때 코스 디자이너가 틸링하스트였다. 미국 골프사史에 이름을 남긴 위대한 골프 코스 아키텍트(건축가)이다.

이 코스에서 〈유에스 오픈〉이나 〈PGA 챔피언십〉 등 여러 대회가 열렸다. 두 개 코스 중에서 로어 코스Lower Course에서 주로 열린다. 어퍼 코스 Upper Course와 같이 두 코스 모두 미국 100대 골프 코스에 들어간다. 로어 코스는 상위 랭킹에, 어퍼 코스는 하위 랭킹에 당연히 따로따로 랭크되어 있다. 로어 코스는 파72이지만, PGA 대회 때는 파70으로 경기한다.

11년 전인 2005년 〈PGA 챔피언십〉이 열리기 직전에 로어 코스에서 직접 플레이해 볼 기회가 있었다. 이 클럽 경기위원장의 초청으로 플레이했는데, 전동 카트는 없었고 전통적인 흰색 캐디복을 입은 캐디가 캐디백 두 개를 메고 도와주는 시스템이었다. 당연히 카트 패스가 따로 있지도 않았다.

한 마디로 엄청 어려운 코스였다. 파5 18번 홀에 갔을 때, 페어웨이 한 가운데 그 유명한 잭 니클라우스의 '1 Iron' 동판이 바닥에 심겨 있었다. 플레이하면서 그 동판을 유심히 볼 수 있었지만, 그때는 스마트폰이 없을 때라 인증 샷 하나 남기지 못해서 두고두고 아쉬워했다. 1967년 〈유에스 오픈〉 마지막 날 파5 18번 홀, 잭 니클라우스는 페어웨이 한가운데서 원 아이언 세컨드 샷으로 공을 그린에 올렸다. 그 멋진 원 아이언 샷에 이어 버디를 했고, 극적 우승을 차지했다. 바로 그 자리에 기념 동판을 만들어 심어 놓았다.

이번 2016년 대회 기간에는 중간중간 비가 많이 왔다. 그러다 보니 페어웨이와 그린이 소프트해져서 성적이 전반적으로 좋아졌다. 우승자 지미 워커가 14언더 파를 기록한 것도 무른 그린 덕분이었다. 토요일 3라운 드에서도 오후 한차례 소나기가 쏟아졌고, 경기는 한동안 중단되었다.

11년 전, 2005년 〈PGA 챔피언십〉[8] 마지막 날에도 안 좋은 날씨 때문에 경기가 중단되었다. 그날 오후, 한번 쏟아지기 시작한 소나기는 쉽사리 그치지 않았다. 거의 두 시간 후 비는 그쳤으나, 코스를 정리하는 도중 일몰 시간이 가까워지자 파이널 라운드 잔여 경기를 월요일 아침으로 넘 길 수밖에 없었다.

사실 마지막 날 비가 온 것 외에는 나흘 내내 불볕 더위가 계속되어 그 린도 페어웨이도 딱딱해져서 선수들을 괴롭혔다. 드라이브 샷은 굴러서 러프로 가기 일쑤였고, 그린은 공을 받아주지 않았다. 게다가 후끈거리 는 지열로 찜통 속에서 경기하는 듯했다. 선수들의 인내력과 정신력이 요 구되는 경기 조건이었다. 이런 와중에 경기 마지막 순간에 소나기가 쏟아 졌다. 경기 중단 사이렌이 울리기 전 타이거 우즈는 파5 18번 홀 그린을 벗어났다. 토탈 2언더 파 스코어로 클럽하우스 리더였다. 파이널 라운드 2언더 파로, 경기를 마친 선수 중에서 선두였다. 상위권 선수들 가운데 유일하게 언더 파 스코어를 기록했다.

서둘러 필 미켈슨을 보러 코스를 되짚어 있다. 챔피언 조였던 필 미켈 슨은 파4 14번 홀 그린에 있었다. 경기 중단 사이렌이 울렸을 때 필 미켈 슨은 토탈 4언더 파였다. 그린에서 짧은 파 퍼트를 마치지 않고 티를 꽂

---

8 the 87th PGA Championship 2005. 8월 Baltusrol Golf Club Lower Course (우승 필 미켈슨 276타 4언더 파)

아 공을 마크하던 장면이 생생하다. 경기 중단 두 시간여 만에 다음날인 월요일에 경기가 속개된다는 공식 발표가 나왔다. 그때까지 하릴없이 기다리고 있던 나도 그 발표를 듣고는 집으로 돌아올 수밖에 없었다.

그날 저녁 TV 골프 채널 화제는 필 미켈슨이 아니라 타이거 우즈였다. 당시 압도적 경기력으로 인기 최절정이었던 타이거 우즈였지만, 그날의 화제는 우즈의 경기력이 아니라 경기를 마친 타이거 우즈가 플로리다 집으로 돌아갔다는 거였다. 경기 중단 두 시간여 후 월요일 오전으로 경기가 미뤄졌을 때, 경기를 끝내지 못한 선수는 여섯 명이었다. 그 상황에서 2언더 파로 경기를 마친 타이거 우즈가 월요일 최종 결과를 기다리지 않고 짐을 싸서 전용 비행기를 타고는 휑하니 집으로 가버렸다. 네 홀 남긴 필 미켈슨과 세 홀 남긴 스티브 엘킹톤과는 두 타차, 세 홀 남긴 토마스 비욘과는 한 타 차였다. 코스가 어려워 선두 그룹 선수들이 점수를 까먹고 있는 판이었다.

골프에서는 무슨 일이 일어날지 아무도 모른다. 월요일 남은 홀에서 선두가 2언더 파로 떨어질 줄 누가 아는가. 방송 해설자는 우즈를 비난하고 있었다. 혹시 동타가 되면 플레이오프를 해야 할 선수가 하룻밤을 기다리지 않았다. 자가용 비행기를 소유하고 있는 게 죄였다. 비행기가 없었다면 그 밤에 어찌 집으로 갈 수 있었겠나. 타이거 우즈는 이변은 일어날 수 없다고 봤으리라. 아무리 코스가 까다로워도 남은 홀 중 17, 18번 홀이 연속 파5홀이고, 선두가 필 미켈슨인데 무얼 더 기대하랴 했을 것이다.

결과는 우즈의 예상대로였다. 타이거 우즈는 공동 4위였고, 우승은 4

언더 파 필 미켈슨이었다. 방송 해설뿐만 아니라 다음 날 아침 기사에서도 모두 타이거 우즈의 태도를 비난했다. 나도 그날 타이거 우즈의 태도가 프로로서는 있을 수 없는 일이라고 오랫동안 생각해 왔다. 다른 대회에서도 투어 마지막 날, 클럽하우스 선두로 올라간 선수가 조금이라도 연장전 가능성이 보이면 드라이빙 레인지로 가서 몸을 풀고 기다리는 것이 프로의 태도라고 생각했다. 선수 텐트에 앉아서 음료수만 마시고 있는 프로를 보면 내가 다 속이 터질 지경이었다.

이제야 그런 마음이 사라졌다. 역시 선수가 선수를 알아보는 법이다. 나 같은 아마추어 뱁새가 어찌 프로 황새의 마음을 짐작이라도 하랴. 플레이오프 기회는 오지 않을 것이라는 타이거 우즈의 예상이 옳았다. 2005년 발투스롤에서 벌어진 타이거 우즈와 필 미켈슨의 결투는 필 미켈슨의 극적 승리로 마감되었다. 오늘의 샷은 깊은 러프에서 친 미켈슨의 15m짜리 써드 샷이었다. 그 플랍 샷을 홀 60cm 거리에 붙였고, 그 버디 퍼트가 들어가서 두 번째 메이저 대회 우승을 차지하였다. 그들의 세계에서 플레이오프 기회는 애당초 생길 수 없었다는 게 맞을 것이다.

제7장

골프, 자유로움
그리고 품격

1 낚시 스윙, 페블비치를 낚다

낚시 스윙, 바다 낚시 얘기가 아닌 골프 얘기 하나 시작하려고 한다. 생각만 해도 유쾌한 최호성 프로 얘기다. 골프 클럽 휘둘러 공을 치는 것이 스윙인데, 그 스윙 모습이 마치 낚싯대를 휘두르는 모습과 흡사하다 하여 낚시 스윙이란 이름이 붙었으리라. 그 최 프로가 PGA 투어에서도 유서 깊은 〈페블비치 프로암〉[1]에 초청되어 경기를 치르고 있다. 미국 언론에서도 화제. 하지만 미국 언론이 우리처럼 '낚시 스윙'fishing swing이라 부르지 않고, '괴짜 스윙'bizarre swing이니 '와일드 스윙'wild swing이니 이름 붙인 것은 미국 애들 입맛으로 그렇게 보이는가 싶기도 하다.

최호성 선수가 이 대회에 초청된 것은 낚시 스윙이란 독특한 스윙 때문이었다. 저팬 투어에서 뛰던 최 프로를 보고 PGA 투어에 한 번 초청했으면 좋겠다는 얘기가 여기저기서 나온 모양이다. '페블비치 골프 클럽'에서 열린 3라운드 최 프로의 플레이를 녹화 중계로 보면서, 그 유쾌한 동

---

1 AT&T Pebble Beach Pro-Am 2019. 2월 Pebble Beach Golf Links (우승 필 미켈슨 268타 19언더 파)

작에 흠뻑 빠진 나도 마음껏 웃었다.

〈AT&T 페블비치 프로암〉은 PGA 프로와 사회 저명 인사들을 초청하여 같이 플레이하는 독특한 대회이다. 초청된 아마추어들이 모두 미국에서는 내로라하는 영화 배우, 운동 선수, 기업인 등등 셀렙celebrity들이라 매우 인기 있는 골프 대회이다. 최호성 프로가 초청된 것도 어쩌면 참가 셀렙들의 추천이 있었기 때문인지도 모른다.

「뉴욕타임스」 기사에 의하면, 최호성과 사흘간 예선전에서 플레이한 셀렙 중에는 위스콘신주州 '그린 베이 패커스(미식축구 프로팀)'의 유명한 쿼터백인 아론 로저스Aaron Rodgers도 있었다. 로저스는 최호성과 동반 플레이를 신청했다고 밝혔다. 이런 사람들 때문에 당시 세계 랭킹 194위였던 최호성이 PGA 투어에 초청되어 데뷔전을 치를 수 있었다.

최호성은 한국 2승, 일본 2승을 거둔 정상급 프로였지만, 세상 어떤 프로 선수와도 비교할 수 없는 독특한 스윙을 구사한다. 골프에서는 스윙이 모든 것을 결정한다. 스윙이 좋아야 샷의 정확성이 담보된다. 그러다 보니 세계 일류 프로 선수들뿐만 아니라 우리나라 웬만한 젊은 골프 선수들의 스윙을 보아도 거의 판박이다. 미국 유명 프로들의 경우를 봐도 팔자 스윙으로 유명한 짐 퓨릭 정도가 독특한 스윙을 가진 선수인 것 같다. 이런 와중에 최호성 프로는 자기만의 독특한 스윙으로 프로 정상에 올랐으니 대단하지 않는가.

최호성 프로가 낚시 스윙을 구사하는 것은 이 선수의 아픈 과거 때문이라고 한다. 23세에 늦깎이로 골프 입문도 골프 연습장 직원으로 취업

하여 일할 때 연습장 사장의 권유에 따른 것이었고, 골프 스윙도 스스로 독학으로 배웠다고 한다. 사고를 당해 오른쪽 엄지손가락 한 마디를 접합 수술로 붙인 뒤, 거리를 내기 위해 스스로 이런 스윙 동작을 고안해서 익혔다고 한다. 대단하다. 그야말로 인간 승리다. 그러면서 최 프로는 끊임없이 화제를 만들어낸다.

〈페블비치 프로암〉에 초청되어 숱한 화제를 뿌리고 난 1년 후, 2020년 KPGA 투어 개막전 3라운드에서 최호성 프로가 나 같은 주말 골퍼에게 포복절도할 웃음을 선사하는 일이 일어났다. 아니 웃음을 선사했다고만 하면 최호성 프로에게는 실례일지도 모르겠다. 프로 선수 본인은 한 타한 타에 목숨 걸고 치는데 말이다.

아라미르 CC 18번 홀 티잉 에리어에 올라서서 최호성 선수가 힘차게 드라이브 샷을 휘둘렀다. 최호성 특유의 호쾌한 낚시 스윙이었다. 낚시 스윙, 글로 묘사하기도 어렵다. 힘차게 스윙한 후 한 바퀴 몸까지 빙그르르 돌아간다. 보는 사람들이 다 즐겁다. 지난해 〈페블비치 프로암〉에서 동반 플레이했던 인기 미식 축구 선수 아론 로저스가 그렇게 좋아했던 바로 그 낚시 스윙이다. 최 프로가 힘차게 드라이버를 휘둘렀는데, 아뿔싸 드라이버 헤드가 그야말로 뒤땅을 때리고 공을 건드리지도 못했다. 낚시 스윙의 정석대로 한 바퀴 핑그르르 몸이 돌아가버렸고, 동시에 티에올려두었던 공이 땅으로 떨어졌다.

아, 이런 모습 어디서 본 듯한 장면 아닌가? 긴 겨울 보내고 오랜만에 첫 라운드 나가서 첫 홀 티샷 때 한 번쯤 헛 스윙한 경험 있다. 사실 나도 딱 한 번 헛 스윙을 했다. 정말 내 골프 역사상 딱 한 번 있었다. 어느 해 2월 제주 블랙스톤 CC 1번 홀, 그 해 첫 라운드에서였다. 동반자와 코스 주위에 있는 제주도 특유의 아열대 숲인 곶자왈 얘기를 하다가 저지른 낯 뜨거운 실수였다. 그래도 우리 아마추어들은 동반자와 멋쩍게 머리 한번 긁거나, 무안함을 감추려는 한바탕 너털웃음으로 마무리 지을 수 있는 장면이다.

최호성 프로 본인은 웃을 수만은 없었으리라. 한 타를 날려버렸으니. 하지만 그 장면을 생중계로 보는 골프 팬들은 모두들 한바탕 웃었을 것 같다. 베테랑 프로 선수도 헛 스윙하는 판인데 언젠가 한 번쯤 했을 본인의 헛 스윙이 무슨 대수냐 하면서 말이다. 최 프로의 헛 스윙은 칠 의사가 있었던 스윙이었으므로 당연히 한 타로 계산하고, 떨어진 공이 티잉 에리어 안에 있었기 때문에 다시 티업하고 드라이버로 두 타째 스윙을 할 수 있었다.

코로나로 인해 기업들이 골프 대회 스폰서로 선뜻 나서기도 어려운 판에 개최된 시즌 첫 경기에서 풍성한 화제까지 만들어 팬 서비스를 한 최 프로, 팬의 입장에서는 그냥 멋지다.

다시 2019년 2월초 페블비치 골프 코스로 가본다. 최호성 프로는 3라운드 플레이를 예선 마지막 경기로 페블비지 골프 코스에서 했다. 〈페블비치 프로암〉은 대회 시스템도 독특하다. 크리스마스 캐롤 '화이트 크리스마스'White Christmas를 부른 가수로 유명한 빙 크로스비Bing Crosby가 1937년 창설한 토너먼트다. 프로 선수 한 명과 셀렙 두 명이 한 조를 이루어 경기한다. 당연히 프로는 별도로 경쟁한다. 다만 예선을 사흘간 각각 다른 코스에서 치르는데 당연히 페블비치 골프 코스가 포함되어 있다. 파이널 라운드는 페블비치 골프 코스에서 진행된다.

우리의 호프 최호성 프로는 페블비치에서 5오버 파 77타로 경기를 마쳤다. TV 중계로 몇몇 홀에서 플레이하는 최호성 프로를 보여준다. 아쉽게도 최 선수는 생소한 코스에 제대로 적응 못한 듯하였다. 특히 파3홀 5번 홀(203yd) 그린 사이드 깊은 러프에서 아마추어처럼 그린 너머 왔다 갔다 하는 모습은 보고 있는 내가 다 안타까웠다.

사실 페블비치 코스는 전형적 미국 골프장이다. 러프에서는 빠져나오기 힘들고, 그린 사이드 러프는 플랍 샷을 제대로 못하면 큰 점수 만들기 딱 좋다. 드라이브 샷은 페어웨이를 놓치면 파 잡기가 쉽지 않다. 마지막 날 최호성 프로는 버디 세 개, 파 아홉 개, 보기 네 개와 더블 보기 두 개를 하여 5오버 파를 쳤다. 본인은 얼마나 실망스러웠겠는가. 그렇지만 많은 팬을 열광하게 만들었으니, 프로로서 팬 서비스 멋지게 한 번 했다.

오래 전 내가 페블비치에서 플레이했을 때, 소위 싱글 스코어를 쳤던 생각이 났다. 뉴욕에서 주재하고 있을 때, 샌프란시스코 출장을 가서 서울에서 온 출장자들과 주말 한때 추억에 남을 라운드를 했었다. 어떤 플레이를 했을까 문득 궁금해졌다. 스코어 카드를 꺼내 보았다. 그때만 해도 한창 때, 블루 티(6,737yd)에서 플레이했다. 당연히 토너먼트 코스 셋업이 아닌, 일반 아마추어들이 그냥 즐기는 코스 셋업이니 오해하지 마시길 바란다.

언젠가 얘기한 적이 있지만, 토너먼트 코스 셋업과 일반 코스 셋업은 천양지차天壤之差, 그야말로 하늘과 땅 차이다. 그래도 블루 티에서 슬로프 레이팅 142이다. 최고 난도라 할 만하다. 스코어 카드에는 79타, 버디 한 개, 파 열 개, 보기 여섯 개, 더블 보기 한 개가 적혀 있었다. 무조건 파만 하자는 수비적 플레이를 했던 기억이 난다. 미국 코스가 생소했던 서울에서 온 출장자는 정확하게 100타를 스코어 카드에 적었다. 서울에서 싱글 친다는 골퍼가 소위 양파兩par 두 개와 트리플 보기tripple bogey 두 개를 적을 수밖에 없을 정도로 코스가 까다로웠다.

하지만 골프에서 스코어가 다는 아니다. 스코어보다 그때 함께 어울렸던 동반자들, 그때 즐겼던 그 코스의 멋진 풍경이 추억으로 남아 있을 뿐이다. 페블비치 파3 7번 홀, 그 시그니처 홀을 배경 삼아 찍은 한 장의 사진이 가슴 속에 남아 있고, 그 홀에서 멋지게 들어간 중거리 버디 퍼트 하나가 남아 있는 것이다. 최호성 프로가 낚시 스윙 하나로 멋지게 페블비치를 낚은 것처럼. 골프, 품격을 지키되 스코어에 얽매이지 않는 자유로운 골퍼로 남고 싶다.

2 슬로우 플레이어를 위한 변명

골프 룰 북The Rules of Golf 첫머리에 '에티켓'을 별도의 장章으로 기술해 두었던 적이 있었다. 골프 코스에서 플레이어가 꼭 지켜야 할 매너로 다섯 가지를 꼽았다. △안전Safety, △다른 골퍼들을 위한 배려Consideration for Other Players, △플레이의 속도Pace of Play, △코스 선행권Priority on the Course 그리고 △코스 보호Care of the Course였다. 지금은 코스 선행권을 아예 룰에서 빼버리고 나머지를 단순화하여 'Rule 1.2 플레이어의 행동 기준' 안으로 모두 넣어 놓았다.

골프에서 안전은 굳이 강조하지 않아도 당연한 일이지만, 코스 선행권은 나도 오래 전 영국에 가서 플레이해 보고서야 그 의미를 알 수 있었다. 네 명이 라운드하면서 어느 홀 티 박스에 올라서 있었는데, 두 명 조가 뒤따라오더니 당당하게 패스해도 되겠냐고 물었다. 무례한 녀석들 아냐 하면서도, 바로 전 홀 그린에서 퍼팅할 때 페어웨이에서 한참이나 세컨드 샷을 기다리던 그 두 녀석도 답답했겠다 싶어 그냥 패스시켜줬다.

몇 홀 더 가서 이번에는 한 사람이 캐디백 메고 따라왔다. 이 친구도 혼자 플레이하다 보니 우리 조 뒤를 바짝 따라오고 있었다. 우리가 티 박스에 있을 때 와서는 아무 말 없이 티 박스 멀찍이 서 있었다. 아니 저 친구는 패스시켜 달라고 하지 않는 걸 보니 예의 바른 녀석인가 싶었다. 나중에 알고 보니 1인 플레이어는 어떤 경우에도 패스를 요구할 권한이 없다고 룰 북에 적혀 있었다.

코스 선행권도 결국은 되도록 많은 골퍼가 가장 빠르게 라운드를 마칠 수 있도록 하는 장치였다. 플레이의 속도를 룰 북에다 굳이 넣어둔 이유도 결국은 같은 코스에서 같은 시간에 플레이하는 골퍼 모두의 시간을 줄이려는 눈물겨운 노력의 하나였다.

오래 전 뉴욕 주재할 때 이야기이다. S그룹 주재원들 사이에서는 전자前者와 후자後者가 있다는 조크가 있었다. 주재원 숫자가 많은 전자는 따로 놀았고, 후자는 숫자가 적다 보니 어쩌다 놀 때도 회사별로 몇 명씩 다 끌어모아 어울려 놀았다. 봄, 가을 1년에 두 번 주재원 골프 아웃팅outing을 했다.

어느 가을날 일요일 오후 후자들의 골프 아웃팅, 발리오웰이란 골프장에서 50여 명이 플레이했다. 열 개 조가 넘는 숫자라 첫 조와 마지막 조의 티 타임에 제법 차이가 났다. 18빈 홀 그린 옆 언덕배기에서 맥주 한 잔 들고서 마지막 조를 기다리는데, 앞 조가 홀 아웃을 한 뒤에도 한참동안 멀리 보이는 티 박스 쪽에 사람이 나타나지 않았다. 이윽고 티 박스에 올라왔다 싶더니, 그때부터 네 명이 각자 연습 스윙을 시작한다. 언제치나 보는 사람이 다 초조할 지경이었다. 어찌어찌 세컨드 샷 지점까지 왔는데, 이번엔 소위 각개 전투 대형으로 이쪽저쪽 흩어져서 또 각자 연습 스윙을 시작한다. 공칠 생각이 아예 없는 사람들 같다. 마지막 조 멤버 중 두 명은 슬로우 플레이로 이름이 난 친구들이었지만, 나머지 두 사람도 같이 공 치다 물이 들었나? 기다리던 사람들이 모두 투덜투덜 한두 마디씩 한다.

그 마지막 조가 시상식에서 조별 우승했다고 호명됐다. 선임이라 좌장座長 노릇을 했던 내가 상을 주면서 한마디했다. 얼마나 신중하게 쳤으면 평소보다 이렇게 좋은 스코어를 기록했느냐고. 그날 참가자 모두가 한 시간은 족히 더 허비하고 행사를 마쳤다. 마지막 조의 슬로우 플레이로 인해 지친 사람들이 흔쾌히 우승 축하를 해주는 것 같지 않았다. 슬로우 플레이로 인한 해프닝이었다.

다음날 출근했더니 한 간부가 충격적인 얘기를 나에게 들려줬다. 사실은 어제 그 마지막 조 진행이 너무 느려서, 경기 도중 마샬(코스에서 경기 진행을 맡은 직원)이 두 홀을 건너뛰게 했었다는 거다.

그렇다. 슬로우 플레이는 잔잔한 호수에 던진 돌멩이다. 물결이 퍼지고 퍼져 그날 그 골프장에 나온 모든 플레이어에게 영향을 미친다. 어떤 사람은 기다리다 샷 리듬을 잃어버리고, 어떤 사람은 앞 조의 슬로우 플레이에 화를 내다 샷을 망친다. 무심코 돌멩이를 던졌는데 맞은 개구리는 자칫 죽을 수도 있는 것이다.

하지만 한 타 덜 쳐도 그만 더 쳐도 그만인 일반 골퍼에게 슬로우 플레이가 무슨 대수인가. 어차피 골프 치러 놀러 왔으니 까짓 시간 좀 지체한다고 무슨 큰일이 나겠느냐고 쿨하게 받아들이면, 그냥 명랑 골프 운동회로 만들 수도 있는 일이다. 한 타 한 타에 목숨 거는 나 같은 소위 '진지한 골퍼'serious golfer들만 싹 무시해버리면, 까짓 슬로우 플레이가 무슨 문제냐. 오케이, 이참에 일반 골퍼들이 '슬로우 플레이'하든 말든 쿨하게 면죄부를 한번 주어 보자.

일반 골퍼들에게 슬로우 플레이 면죄부를 발급해주고 나니, 이번에는 프로 골퍼들의 슬로우 플레이가 눈에 밟힌다. 아시다시피 프로 골프 대회에서는 룰에 따라 슬로우 플레이가 제재를 받는다. '룰 5.6b'에는 자기 샷차례가 되었을 때 40초 이내 샷할 것을 권장한다. 얼마 전 LPGA에서 노예림 선수는 슬로우 플레이로 벌금 1만 달러 제재를 받았다. PGA 투어에는 슬로우 플레이로 악명 높은 유명한 선수도 많다. 일일이 거명하려면 지면이 부족할 지경이다. 하지만 더욱 문제가 되는 것은, 눈에 띄는 심각한 슬로우 플레이보다 신중한 플레이를 가장한 슬로우 플레이가 만연蔓延하다는 것이다.

지난주 일요일, 오후 내내 TV 앞에 죽치고 앉아 골프 중계 방송을 보게 되었다. 그것도 한 대회가 아니라 무려 세 대회를 본다. 거실 TV엔 〈KPGA 군산 CC 오픈〉을 띄어 놓고, 휴대폰으로는 싱가포르에서 열리는 LPGA 〈HSBC 월드 챔피언십〉의 박인비를 따라간다. 아이고, 일요일이다 보니 오후 두 시부터 라이온스 야구가 시작된다. 프로 야구도 안 볼 수가 없으니 노트북에다 프로 야구 삼성-LG전을 띄우고 소리는 죽인다. 영암에서 하는 〈KLPGA 챔피언십〉도 궁금하니 수시로 TV 채널을 돌려 볼 수밖에 없다.

오전 열 시부터 시작한 골프 중계 세 채널에 묶여 일요일 오후 꼼짝없이 TV 앞에 앉아 있다. 오후 네 시, 다섯 시가 되었는데도 골프 중계가 끝나지 않는다. 내가 좋아서 하는 짓이니 누구를 탓하랴. 나 같은 충성 시청자만 있다면 골프 중계하는 방송국은 얼마나 좋을까. 아무렴 우리는 미국과는 다르지, 다르고말고. 수많은 골프 시청자가 시간 많이 걸린다고 이놈의 중계 시청을 끊어야겠다는 컴플레인이 터져 나오는 미국, 그래서 PGA 투어는 선수들의 슬로우 플레이에 무지 신경을 쓴다. 세 시간 45분이라는 타임 파time par(기준 소요 시간)를 설정해 두고 있다. 어디 달나라 얘기 같다.

우리나라 여자 프로들은 어떨까. KLPGA 선수들의 슬로우 플레이는 소문이 났다. 대회에 시간 좀 많이 소요한다고 무슨 큰일이야 나겠나. 저 지난 주 장하나가 연장전에서 패한 〈넥센·세인트나인 마스터즈〉는 마지막 조가 정규 홀 마치는 데 다섯 시간 40분이 걸렸다. 연장전을 마치고 나니 당연히 여섯 시간이 훌쩍 넘었다. 오늘 여자 대회는 그래도 다섯 시간 25분 만에 마쳤으니 얼마나 다행이냐. 오늘따라 영암에 바람이 심하게 불지 않았으니 그나마 여섯 시간 가까이 걸리는 참사를 피했다.

바람은 골프에서 그야말로 쥐약, 시간 소모의 원흉이 아니던가. 바람이 많이 불면 한 타 한 타 치는데 온갖 요소를 고려해야 하니, 시간 많이 걸리는 건 불가피하다. 피땀 흘려 획득한 프로 자격인데, 혹 한 타라도 소홀히 하여 타수를 까먹는다면 누가 보상해 준단 말인가. 시간이 흐르건 말건 소중한 내 한 타를 위해 나의 길을 가겠다는 그 태도는 존경스럽기까지 하다. 어느 특정 선수도 슬로우 플레이했다고 지적질할 순 없지만, 한 선수 한 선수의 보이지 않는 슬로우 플레이 시간이 모여 대여섯 시간 이 된 것이다.

그런데, KLPGA 대회 파이널 라운드는 왜 매번 다섯 시간 반을 넘기는 걸까? 같은 날 똑같이 3인 1조 플레이를 한 LPGA 〈월드 챔피언십〉도 네 시간 50분이란 만만찮은 시간이 소요되었지만, 이 대회는 싱가포르에서 열렸기 때문에 미국 본토는 한밤중이라 중계 방송하는 방송사가 처음부터 플레이 시간 신경 쓰지 않았을 수도 있다.

반면 리디아 고가 우승했던 하와이에서 열린 LPGA 〈롯데 챔피언십〉은 2인 1조 플레이였다. 파이널 라운드 소요 시간은 불과 세 시간 30분 조금 넘게 걸렸다. 중계 방송을 담당했던 골프 채널은 방송 편성 시각을 미국 동부 시간Eastern Time 저녁 일곱 시에서 열한 시까지 편성했다. 마지막 조는 저녁 일곱 시 17분 출발해서 리디아 고가 우승을 확정하는 마지막 퍼팅을 마친 시각은 밤 열 시 51분이었다. 이걸 보면 슬로우 플레이를 마냥 선수 책임으로 돌릴 수만은 없겠구나 하는 생각도 들었다. 중계 방송사에게도 책임이 있고, 그 중계 방송을 아무 불평 없이 끝까지 보아주는 나 같은 시청자에게노 일말의 책임이 있다 싶었다.

시청자와 광고 스폰서가 마냥 오냐오냐 봐주니까 방송 시간 좀 잡아먹는다고 누가 뭐라 할 사람이 없는 것이다. 신중한 플레이를 슬로우 플레이라 말하면 선수 입장에서는 억울할 수도 있겠다. 성적을 위해 한 타 한타 신중하게 플레이하는 프로 선수들, 까짓것 이들을 위해서도 과감하게 면죄부를 주어버리자.

이렇게 주말 골퍼에게도, 명랑 골퍼에게도, 심지어 프로 골퍼에게도 과감하게 슬로우 플레이에 대한 면죄부를 주어버리니, 아 세상이 갑자기 밝아졌다. 이제 앞 조의 슬로우 플레이에 열 받을 필요도 없다. 지난 주, 오랜만에 그만 나흘 연속 골프 약속이 잡혀버렸다. 사흘째, 익숙한 골프장에서 동반자 모두 공이 잘 맞는 바람에 홀마다 세컨드 샷 지점에서 앞 조의 홀 아웃을 기다리는 처지가 되었다. 세상에서 가장 느린 플레이어는 앞 조이고 가장 빠른 플레이어는 뒤 조라고 했던가? 이날 앞 조 골퍼들은 이 말 의미를 절감했으리라. 우리 뒤 조는 우리가 그린에 가 있는데도 아직 티잉 에리어에 나타나지도 않는 실제 슬로우 플레이어들이었다.

하지만 골프는 마음먹기에 달린 법. 앞 조가 슬로우 플레이한다고 생각하지 않고 우리가 너무 빨리 치고 있다고 생각을 바꾸니 갑자기 여유가 생겼다. 몇 번이나 연습 스윙을 하며 여유롭게 기다린다. 그 옛날 발리오웬 18번 홀에서 각개 전투 대형으로 흩어져 끝없이 연습 스윙하던 옛 직장 동료들의 슬로우 플레이 모습과 느긋하게 앞 조 플레이를 바라보는 우리 모습이 오버랩되었다.

드디어 '슬로우 플레이'하는 우리 같은 주말 골퍼나 프로 골퍼에게도 면죄부를 줘버렸다. 홀가분하다. 하지만 여전히 나는 나의 길을 갈 것이다. 클럽 세 개 들고 내 공이 있는 곳까지 속보로 갈 것이며, 열 걸음쯤 전에서 걸음 속도를 늦출 것이며, 내 차례를 주의 깊게 기다릴 것이며, 내 차례가 되자마자 비교적 심플한 내 나름의 '프리샷 루틴'pre-shot routine에 따라 곧바로 샷을 할 것이다. 잭 니클라우스의 프리샷 루틴은 보기에 조금 길었지만, 언제나 똑같았다고 한다. 프리샷 루틴은 실수할지 모른다는 마음의 부담을 없애는 확실한 길이다. 타이거 우즈도 잭 니클라우스도 한때 슬로우 플레이어로 비난받은 적 있지만, 끝까지 슬로우 플레이어로 남지는 않았다. 나도 감히 노 슬로우 플레이를 선언한다. 샷 하나 실수한 다고 세상 끝나지 않는다.

3 드라이버는 쇼, 퍼팅은 돈?

골프 치는 사람치고 이 말 한 번 들어보지 않은 사람은 없을 거다. "드라이버는 쇼, 퍼팅은 돈"이라고. 골프를 시작하고 얼마 되지 않았을 때 나도 이 말을 들었지만, 무슨 의미인지 처음엔 퍼뜩 이해되지 않았다. 골프 처음 배우고 한참 동안 정규 골프장에 가지 못하고 숨다시피 골프를 쳤었다는 얘기를 한 적이 있다. 3년 가까이 다녔던 나인 홀 뚝섬 경마장이나 식스 홀 경찰대 체력 단련장에서는 드라이브 샷의 가치를 제대로 알 수 없었고, 그린도 평이해서 퍼팅의 중요성도 별로 느끼지 못했다. 정규 18홀 골프장에 어쩌다 몇 번 가긴 했지만, 힘만 앞세운 플레이에다 90타 넘나들던 주제에 뭐가 뭔지 잘 몰랐다는 게 맞을 터.

그러다 그야말로 고수(?)와 라운드 나갈 일이 생겼다. 어느 날 회사에서 본부장님이 불렀다. 단도직입적으로, "자네 골프 치지?"라며 훅 들어오니 꼼짝없이 이실직고할 수밖에 없었다. 불문율이던 부장 골프 금지령이 엄연히 있었지만, 정규 코스 출정을 드러내놓고 할 수 있게 되었다.

그야말로 "드라이버는 쇼, 퍼팅은 돈"이란 말이 왜 사람의 입에 오르내리는지 깨달은 라운드였다. 그때만 해도 힘이 넘쳤던 때라, 드라이버 하나는 제법 멀리 똑바로 잘 쳤다. 세컨드 샷도 가끔 온 그린하거나 그린 근처까지 보내는데 전혀 문제없었는데, 스코어를 보면 나는 보기인데 본부장님은 파였다. 드라이브 거리도 나지 않고 세컨드 샷 온 그린도 못 했지만, 칩샷으로 붙이고는 그 퍼팅을 거의 놓치지 않았다. 소위 '3학년 1반' 파를 매번 잡아내는 모습을 보고 완전 깨갱하고 말았다. 페어웨이 좁은 어느 홀에서 멋진 3번 우드 티샷을 날렸을 때, 웃으며 툭 던진 본부장님의 한 마디가 지금도 기억난다.

"페어웨이 좁다고 3번 우드 티샷하지 말거래이. 사람이 좀 일관성이 있어야제. 안 그렇나? 하하"

좁은 페어웨이라고 안전하게 3번 우드 쳤는데 상사의 드라이버보다 훌쩍 더 멀리 나가버렸다. 상사가 맘속으로 꽁한다면 그것도 참 난감한 일. 시원한 드라이브 샷으로 멋지게 OB 한 방 내주는 게 제대로 된 아부였을 텐데, 사나이 골프에 그럴 수는 없지 않은가 한바탕 같이 웃을 수밖에 없었다.

그날 처음으로 깨달았던 "드라이버는 쇼, 퍼팅은 돈"이란 말, 어디서 유래했을까? 누가 만들어낸 기막힌 골프 걱인縕言일까? 그렇디. 오레 전 남아공南亞共의 보비 로크Bobby Rocke라는 유명한 프로 골퍼가 한 말이다. 메이저 대회인 〈디 오픈 챔피언십〉을 네 번이나 우승한 선수이다. 주로 남아공에서 뛰었지만 PGA 투어 15승을 포함, 프로 통산 70승이 넘는 대단한 선수였다.

"You drive for show, but putt for dough."

'도우'는 피자의 도우 바로 그것인데, 굳이 우리말로 하자면 '쩐'錢이 되겠다. '쇼우'와 '도우'로 운韻을 맞추려고 일부러 끌어다 쓴 단어이다. 로크는 아예 이 문구文句를 동전에 새겨 볼 마크로 쓰고 다녔다고 한다. 드라이브 거리는 길지 않았지만 언제나 페어웨이를 지켰다. 퍼팅은 남들이 보기에 폼도 이상하고 스트로크도 정통이 아니었지만, 성공률은 대단했던 모양이다. 이런 프로 골퍼에게는 퍼팅은 곧 돈이란 말이 딱 들어맞는다.

퍼팅의 중요성은 프로 대회에서 특히 절대적인데, 퍼팅 하나가 우승의 향방을 결정하는 경우가 부지기수이기 때문이다. 지난 1월말 〈아메리칸 익스프레스〉에서 김시우 선수가 우승할 때를 보아도 그렇다. 마지막 라운드 후반 치열한 선두 다툼할 때, 파5 16번 홀에서 1.2m 버디 퍼트를 성공하여 선두 패트릭 캔틀레이와 동타를 만들었다. 이제 최소 연장전은 갈 수 있겠다고 가슴을 쓸어내리고 있는데, 다음 홀 버디 퍼트 하나로 단숨에 우승을 거머쥐었다. 파3 17번 홀 쉽지 않은 6m 퍼팅이 바로 우승 상금을 거머쥔 '돈'이었고, 마지막 홀 페어웨이를 가른 김시우의 시원한 드라이브 샷은 그야말로 우승 축배를 위한 '쇼'였다.

프로 선수들이 목줄을 매고 있는 퍼팅, 목줄이 아니라 목숨을 건다면 어떤 일이 벌어질까. 일찍이 10ft(3m) 퍼트에 당신의 목숨을 건다면 누구에게 그 퍼팅을 맡기겠냐는 기자의 질문에 잭 니클라우스는 주저 없이 타이거 우즈에게 맡기겠다고 대답했다는 얘기를 쓴 적이 있다. 퍼팅은 기량만의 문제가 아니라 정신력에 달렸다고 본 것이다.

그렇다. 전성기 때의 타이거 우즈는 필요한 순간, 꼭 넣어야 할 퍼팅을 거의 놓치지 않았다. 소위 클러치 퍼트clutch putt가 필요할 때, 단 한 수手 칼끝에 목숨을 건 무림의 고수처럼 그 퍼트를 기어이 성공시켰다. 하지만 타이거 우즈의 탁월한 성적이 퍼팅에서만 나왔을까? 전성기 때 타이거 우즈는 당시 일류 선수 중에서 최장타자였다. 괴력의 장타자라는 존 댈리의 드라이브 샷에 크게 밀리지 않았다. 타이거 우즈에겐 드라이브 샷이 단순한 '쇼'가 아니라 '돈'을 벌어들이는 확실한 자산이었다. 요즘 브라이슨 디섐보의 장타 본능 드라이브 샷도 마찬가지이다. 프로 선수들에게 드라이버는 더 이상 '쇼'가 아니라 '돈'이 되었다.

재미를 위해 조그마한 내기라도 걸어 놓고 골프 치는 나 같은 아마추어에게도 드라이버는 '쇼'이고, 퍼팅만 잘하면 내기 '돈'은 내 차지가 될까? 내 얘기 한번 해보자. 골프 배운지 6, 7년 후에 드디어 골프 '면허장' 한 장을 받아 들었다. 임원으로 승진하여 G 컨트리클럽의 멤버가 되었다. 사실 이 코스에서 이미 생애 첫 싱글패를 받았던 골프장이었다.

임원이 되어 골프 칠 수 있게 되었다고, 당시 골프 잘 치기로 소문났던 선배 임원이 A4 용지로 만든 리플렛 하나를 주었다. 이름하여 '거꾸로 배우는 골프'. 임원 승진 후 1,000일 동인 하루도 빠짐없이 골프 연습했다는 전설적인 독학 골프의 결과물이었다. 나이 40이 넘어 처음 골프를 배우는 사람이 무슨 스윙이 어쩌고 폼이 어쩌고 따지고만 있느냐는 거다. 내가 지금까지 배웠던 골프가 아니었다.

'거꾸로 배우는 골프'는 그렇게 드라이브 샷을 강조했다. 그립 단단히 잡고, 있는 힘껏 야구 배트 휘두르듯 휘둘러 드라이브 거리부터 내라는 말에 충격을 받았다. 나는 이미 드라이브 샷이 예쁜 스윙으로 굳어진 상태. 원래 왼손잡이인 내가 오른손 클럽으로 골프를 배웠으니, 애초에 드라이버 휘두르는 맛을 제대로 느끼지 못했다. 게다가 미국물 먹은 젊은 레슨 프로가 나름 유연한 정통 스윙을 만들어 주었으니, 그야말로 정물화靜物畵 같은 드라이브 샷으로 굳어졌다. 일견 드라이브 샷한 공이 똑바로 쭈욱 뻗어 나가니 동반자들이 모두 굿 샷을 외쳤다. 드라이브 샷 OB는 1년 내내 나올까 말까, 그야말로 OB는 연례 행사였다.

하지만 막상 페어웨이로 나가보면 생각만큼 드라이브 거리가 나지 않았다. 런이 많지 않아 캐리 거리가 곧 비거리인 경우도 많았다. 그래도 젊을 때는 드라이브 샷이 절대 짧은 축에 들지 않았는데, 나이 들수록 부쩍 드라이브 거리가 짧아지면서 드디어 "골프를 골프로 부르지 못하는" 홍길동 골프가 되고 말았다. 아마추어에게도 드라이버는 절대 '쇼'가 아니라, "드라이버도 돈, 퍼팅도 돈"인 것이다. 가히 드라이브 샷의 전성 시대라 하지 않을 수 없다.

마침 페블비치에서 〈AT&T 페블비치 프로암〉이 열리고 있어 설 연휴를 심심치 않게 보내고 있다. 매년 이맘때 프로 선수들과 셀럽celebrity(저명인사)들이 함께 어울리는 경기 방식으로 열려 왔으나, 코로나 사태로 셀럽은 참가하지 못하고 프로들만 참가한 대회로 치러지고 있다. 페블비치 골프 코스야말로 드라이브 샷이 중요한 코스이다. 예전 거기 갔을 때 드라이버가 잘 맞은 날은 소위 싱글 스코어 쳤지만, 드라이브 샷 몇 개 제대로 맞지 않은 날엔 12오버 파 친 기억도 있다. 퍼팅만으론 용빼는 재주가 없었다.

〈AT&T 페블비치 프로암〉 파이널 라운드에서도 드라이브 샷의 중요성을 보여 준다. 새벽에 일어나니 전반을 마친 조던 스피스는 버디 두 개, 보기 두 개로 제자리 걸음이더니, 후반 들자마자 파4 10번 홀에서 300yd 넘는 드라이브 샷으로 거의 그린 앞까지 보내 놓고는 홀에 붙여 가볍게 버디를 잡았다. 선두와 한 타 차로 따라붙었다. 역시 프로들에게도 드라이버가 돈이야 하고 무릎을 쳤다. 그러더니 파4 11번 홀과 파5 14번 홀에서 드라이브 샷 미스로 타수를 줄일 기회를 날려버렸다.

그러는 사이 우승 다툼은 대니얼 버거와 네이트 래쉬리로 옮겨 갔다. 16언더 파 동타. 래쉬리가 파4 16번 홀 그린을 놓쳤을 때 버거는 파5 마지막 홀에서 멋진 드라이브 샷으로 페어웨이를 갈랐다. 아시다시피 18번 홀 티샷은 매우 어렵다. 왼쪽은 바다고 오른쪽은 OB가 설정되어 있는 주택가, 게다가 페어웨이 한가운데 커다란 나무 한 그루로 장애물까지 설치해 둔 홀이다. 티잉 에리어에서 보는 18번 홀 페어웨이는 기다란 띠처럼 사선으로 누워 있다. 이 홀에서는 티샷이 절대적이다.

18번 홀에서 버거가 멋신 느라이브 샷을 날렸을 때, 16민 홀에서 래쉬리는 퍼팅으로 망가지고 말았다. 그린 사이드 러프에서 한 세 번째 샷은 약간 길어 홀컵과 4m 정도 지나쳤다. 이 퍼트를 꼭 넣어야 했기에 약간 강했다. 1m 조금 더 지나쳤고, 보기 퍼트는 또 1m 정도 지나쳤다. 이거라도 꼭 넣어야 하는데, 내리막 더블 보기 퍼트는 1m를 훌쩍 지나쳐버렸다. 그야말로 멘붕 상황이다. 이래서 역시 프로에게는 퍼팅은 돈인가? 아니다. 이건 "성질性質은 돈"인 케이스다. 성질부리지 않아야 할 때 성질부린 대가代價인 것이다. 대니얼 버거의 18번 홀 드라이브 샷이 그야말로 진정한 '돈'이었다. 이 드라이브 샷을 조금이라도 미스했다면 투 온을 할 수 없었기 때문이다. 그 다음 9m 이글 퍼트는 그야말로 보너스, "드라이버는 쇼, 퍼팅은 돈"이라는 보비 로크의 말과는 아무 상관 없이 이미 승부가 결정되어버렸다. 아, 드라이버냐, 퍼팅이냐 그것이 문제로다.

4 디샘보와 나훈아, 그리고 골프 스윙

　골프 얘기에 웬 뜬금없는 나훈아, "니가 왜 여기서 나와?" 나훈아와 디샘보 얘기 한번 해보기로 하자. 지난 달 윙드 풋에서 열렸던 〈유에스 오픈〉[2]에서 브라이슨 디샘보가 우승하는 장면을 보면서 참 엉뚱하면서도 대단한 친구라고 생각했다. 이번 추석 연휴 '나훈아 쇼'를 보다가 뜬금없이 디샘보가 머리에 떠올랐다. 비호감 골퍼와 인기 대중 가수, 어울리지 않는 두 사람이 내 머리에서 스파크를 튀겼다.

　브라이슨 디샘보는 윙드 풋의 이번 대회에서 유일하게 언더 파 기록으로 우승했었다. 코로나로 인해 6월에 정상적으로 열리지 못하고, 9월에야 무관중 대회로 겨우 열렸던 대회였다. 사실 윙드 풋에서 14년 만에 다시 열리는 〈유에스 오픈〉에 꼭 직접 가 보고 싶었다. 일정을 다 잡아놓고 비행기 티켓까지 준비했지만, 코로나로 여행이 자유롭지 못하게 되어 캔슬할 수밖에 없었다. 예전 대회를 떠올리며 TV 중계로 아쉬움을 달랬다.

---

2 the 120th US Open Championship 2020. 9월 Winged Foot Golf Club West Course (우승 브라이슨 디샘보 274타 6언더 파)

디샘보는 2위와 여섯 타 차 압도적 우승을 차지, 전성기 타이거 우즈의 우승 방정식을 그대로 재현再現했다. 사람들이 괴짜 골퍼가 나타났다고 난리가 났다. 아니 사실은 지난 몇 년간 디샘보를 괴짜라 부르고 있었다. 정통 방식에서 살짝 벗어난 그가 내 눈에는 아무래도 비호감이었다. 그러다 지난번 우승을 보고 나서 아니 디샘보 저 친구 정말 물건이네 하는 생각이 들었다. 추석 연휴 장안의 화제였던 나훈아 쇼를 보다가, 나훈아가 하는 멘트를 듣고 아하 저거구나 무릎을 쳤다.

"날마다 똑같은 일을 하면 세월에 끌려갑니다."

"안 하던 일을 하셔야 세월이 늦게 갑니다."

"새로운 일을 해야 세월의 모가지를 딱 비틀어 끌고 가는 겁니다."

이번 추석 연휴, 장안의 화제는 단연 '나훈아 스페셜' 쇼가 아니었을까. 코비드-19로 추석 귀성까지도 자제하라는 판이니, 사람들이 간크게 여행할 맘 먹기도 쉽지 않았을 터. '집콕' 태세에 들어간 연휴 첫날밤에 네 시간 동안 '테스형'이니 '공空'이니 한 방 날리는데, 그의 새 노래 옛 노래에 심취하여 사람들이 온통 나훈아 얘기로 연휴를 보낼 지경이었다.

노래도 노래였지만, 나훈아가 공연 중 몇 마디씩 했던 그의 말도 화제였다. 이 말 저 말 중의적重義的인 나훈아의 말은 사람에 따라 달리 해석될 수 있었겠지만, 나훈아의 인생 내공內功이 고스란히 배어나는 말이 아닐 수 없었다. 그렇다. 새로운 것을 시도해 보는 것이 내가 인생을 주도적으로 이끌고 나가는 삶의 방식인 것처럼, 남이 하던 방식을 그대로 답습하지 않고 새로운 길道을 시도하여 이룬 디샘보의 성공이 바로 그런 것이었다.

디샘보는 골프 선수로서는 늦은 나이라 할 23세에 프로로 전향했다. 올해로 프로 5년차, 지금까지 PGA 통산 7승으로 당연히 지난 달 우승한 〈유에스 오픈〉을 포함한 것이다. 이번 메이저 1승을 추가함으로써 본격적으로 주목받기 시작한 것도 사실이다. 늦었지만 디샘보는 잭 니클라우스, 타이거 우즈에 이어 전미全美 대학생 골프 선수권(개인 부문)과 〈유에스 아마추어〉와 〈유에스 오픈〉을 모두 우승한 선수가 되었다. 소위 골프 레전드가 가져야 할 마지막 스펙 하나를 갖추게 되었다는 얘기다.

디샘보는 대학에서 물리학을 전공했고, 동시에 아마추어 선수로도 대단한 활약을 했었다. 골프란 운동이 본래 여러 가지 장비를 사용하다 보니 그 장비에 물리 법칙이 응용되는 건 당연한 법. 디샘보가 물리 지식을 활용하여 클럽과 스윙에 새로운 시도를 하고 나서니 당장 '필드의 과학자'란 별명이 붙었다. 크게 두 가지 면에서 그랬다. 하나는 아이언 클럽의 길이를 6번 아이언 길이에 맞추어 통일한 것. 그리고는 로프트 각도의 차이로 거리의 일관성을 추구했다. 또 하나 중요한 게 새로운 스윙 시도이다. 디샘보의 스윙을 보면, 드라이버 스윙 때 양팔을 쭉 뻗어 샤프트와 일직선이 되도록 한다. 전통적 스윙 이론으로 보면 매우 부자연스럽다. 심지어 디샘보의 아이언 스윙도 팔이 클럽 샤프트와 일직선이고, 퍼팅도 봉 퍼터를 사용하여 버터 샤프트를 왼팔에 붙여 일직신을 민들이서 피팅한다.

아이언 샤프트 길이 통일은 지금까지 보지 못했던 전혀 새로운 시도인데, 아이언의 거리 일관성이 좋아졌는지 자료를 찾아봐도 찾을 수가 없어서 그 얘기는 일단 다음 기회로 미루자. 여기서는 스윙 얘기를 한번 풀어

보기로 한다. 먼저 말해둘 게 있다. 지금부터 얘기하는 스윙 이론에 우리 아마추어들은 너무 매몰될 필요가 없다. 구체적인 것은 알아도 그만 몰라도 그만이지만, 그 개념만은 알아두면 훨씬 자연스러운 스윙을 할 수 있다.

브라이슨 디섐보의 스윙을 보고 있노라면 딱 떠오르는 한 사람이 있다. 바로 캐나다 출신의 전설적인 골퍼 모 노먼Moe Norman이다. 이 골퍼 이름을 들어본 사람이 많지 않을 것 같다. 벌써 오래 전 사람이고, 캐나다 출신으로 미국 PGA에서 거의 활약하지 않았기 때문이다. 하지만 골프 스윙을 얘기하자면 빼놓을 수 없는 스윙의 레전드이다. 2005년에 타이거 우즈가 「골프 다이제스트」와 인터뷰를 한 적이 있는데, 그때 골프 역사상 진정으로 '자신만의 스윙'을 가진 두 명의 선수를 꼽았다. 벤 호건 Ben Hogan과 모 노먼Moe Norman이다.

벤 호건은 우리가 다 아는 그야말로 전설이다. 1957년 처음 발간된 「벤 호건의 다섯 가지 레슨Ben Hogan's Five Lessons – 현대 골프의 기본 원칙」이란 책은 지금도 아마존에서 무척 많이 팔리고 있다. 지금은 거의 모든 프로 선수나 아마추어 골퍼나 벤 호건 스윙의 기본 틀을 벗어나지 않는다. 벤 호건 이전의 전통적 골프 스윙과는 지금 보아도 확연한 차이를 알 수 있다. 그가 얼마나 위대한 골퍼였는지, 자세한 벤 호건 얘기는 다음 기회로 미룬다.

브라이슨 디섐보의 스윙은 양팔을 죽 뻗어 샤프트와 일직선을 이룬 모 노먼의 스윙과 거의 흡사하다. 노먼은 넓은 스탠스에 무릎을 거의 굽히지 않고 양팔을 뻗은 채 스윙한다. 벤 호건의 스윙과는 확실하게 다르다. 호건은 넓지 않은 스탠스에 무릎을 약간 굽혀 힘을 모으고, 양팔도 자연스레 굽혀서 스윙 시 힘의 집중을 중시한다.

모 노먼의 스윙은 극단적인 방향성 중시 스윙이다. 노먼의 어린 시절은 불우했다고 한다. 골프를 어느 누구로부터 배우지 못하고 독학했다. 자신만의 스윙법을 고안했는데, 지금 생각하면 스윙 로봇이 스윙하는 형태와 거의 비슷하다. 노먼이 얼마나 공을 똑바로 쳤는지 별명이 '파이프라인 모'Pipeline Moe였다. 파이프라인처럼 공이 똑바로 뻗어간다는 말이 아니라, 페어웨이 한가운데 파이프라인을 깔아 놓으면 노먼의 모든 공이 그 파이프라인을 맞힐 정도로 똑바로 간다고 해서 유래된 별명이었다.

어느 해 노먼이 얼마나 똑바로 치는지 이벤트를 했다. 일곱 시간 조금 못 미치는 시간 내에 1,540회의 드라이브 샷을 했는데 모든 샷이 225yd 이상 비거리에 폭 30yd 이내에 들어갔다고 한다. 단순 계산으로 1분당 드라이브 샷 네 번을 일곱 시간 가까이 쳤는데도 말이다. 아 참, 지금의 드라이브 샷 비거리를 생각하면 큰 오해다. 그 당시는 어른 주먹만 한 퍼시몬 헤드를 썼으니까. 예전 드라이버 헤드를 만들었던 퍼시몬persimmon은 감나무를 말한다. 모 노먼은 한 라운드를 돌면서 아이언으로 몇 자례나 깃대를 맞히는 것이 일상적이었다고 회고한 적이 있었다. 이러한 모 노먼의 스윙은 골프 스윙 이론에서 말하는 '하나의 평면 스윙'One-plane Swing의 전형典型이다.

플레인plane이 무엇인가. 평면平面이다. 스윙 평면swing plane은 골프 스윙을 할 때 클럽 헤드와 샤프트가 만드는 선이 움직이면서 생기는 가상의 면이다. 이처럼 스윙할 때 가상의 평면을 따라 팔과 샤프트, 클럽 헤드가 움직인다는 개념을 생각한 사람은 벤 호건이다. 그때는 당연히 지금처럼 비디오 스윙 분석도 없었을 때인데 벤 호건은 어떻게 스윙 평면을 생각했을까? 샷의 일관성을 위해 일정한 백 스윙이 필요하다는 것을 호건은 깨달았다. 그래서 그 유명한 유리 평면 개념이 나왔다.

스탠스를 취한 골퍼가, 조선 시대 나무로 만든 형틀인 '칼'처럼, 커다란 유리 한 장을 목에 걸치고 있는 모습을 머리에 그려 보라. 백 스윙의 탑top까지 클럽 헤드와 샤프트가 유리 평면 아래로 움직여야 하고 유리를 깨서는 안 된다는 것이다. 그러면서 벤 호건은 다운 스윙 때는 백 스윙 때보다 약간 밑으로 또 다른 스윙 평면이 있다고 생각했다. 소위 '두 개의 평면 스윙'Two-plane Swing이다.

최근 골프 레슨 프로들의 스윙 평면 이론은 혼란스럽다. 원 플레인 스윙과 투 플레인 스윙에 대한 설명과 분류도 각양각색이다. 심지어 벤 호건도 원 플레인 스윙한다고 하는 레슨 프로도 있다. 벤 호건 자신이 투 플레인 스윙한다고 처음으로 그 개념을 정립했는데도 그가 원 플레인 스윙하는 대표적인 골퍼라고 하는 레슨 프로를 보고는 할 말을 잊었다. 그래서 우리 같은 아마추어 골퍼들은 스윙 평면의 개념을 이해는 하되 잊어버리는 것이 오히려 좋겠다고 생각한다.

지금까지 스윙 평면에 관해 얘기했는데 이해가 쉽지는 않을 것 같다.

위에서 말했듯 스윙 평면이란 개념이 좋은 스윙을 만들기 위해 연습하는 아마추어들에게도 도움이 되는 개념인 것은 사실이다. 그러나 너무 원 플레인이니 투 플레인이니 따질 필요는 없다. 어느 전문가의 설명을 한번 들어보자. 커다란 수레바퀴가 있다고 생각해 보자. 수레바퀴가 비스듬히 서 있는데 바퀴의 한가운데 구멍에 골퍼의 목이 들어가 있다고 가정을 하면 이해하기 쉽다. 수레바퀴가 비스듬히 땅에 닿아 있는 맨 밑바닥에 골프공이 있고, 골퍼가 스윙할 때 팔과 샤프트가 만드는 면이 수레바퀴의 바퀴 살을 스치고 지나간다면 그 바퀴 살로 이루어진 면이 바로 스윙 평면이라 할 수 있다.

그런데 사람의 몸은 백 스윙과 다운 스윙을 할 때 스윙 로봇처럼 완벽한 '하나의 평면 스윙'One-plane Swing을 할 수가 없다. 어깨가 회전하는 운동과 팔이 위 아래로 움직이는 이중의 동작이 결합되어 스윙이 만들어지기 때문이다. 따라서 스윙 로봇이 만드는 완벽한 원 플레인 스윙은 애초에 불가능하다. 비록 브라이슨 디샘보라는 이 시대를 풍미風靡하는 골퍼가 추구하는 방식이라 하더라도 말이다. 다만 원 플레인 스윙의 개념을 이해한다면, 내가 그렇게 할 수 없더라도 내 스윙을 단순하게 만드는 데 도움되는 게 사실이다.

이제 다시 브라이슨 디샘보로 돌아가 보자. 디샘보의 〈유에스 오픈〉 우승이 단지 아이언 거리 일관성을 위한 클럽 길이 맞추기와 스윙 일관성을 위한 원 플레인 스윙 때문이었을까? 나훈아가 말한 "세월의 모가지를 딱 비틀어 끌고 나갈" 새로운 일이 디샘보에게는 무엇이었을까? 바로 비거리 늘리기였다. 디샘보는 올 시즌을 위해 엄청난 운동으로 소위 '벌크 업'하여 헐크가 되어 나타났다. 체중을 왕창 늘리고 근육을 키워서 드라이버 거리를 필드 평균보다 29yd 더 멀리 쳤다고 한다. 드라이버 거리를 늘린 방식은 타이거 우즈도 마찬가지였다. 우즈가 데뷔 후 우승을 휩쓸 때도 그의 드라이버 비거리는 투어 1, 2위를 다퉜고, 필드 평균보다 20여yd나 길었다. 당시 괴력의 장타자 존 댈리보다 더 멀리 보내는 경우가 많았다.

그 후 〈더 마스터스〉를 비롯한 많은 골프 토너먼트가 타이거 우즈를 이기기 위해 코스 길이를 늘이고 코스 셋업을 어렵게 했다. 이제 디샘보에 대한 다방면의 반격도 시작될 것이다. 어떤 형태의 반격이 나올지, 디샘보는 또 어떻게 대응해 나갈지 기대된다. 하지만 나 같은 골프 애호가는 그야말로 새로운 스테이지, 또 다른 화제의 주인공을 기다릴 따름이다. 골프, 멋지게, 그리고 품격 있는 자유로움을 추구해 나가고 싶다.

5 골프, 진실眞實의 끝은 어디인가

　패트릭 리드의 샷이 '박힌 공'embedded ball이 되어 구제받는 일이 2021년 〈파머스 인슈어런스 오픈〉[3] 3라운드에서 일어났다. 공교로운 상황이라 마치 진실 게임처럼 며칠 지난 뒤까지 후속 기사가 쏟아져 나오고 있다. 지난주 샌디에고의 토리 파인스에서 열렸던 이 대회가 패트릭 리드로 인해 매스컴의 집중 조명을 받고 있다. 골프 대회에서 룰 적용 논란이야 늘 있는 일이지만, 이번처럼 흥미로운 일이 일어나기도 쉽지 않다. 주인공이 바로 필드의 악동이라 불리는 패트릭 리드와 필드의 신사 로리 맥길로이였기 때문이다.

　한마디로 말하면 두 선수 모두 '박힌 공' 상황이 나왔는데, 유독 패트릭 리드가 자기 공을 '박힌 공'으로 판단하고 구제빋은 행동이 괴언 적절했는가 아니면 속임수였는가 하는 논란이 터져 나왔다. 그날 파4 10번 홀에서 패트릭 리드가 벙커에서 친 세컨드 샷이 그린 못 미쳐 왼쪽 러프로 갔는데, 전날 내린 많은 비로 땅이 무른 상태에서 그 공이 땅에 박혀 버

---

3 2021 Farmers Insurance Open 2021, 1월 Torrey Pines GC (우승 패트릭 리드 274타 14언더 파)

렸다는 것이다. 때마침 로리 맥길로이도 파5 18번 홀 세컨드 샷이 러프에 떨어졌는데, 패트릭 리드와 거의 흡사하게 '박힌 공'이 되어 스스로 판단하고 스스로 구제를 받는 일이 일어났다.

언론 기사를 죽 살펴보다가 한 가지 재미있는 관점이 눈에 띄었다. 물론 모든 기사를 다 살펴보지 못했기 때문에 일반화할 수는 없겠다. 미국 주요 언론 기사와 평론은 대체적으로 패트릭이 룰에 따라 행동했고, 일부 시비를 할 수 있을지언정 결정적 잘못이 있다고는 못한다는 편이었다. 패트릭 리드의 과거 전력을 거론하며 그의 행동에 의심의 눈초리를 거둘 수 없다는 기사도 물론 있었다.

반면 한국의 주요 언론 기사와 평론은 대체적으로 패트릭의 행동이 룰 위반이 아니라는 점에서는 미국 언론 기사와 같은 스탠스였지만, 설령 룰 위반이 아닐지라도 그가 한 행동이 비난받을 소지가 대단히 많다는 편이었다. 그의 행동은 의심을 살만큼 석연치 않았고, 그래서 그는 양심을 속였다는 도덕적 비난을 피하기 어렵다는 평론도 있었다.

참 흥미롭다. 현장에 경기 위원rules official이 가서 패트릭의 행동이 정당했다고 판단을 내렸음에도, 그것을 받아들이는 미국 기자들과 한국 기자들의 시각이 디테일에서 상당한 차이가 났다. 골프에는 선수들의 플레이를 관리 감독하는 '심판'이라는 말이 아예 없다. 일반적으로 대회 관리 위원회의 일부로서 경기위원(또는 레퍼리referee)이 있을 뿐이다. 왜 골프도 스포츠인데 심판이라는 존재가 아예 없을까. 흥미로운 이슈다. 한번 파헤쳐 보자.

스포츠에서 심판의 판단은 절대적이다. 아니 어떤 경우에는 절대적이라 느낄 정도로 심판의 판단이 존중된다. 야구에서 보면, 스트라이크와 볼을 판정하는 심판의 결정에 대해서는 이의 제기조차 허용하지 않는다. TV 중계로 그 게임을 보고 있는 수많은 야구 팬이 볼 판정 시스템을 통해 스트라이크 존에서 공 하나는 족히 벗어난 공의 궤적을 똑똑히 보고 있는데도, 심판은 멋진 폼으로 스트라이크 아웃을 선언해버린다. 이러다 보니 사람들이 스트라이크나 볼도 비디오 판정으로 결정하자고 난리다. 심판도 사람이다. 당연히 눈에 보이는 대로 판정했을 텐데, 그걸 믿지 못해 시비가 붙는다.

골프에서는 어떨까. 골프라는 스포츠는 본질적으로 선수 스스로가 심판을 겸하는 게임이라고 할 수 있다. 예전 룰 북Rules Book에는 에티켓을 별도 장章으로 분리해두고, 첫 머리에 '골프 게임의 정신'을 내세워 왔다. "다른 스포츠와는 다르게 레퍼리referee나 엄파이어umpire 없이 플레이하는 스포츠"라고 아예 명시해 놓았었다. 2019년부터 바뀐 룰 북에서는 직설적 표현은 빠졌지만, 여전히 '골프 게임의 정신'에 따라 진실眞實하게 룰을 지키면서 플레이해야 한다고 되어 있다. 패트릭 리드 논란, 과연 진실의 끝은 어디일까.

우선 그날 어떤 일이 벌어졌는지 한번 되짚어 보자. 물론 기사를 쏟아 낸 어떤 기자도 현장에 있지 않았다. 현장에 있었던 사람은 공이 떨어지는 것을 확인하기 위해 포어 캐디forecaddie 역할을 했던 자원 봉사자 한 명과, 뒤늦게 현장에 와서 상황을 확인한 경기위원rules official과, 같이 플레이했던 동반자와 캐디뿐이다. 따라서 중계 방송 화면과 경기 후 각 선수의 인터뷰를 종합하여 기사를 작성할 수밖에 없었을 것이다.

주요 언론의 기사를 보면, 당시 상황을 객관적으로 서술하고 일부 전문가의 코멘트나 선수들의 코멘트를 인용하고 있다. CNN이나 CBS는 상당히 담담하게 사실 위주로 기사를 썼다. BBC Sport는 때마침 똑같이 벌어진 로리 맥길로이 케이스와 대비하여 룰까지 인용하며 자세한 기사를 썼고, 스포츠 전문지 ESPN은 아예 기사 제목부터 '패트릭 리드도, 로리 맥길로이도 룰 위반이 없었다'라고 달아 놓았다. CNN 기사는 꽤 길지만, 비교적 당시 상황을 객관적으로 서술하고 있는 것 같다. 아래에 그 기사를 요약해 본다.

《3라운드가 벌어진 토리 파인스 남 코스는 전날 내린 비로 인해 땅이 많이 물러져 있었다. 패트릭 리드의 파4 10번 홀 세컨드 샷은 그린 왼쪽 깊은 러프에 떨어졌다. 리드는 자원 봉사자에게 공이 튀었는지 물었고, 그녀는 그렇지 않다고 대답했다. 따라서 리드는 박힌 공이라고 믿었다. 골프 룰에는 박힌 공이 되면 벌타 없이 구제받을 수 있다고 되어 있고, 리드는 그 절차에 따랐다. 경기위원이 오기 전에 스스로 공이 땅에 박혔다고 판단하고 공을 들어 올렸다. 경기위원이 오자 리드는 땅에 있는 자국을 체크해달라고 요청한다.

"제가 체크하려고 공을 들어 올렸는데요. … 땅에 박힌 것 같았어요. … 그렇지만 더블 체크해 주셨으면 해요.(Since I picked it up to check … it seems like it broke ground … but I want you to double check.)"

경기위원은 손을 집어넣어 땅에 파인 자국을 느꼈고, 리드의 공이 박힌 공이라고 결정했다고 말했다. 그러고는 리드에게 무벌타 드롭을 하라고 안내를 했다. 그 후 몇몇 선수가 비판을 쏟아냈다. 젠더 쇼플리는, "그런 경우 보통 경기위원을 기다리죠"라고 말했다. "경기위원에 따르면 리드는 룰 북에 따라 룰대로 할 수 있는 것을 했고, 모두들 그 말을 지지했어요. 하지만 선수들 간에는 그 친구, 좋지 않은 친구야. PGA 투어가 보호해주려는 게 아닌가 하는 생각도 들어요"라고 했다. 하지만 패트릭 리드도 로리 맥길로이도 룰이 허용하는 범위 내에서 정당하게 절차를 마무리했다.》

지금부터는 신문 기사가 아니라, 저자가 독자적으로 파악해 본 상황이다. 우선 로리 맥길로이의 케이스부터 보자. 해당 비디오 클립을 다시 한 번 보았다. 파5 18번 홀 맥길로이의 세컨드샷이 러프에 떨어졌다. 비디오 클립을 보면, 멀리서 롱 샷long shot으로 잡힌 공이 러프에 떨어지면서 짧게 바운스되었는지는 눈으로 보아서는 알 수가 없다. 슬로우 비디오로 돌린 상년을 나시 보여주는데, 이빈에는 공이 러프에 떨어졌다가 한 번 짧게 튀어 오른 뒤 러프로 사라지는 모습이 확실히 보인다. 패트릭 리드와 거의 흡사한 케이스였다.

하지만 맥길로이는 공이 박혔다고 동반자인 사바티니에게 말했고 사바티니가 알겠다고 하자, 맥길로이 스스로 구제 절차를 진행한다. 확실하다고 판단했는지 경기위원을 아예 부르지 않았다. 룰에 따라 진행한 구제였고 주위에서도 전혀 이의가 없었다. 경기가 끝난 후 어떤 기자도 맥길로이의 케이스에 대해 시비하지 않았다. 당시에는 몰랐지만 후일담後日談으로 극적인 반전이 있었다. 맥길로이의 공을 찾던 세 명의 자원 봉사자 가운데 한 명이 그때 맥길로이의 공을 밟았는데, 그 사실을 나중에 맥길로이에게 알려왔다는 것이다. 맥길로이의 공은 자원 봉사자의 발에 밟혀서 이미 '박힌 공'이 되어 있었다.

이번에는 패트릭 리드가 어떻게 했는지 저자가 중계 방송 동영상 클립을 자세히 살펴보았다. 동영상 클립에 나오는 대로 현장에서 무슨 말이 오갔는지 그대로 한번 들어보니 패트릭 리드가 어떤 행동을 했는지 생생하게 알 수 있었다. 동영상 초반에 공이 있는 곳으로 리드가 걸어간다. 리드가 대략 열 걸음쯤 앞두었을 때 포어 캐디를 하던 자원 봉사자가 큰 소리로 말하는 게 마이크에 잡힌다.

"이런 제기랄, 잔디에 깊숙이도 잠겨 버렸네!(What a freaking high in the grass!)"

다섯 걸음 전쯤 걸어가던 패트릭 리드가 공이 튀는 걸 봤느냐고 자원 봉사자에게 묻는 것이 비디오 클립에서 들린다. 자원 봉사자가 대답한다.

"아뇨, 튀는 걸 보지 못했는데요.(Oh, no, I didn't see it bounced.)"

패트릭이 공이 튀는 걸 봤느냐는 질문을 왜 했을까. 그 의도가 의심스럽기는 하다. 공이 잔디 깊숙이 묻혀 있다는 얘기를 들었을 뿐인데 공이 튀었는지 튀지 않았는지 왜 그것부터 물었을까. 의심하려면 끝이 없다. 리드가 공 있는 곳에 와서 서 있는 상태에서 동반자에게 공을 체크하겠다고 말한다. 그리고 호주머니에 손을 넣어 티를 꺼낸다. 일단 공 상태를 살피고 마크할지 말지 판단할 것 같은데 그렇게 하질 않았다. 손에 이미 마크할 티를 꺼내 들고 있었다. 그리고는 쪼그리고 앉아서 두어 번 공 있는 곳을 만지는 것 같더니 공을 들어 올려 저만큼 짧은 러프로 던진다. 그러면서 경기위원을 부르라며 손짓한다. 경기위원이 도착하자 패트릭 리드가 설명한다. 박힌 공이 되어 자기가 마크하고 공을 이미 들어냈고, 경기위원이 더블 체크해 주기를 바란다고. 경기위원이 공이 있었던 러프로 손을 넣어 보고는 말한다.

"공이 박혔던 자국을 느껴요.(I feel a lip of (the broken ground.))"

경기위원이 말끝을 흐렸지만, 굳이 생략한 말을 보충한다면 아마도 [ ] 속처럼 말했을 것이다. 당연히 공이 떨어져서 땅이 파였다는 말이 생략되어 있다. 공이 땅에 박힌 걸 꺼냈다면 움푹 들어간 자국이 생겼을 테고, 그 움푹 들어간 둥근 모양의 테두리를 느꼈다는 의미이다. 이제 현장에 갔던 경기위원이 '박힌 공'이라고 직접 확인한 셈이 되었다. 한 클럽 이내 구제가 일사천리로 진행되었고, 드롭하고 나니 깊은 러프가 아니라 짧은 러프에 공이 놓이게 되었다. 얼핏 보기에도 리드는 엄청난 이득을 봤다.

패트릭 리드의 구제 절차에 관한 팩트는 이러했다.

그런데 그날 논란의 중심은 당연히 패트릭 리드였다. 똑같은 상황에서 스스로 판단하여 구제 절차를 진행한 로리 맥길로이를 비난하는 사람은 아무도 없었다. 굿 가이, 배드 가이 딱 그거였다. 패트릭 리드, 전에도 시합에서 속인 적이 있었고, 심지어 대학 때는 절도 의혹까지 있었던 나쁜 친구였다. 게다가 부모를 버렸다는 가족 불화 얘기까지 나돌던 친구였다. 나쁜 이미지가 한꺼번에 투영되어 이 친구가 뭘 하든 색안경 끼고 볼 만했다. 오죽하면 중계 방송하던 해설자가 패트릭 리드를 '평판의 희생자'라고 했겠는가. 이해된다. 나도 딱 한 번 직접 대해본 이 친구에 대한 인상은 별로였다.

5년 전인가 〈프레지던트컵〉이 인천 송도의 잭 니클라우스 골프 클럽 코리아에서 열렸을 때, 갤러리로 갔다가 패트릭 리드와 몇 마디 말을 섞은 적이 있었다. 선수로 뛰지 않던 날, 카트를 타고 미국 선수를 따라다니던 리드에게 로프를 사이에 두고 몇 마디 응원과 질문을 했는데, 대답은 단답형에다 퉁명스러웠다. 한 마디로 비호감이었다.

하지만 그가 아무리 비호감이고 평판이 좋지 않다고 해도, 이번 케이스에서 비난받을 이유는 없다. 골프의 본질은 심판 없이 진실성에 입각하여 플레이하는 것이다. 아니 그 넓은 골프 코스에서, 그 많은 골프장에서, 그 많은 사람이 플레이하는데, 심판을 둔다는 것 자체가 어불성설이다. 다만 '골프 게임의 정신'에 따라, "진실성에 입각하여 행동하여야 한다. 룰을 따르고, 모든 패널티를 적용하고, 어떤 상황에서도 정직하게 플레이해야" 하는 것이다. 그날 패트릭 리드의 행동, 믿을 수밖에 없고 인정해줄 수밖에 없다.

그 소동이 벌어졌던 지난 주 일요일 오후, 햇살이 좋아 나가본 양재천에는 벌써 봄기운이 아른거렸다. 오리 몇 마리가 평화롭게 먹이를 찾아 떠다니고, 비둘기도 무심하게 강변 풍경을 바라본다. 사람들만 이상하게 변한 것일까. 코로나 사태로 '한 방향 걷기'라는 요상한 규칙이 양재천 산책로에서 적용되고 있다. 한 방향으로 걷든 양방향으로 섞여 걷든 야외에서 밀집하지 않는 한 코로나가 전파된다는 아무런 과학적 근거가 없다. 코로나 사태, 1년 넘어 계속되고 있으니 사람들이 조금씩 미쳐가는 것 같다.

저어기 앞에 나이 여든을 훌쩍 넘은 할아버지, 할머니가 길을 거슬러 천천히 다가오고 있다. 길바닥에 붙어 있는 한 방향 걷기 스티커를 보지 못했는지도 모른다. 걸음걸이가 조금 불편하게 보이지만, 그래도 노부부가 나란히 걷고 있으니 보기 좋다. 이때 칠십 대 초반으로 보이는 어떤 할머니의 날카로운 목소리가 산책로의 평온을 깨뜨린다.

"거꾸로 가고 계세요!"

아, 어쩌라고! 엉뚱한 정의감으로 넘쳐나는, 대한 국민 만세!

＊패트릭 리드와 로리 맥길로이의 묻힌 공 시비 비디오 클립

‒ 초반부 1:30초까지만 보면 패트릭 리드 논란 상황이 확실하게 나온다.

(유튜브 URL) https://youtu.be/E9BoqR5rP_w

에필로그

어느덧 이 골프 에세이집集의 마지막 페이지를 닫을 때가 되었다. 원고를 출판사에 넘기고 한참 지나 에필로그를 쓰려고 다시 노트북을 폈다. 호기롭게 시작한 처음과는 달리 책 한 권 엮어내기가 쉽지 않음을 새삼 느꼈다. 오래전부터 책 낼 작정하고 골프 에세이를 써왔지만, 막상 책으로 엮으려고 주제에 따라 챕터를 묶어보니 고쳐 써야 할 얘기도 많았고 보충할 것도 많았다. 어떤 얘기는 내용을 줄이느라 애를 먹었고, 또 다른 얘기는 쓰다가 어느 순간 손이 나가지 않아 끙끙거렸다.

평생 함께한 골프였지만 직접 플레이하는 재미 못지않게 한 편, 한 편의 에세이를 다시 찬찬히 들여다보면서 옛 추억을 떠올리는 재미도 쏠쏠했다. 크게는 우리나라 골프 문화를 올바르게 이끌어 보겠다는 거대 담론부터, 작게는 스크린 골프 문화에 젖어있는 소위 '골린이'에게 리얼 골프 세계를 펼쳐 보일 좋은 방법은 없을까 고민하기도 했다.

골프에 심취한 많은 시리우스 골퍼는 골프 한 라운드에서 인생의 부침을 연상하기도 한다. 골프가 인생의 축소판이 아닌가 하면서. 잘해보려고 힘이 들어가는 순간 샷이 더 망가지는 것처럼, 뭐 좀 더 잘해보려고 하면 할수록 뜻대로 되지 않는 게 우리네 인생 아니겠는가. 골프라는 게임이 완벽을 추구하는 게임이 아닌 것처럼 우리 인생도 처음부터 완벽을 추구한다고 될 일 아니고, 마찬가지로 책 한 권 쓴다는 것도 완벽을 추구할 일이 전혀 아니었다. 책을 마무리하려고 하는 지금, 못다 한 얘기와 진한 아쉬움은 다음 기회로 남긴다.

이제 이 책에서 가장 하고 싶었던 얘기를 해보기로 한다. 재미있는 에피소드 하나 소개한다. 골프에 입문하여 몇 해 지나지 않았던 초보 시절, 회사의 고위 임원 초청으로 라운드를 나간 적이 있었다. 플레이하다 보니 그 임원의 공 치는 모습이 독특했다. 공을 치기 전에 들고 있던 클럽으로 공을 툭툭 건드려서 원래 놓인 자리에서 조금이라도 공을 옮겼다. 러프에 잠겨있는 공은 물론이고, 페어웨이 잔디 위에 잘 놓여 있는 공도 있는 그대로 치는 법이 없었다. 건드리지 않고는 공을 칠 수 없는 분이었다.

퍼팅 입스란 말을 들어봤을 것이다. 퍼팅할 때 실패에 대한 두려움과 불안감으로 퍼팅을 쉽사리 하지 못하는 증세를 말한다. 프로 골퍼 중에는 드라이브 샷 입스를 가진 선수도 있다. 그런데, 지금 생각하니 그 임원은 숫제 모든 샷 자체에 입스를 가진 것처럼 건드리지 않은 공은 칠 수 없는 분이었다. 공이 있는 그대로 누는 샷을 할 수 없는 골퍼, 이런 골퍼가 보기보다 많다. 스코어에 지나치게 집착하기 때문이다.

아마추어 골퍼가 골프 스코어에 지나치게 집착한다면 동반자 보기에도 좋지 않은 경우가 많다. 마음 편하게 그냥 게임으로 즐기는 편이 정신 건강에도 좋을 텐데 지고는 못 배기는 우리나라 골퍼들, 그런 골퍼들이 어디 멀리 있지 않다. 우리 바로 옆에 있다. 티샷하고 나서 동반자들의 티샷이 끝나기가 무섭게 달리기하듯 앞으로 나가는 골퍼, 드라이브 티샷이 훅이 나서 저 멀리 페어웨이 왼쪽 붉은색 말뚝 너머 페널티 에리어로 가버린 공이 무척 궁금한 모양이다. 그 공이 말뚝을 넘어간 것을 동반자들이 다 보았다. 그런데도 혼자 뛰어갔던 그 골퍼는 물 마른 도랑에 있던 공을 들고나와 말뚝 안쪽 나무 밑에 슬쩍 놓은 뒤 태연하게 플레이를 계속한다. 두 번째 샷이 잘 맞아서 그린에 공을 올리고, 투 퍼트로 잘 막았다. 그런데 투온 투 퍼트 파란다. 백 번을 양보해서 오소誤所 플레이를 봐주고 페널티 에리어에 들어간 1벌타만 먹어도 보기이다.

파3홀 소위 쇼트 홀에서 이런 장면도 흔하게 나타난다. 아이언 티샷을 심하게 잡아당기는 미스 샷을 한다. 아뿔싸 공은 나지막한 언덕배기 소나무 몇 그루 있는 사이로 굴러간다. 흰색 말뚝이 나무 앞쪽으로 줄지어 서 있다. 언덕 아래로 조금 내려가도 나무 사이로 플레이가 가능할 것 같은 거기에 왜 굳이 흰색 말뚝을 설치해 두었는지 이해할 순 없지만, 어쨌든 오비OB 구역이다. 티잉 에리어에서 보아도 공이 말뚝 너머로 조금 굴러 들어간 것이 확실하다. 동반자들 티샷이 끝나지 않았는데도 미스 샷을 한 골퍼는 슬금슬금 혼자 앞으로 나간다. 그리고는 부리나케 나무 밑에서 공을 주워 나와서 말뚝 안 평평한 잔디 위에 놓는다. 안 보는 것 같아도 동반자들 눈에 훤히 보인다. 거기서 칩샷을 한 뒤 투 퍼트로 마무리하고는 보기를 했다고 한다. '오비'에 따른 1벌타와 '거리의 페널티'에 따른 1벌타를 합하여 2벌타를 먹어야 한다. 아니 그게 트리플 보기이지 어찌 보기냐고 목구멍까지 나오는 말을 간신히 참는다.

이런 게 우리네 주말 골퍼들이 플레이하는 흔한 모습이다. 스코어를 탐하다가 품격을 잃는 '스탐품실'이다. 여기서도 나에게는 엄격하게 상대에게는 관대하게 하라는 골프의 기본 정신을 떠올리게 된다.

　어떤 스포츠보다도 재미있는 골프, 골프가 재미있는 이유 중의 하나는 게임의 요소가 어느 스포츠보다 풍부하기 때문이지만 골프를 단순히 게임에만 머물게 해서야 되겠는가. 품격있는 스포츠로서의 골프를 즐기겠다는 것이 저자가 평생 골프 치면서 마음속에 두고 있던 화두였다. 마지막까지 품격 있는 골퍼로 남고자 오랫동안 노력해 왔다.

　하지만 이 책의 타이틀을 「나 자신을 속이지 않는 게임, 골프」로 정한 뒤에는 무거운 납덩이를 가슴에 얹어 놓은 기분에 사로잡혔다. 나 스스로 한 점 부끄럽지 않은 골프를 했는가. 단연코 아니다. 절대 그럴 수 없다. 수많은 라운드에서 알게 모르게 부끄러운 플레이를 많이 했지만, 그때마다 퍼뜩 정신을 차리고 스스로 바로잡으려고 애썼고, 나 자신에게 떳떳한 골퍼가 되고자 노력했다. 골프는 자신과의 싸움이라는 말이 있는데, 스코어를 잘 내기 위해서 자신과의 싸움이 필요할 뿐 아니라 룰대로 치기 위해서도 자신과의 싸움이 필요하다. 내 마음이 속삭이는 끊임없는 유혹을 이기는 자만이 진정한 승자가 될 수 있다. 나 자신을 속이지 않고 나 자신을 이겨야만 하는 게임, 골프. 절대 쉽지 않은 이슈이지만, 우리나라 골프 문화를 한 차원 높게 끌어올릴 수 있는 하나의 운동이 되었으면 하는 바람에서 감히 이런 타이틀을 내세우게 되었다.

　이처럼 골프 문화를 한 차원 높였으면 하는 저자의 바람은 삼성 이건희 회장이 주창한 골프 문화의 영향을 받았다고 고백하지 않을 수 없다. 이건희 회장께서는 그의 책 「이건희 에세이, 생각 좀 하며 세상을 보자」에서 이렇게 말씀하셨다.

"내가 골프를 럭비, 야구와 함께 삼성의 3대 스포츠 중 한 종목으로 권장하고 있는 이유도 사실은 골프가 심판이 없는 유일한 스포츠로서 자율과 에티켓을 가장 중시하는 운동이기 때문이다."

에필로그 마무리 짓는답시고 끙끙대고 있는데 시절은 어느덧 꽃피는 3월이 되었다. 그러다가 또 한 번의 생일을 맞았다. 음력 생일을 쇠다 보니 매년 들쭉날쭉 드는 생일날, 헷갈린다고 양력 생일 쇠자고들 했지만 들은 척 만 척 아직도 음력 생일을 쇤다. 어머니가 생일상 차려주셨던 그 음력 생일날에 나도 어머니를 생각하며 생일상을 받는다. 손녀 세인이와 손자 태오가 화상 통화로 불러주는 "해피 버스데이 투 유"로 기분 좋은 생일날 아침을 맞았다. 생일 선물 사러 가서 손녀는 할아버지 생일 선물이니 보드랍고 따뜻한 담요가 좋겠다며 얼른 골랐는데, 손자는 자기가 좋아하는 장난감을 사 보내야 한다고 떼를 썼단다. 겨우 달래서 다시 고르랬더니 스파이더맨 티셔츠, 자기가 가장 좋아하는 스파이더맨 캐릭터가 프린트된 반팔 티셔츠 두 장이었다. 손자와 할아버지가 커플 티 입고 영상 통화하게 생겼다. 올여름에 만나서 커플 티 차려입고 테마파크에 같이 갈 생각만 해도 얼굴에 미소가 절로 떠오르는데, 이 책 한 권 들고 가서 아이들에게 전해줄 생각까지 하니 가슴 한편이 뿌듯하다.

이제 아쉬움 속에서 이 책을 마무리하고자 한다. 코로나가 한창 기승을 부리던 지난해 겨울 노트북을 끼고 살던 나에게 그만 쉬라고 채근하던 베네딕다, 이제 곧 이 책을 읽게 될 안젤라와 프란치스코 그리고 실비아에게도 고마운 마음을 전한다. 먼 훗날 언젠가는 이 책을 읽을 손녀 윤세인 힐데가르트와 손자 윤태오 조슈아에게도 할아버지의 마음이 전해졌으면 한다.

고마운 마음을 전할라치면 몇몇 친구와 주위 지인들도 빠뜨릴 수 없다. 중도에 포기할까봐 몇몇 친구와 지인들에게 책 쓰고 있다고 일부러 얘기해서 스스로 옴짝달싹 못할 대못을 박아 놓았었다. 특히 언젠가 카톡방 대화에서 내가 맞춤법 틀린 단어 쓴 것을 보고 앞으로 책을 쓸 사람이 이런 단어 맞춤법을 틀리느냐고 조크로 격려해준 친구로부터도 많은 영감을 얻었다. 이 지면을 빌어 고맙다는 말을 전한다.

책이 나오면 사서 읽겠다고 댓글 단 많은 페이스북 친구에게도 미리 감사 말씀을 전한다. 마지막으로 이 책을 품위 있게 만들어 세상에 나오게 해주신 양문출판사의 김현중 대표에게 깊은 감사의 말씀을 드린다. 원고를 꼼꼼하게 살펴 교정을 보고 편집의 수고를 다 해주신 황인희 님, 멋진 디자인으로 이 책의 얼굴을 빛나게 해주신 디자이너 박정미 님에게도 고마운 마음을 전한다. 많은 분의 수고로움이 있었기에 이 책이 세상에 나올 수 있었다. 일일이 이름을 올려 말하지 못한 여러분에게도 마음을 다하여 감사의 말씀을 드린다.